吴晞 ·········· 著

# 清话书林

图书馆的故事

STORY

OF

**LIBRARIES**

社会科学文献出版社

SOCIAL SCIENCES ACADEMIC PRESS(CHINA)

# 目　录

# 序言：圈子和大众

图书馆学是一门学科，图书馆工作是个专业范畴，从事图书馆教育、图书馆学研究和图书馆工作的人，统称为图书馆界，或称图书馆圈子。

但图书馆面对的是天下读书人，服务的是社会各界民众，这个"圈子"要大得多，也可以说是没有"界"的。

现今大多有关图书馆的学术研究成果都是面向图书馆界的，热衷于关起门来在"圈里"玩。不在"界"的广大读者却往往与之无缘，而他们本应是这些成果的最终受用者。这就形成了一种奇怪的现象，如同演员有技艺却不对外公演，只是忙于请同行专家评分。

这样做的结果，首先是社会各界读书人的损失，使得他们无从知晓并享用自身的文化权利，不知道怎样才能更好地利用人人得以共享的丰富公共资源。同时也是图书馆从业者的损失，使得他们的努力及成果不为世人所知，图书馆的地位和作用得不到社会的承认和尊重，在人们心目中常常处于不明不白、不尴不尬的地位。且不说引车卖浆者流，就是某些主管部门的领导，也经常搞不清图书馆和书店有何区别，以至于莫名其妙地要二者"联合经营"。

也怪不得图书馆界诸公，他们的研究成果首先和功名有关，而不干普罗大众的事。实际上所谓"学界"大多如此，我自己也不能免俗。多年前我曾译过一本《西方图书馆史》（书目文献出版社，1989），出版后似乎还颇受欢迎，但我翻译此书的动机之一却是为日后评定高级职称扫除障碍，因为我当时供职的北京大学规定有译著出版者即可豁免外语考试。

然而我一直坚信，图书馆是属于大众的，是属于天下读书人的，图书馆学的研究成果归根结底要服务于广大读者。要让普罗大众了解图书馆，乐于并善于利用图书馆，是图书馆学人不可推卸的社会职责。

我亦曾多年为此而努力。早年曾写作《从藏书楼到图书馆》（书目文献出版社，1996）一书，就是努力践行的结果。卸任行政职务后，多了些余裕，少了些压力，也不再为功名所累，于是尝试实现这一夙愿，先后撰写了《斯文在兹》（海天出版社，2014）和《图书馆史话》（社会科学文献出版社，2015）这两本面向普通读者的书，还写下诸多宣传介绍图书馆、倡导读书的通俗文章。

本书就是这些"另类"文章的择优集合。此外，我还将历年来撰写的部分学术论文做了"非专业化"的删减改写，去除专业性的阐述和繁复的引证，努力使之生动明白，适合普通读者阅读，这次也收入了此书。每篇文章均注明原文出处，使有意"深究"的专业人士可以由此而考镜源流。全书分为五篇，每篇中的文字尽量按照逻辑顺序编排，读之不至有支离破碎之感。

书名《清话书林》，陶诗"信宿酬清话，益复知为亲"、唐诗"恋君清话难留处，归路迢迢又夕阳"，均可为其出典，但本书的题名直接取自叶德辉的《书林清话》。关于叶德辉和他的《书林清话》，本书中有专文介绍。"书林清话"的意思就是书的故事，或是有关书的风雅之谈。因此本书的主旨恰如副书名所表述，就是"图书馆的故事"。

希望各界读者能够通过这些"图书馆的故事"，熟悉图书馆，喜爱图书馆，进而利用图书馆，掌握图书馆，以丰富每个人的读书生活，同享游历"天堂"的快乐。是为至盼。

吴　晗

2015 年元月，于深圳前海月亮湾畔

又及，本书中多篇文章发表于多年前的各种报刊，体例不一，引文标注亦不够严谨。本次出版，蒙社会科学文献出版社做了多方补救，但仍有诸多不够完善之处。谨此说明，并乞谅解。

# 一

# 古往今来

河出图，洛出书，圣人则之。

——《易·系辞》

学者应读之书甚多，一人之力必不能尽购。……今设一大藏书楼，广集中西要籍，以供士林浏览，而广天下风气。

——《京师大学堂章程》

# 中国图书的起源

## 一 抽象符号：文献产生的标志

在古代，图与书是两个不同的概念，即图画与书籍，总称为"图书"是很晚近的事了。我们今天所说的图书，主要是作为知识载体，具有交流思想、供人阅读、传播久远的含义。

但是在探讨图书起源的时候，却无法沿用这样的图书概念。在鸿蒙初开的远古年代里，在那些跨在文明门槛上的先民们的眼中，书籍、图画、档案、文书、信函、诏盟等，统统都是"书"，是一个无法区别的整体。有些概念的区分，如图书与档案，乃是文字记录产生之后很久的事情了。实际上，我们也无法将远古时代的图书与其他知识载体区分清楚。

如是，我们只能借用一下"文献"的概念。文献者何？最具有权威性的定义有二："文献是记录一切人类知识信息的载体"①，"记录有知识的一切载体"②。可知，文献概念的外延十分宽泛，足以囊括各种类型的古代图书。

然而，如此表述的文献概念，是泛指现代社会中种类繁多的知识载体的，若用于古代图书，尤其是萌芽状态的远古图书，仍会有许多不够贴切之处。"记录一切人类知识信息的载体"，固然可以是一篇书稿，但也可以是一幅岩画、一件彩陶，甚至是一

① 国际标准化组织：文献情报术语国际标准（ISO/DIS 5217）。
② 文献著录总则：中华人民共和国国家标准（GB 3792.1—83）。

处墓葬。这样一来，一切文物和人类遗存岂不是都成了图书文献？显然，还需要有一个限定的界标。

那么，能否把文字记录的出现作为图书文献产生的标志呢？事实上很多书史研究者都是这样做的。有人还由此做出推断，将殷商的甲骨文当成最早的中国书。这种论断至少有两点是欠妥的：一是与古代文献的实际情况不符，有许多相当成熟的早期图书，都不是文字记录的产物，如著名的《河图》、《洛书》和早期的《周易》；二是与当今图书文献的概念不合，既然图画、照片、音频视频、多媒体数据库都属于图书文献的范畴，又有何道理把古代图书仅仅局限在文字记录的框框之中呢？文字记录是图书文献的主体，但绝不是全貌，更不是起源。

文献产生的明确标志只有一个，这就是"抽象符号"的出现。

德国哲学家恩斯特·卡西尔（Ernst Cassirer，1874～1945），在他的名著《人论》当中，提出了一种"符号形式的哲学"。他指出人的本质就是"符号的动物"，亦即能利用符号去创造文化的动物。人与动物的根本区别在于：动物只能对信号做出条件反射，只有人才能把这些信号改造成有意义的"符号"；人能够发明、运用各种符号，创造出一个理想的世界——文化的世界。符号的功能，就在于它是把人与文化联结起来的中介物。卡西尔认为：

> 对于理解人类文化生活形式的丰富性和多样性来说，理性是个很不充分的名词。但是，所有这些文化形式都是符号形式。因此，我们应当把人定义为符号的动物来取代把人定义为理性的动物，只有这样，我们才能指明人的独特之处，也才能理解对人开放的新路——通向文化之路。①

---

① 〔德〕恩斯特·卡西尔：《人论》，甘洛译，上海出版社，1974。

卡西尔关于人的定义正确与否，我们且放下不论。但是在人与文化的关系上，在人类文明与野蛮的分野上，卡西尔确实抓住了本质的东西。人类正是掌握了"抽象符号"这个武器，才得以叩响文明世界的大门，缓慢而又坚定地拉开了人类文化的序幕。世界上没有哪个民族不是在创造和使用抽象符号的过程中，才走上通向文化之路的。抽象符号既是人类文化产生的标志，也必然就是人类文化的宠儿——图书文献产生的标志。

基于这种认识，我们就可以给本文中所提到的图书概念下一个明确的定义：利用抽象符号记录知识信息的文献。

## 二　殊途同归：图书的形成

中国图书的形成是多源的。

最主要和最古老的来源可能是绘有图画的各种载体。图画也可以说是我们的祖先遗留给后世的最早、最原始的知识信息。现在国内能得到普遍认可的原始绘画有两件，即青海大通县上孙家寨出土的舞蹈图（图1）和河南临汝阎村出土的鹳鱼石斧图（图2）。从新石器时代开始，还有各类岩画出现，目前国内发现最早的岩画是连云港的将军崖岩画（图3）。此外，大量的图画还保留在出土的原始社会的各种陶器上，主要是装饰性的几何图案（图4）。但总的看来，这些图画都是人、物和自然现象的写实作品或几何图形，一般还不具备抽象的符号意义。

图画经过一定阶段的发展，有的便脱离了对具体事物的描绘，演变成具有抽象或象征意义的图案。比较典型的是山东大汶口文化的图形符号图（图5）。这些符号是否为早期的象形文字，即"陶文"，文字学家们还有争论。但无论如何，它们无疑已经是真正的抽象符号了。大汶口文化共发现有六个符号，四个在营

图1　舞蹈图

图2　鹳鱼石斧图

图3　将军崖岩画

图4　陶器图案

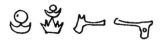

图5　大汶口文化图形符号

县发现，一个在诸城县发现，另一个却在宁阳县的墓葬里。① 如果不是具备普遍概括性和抽象意义的符号，就不会在相去数百里

① 山东省文物管理处、济南市博物馆：《大汶口——新石器时代的墓葬发掘报告》，文物出版社，1974。

的三个遗址中分布，并有如同出自一人之手的规范和结构。从这个意义上讲，我们完全可以把大汶口文化的陶器看作是早期的雏形图书。

图腾也是一种由图画衍生出来的抽象符号。尽管这些符号本是对具体事物的一种描绘，但它们一旦成为某一部族的徽纪，就有了普遍的抽象意义。目前发现最早的图腾是仰韶文化中的半坡人面鱼纹图（图6）。这些鱼纹出现于不同的彩陶，图形虽有小异，但明显地是在象征着同一个含义。很可能半坡氏族是以鱼为图腾的，人面与鱼纹结合表示人与鱼共生了这一氏族。[1] 近来还有学者认为半坡鱼纹具有女性生殖器的象征意义，是半坡母系氏族公社实行的以鱼为象征的女性生殖器崇拜。[2] 虽然结论不同，但并不影响这些图形作为抽象符号的意义。

图书的另一个来源是载有刻划符号的知识记录。这是一个与图形符号不同的符号系统。最早的刻划符号见于仰韶文化的半坡遗址和姜寨遗址（图7）。其中半坡发现有刻划符号的陶器一百一十多件，符号二十多种。姜寨发现得更多，约一百三十件，有的刻划符号与半坡相似，有的更为复杂。这些刻符与文字的关系如何，虽然学术界还没有一致的意见，但它们无疑也是抽象符号。

图6　半坡的鱼图腾

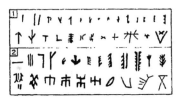

图7　仰韶文化的刻划符号：
1. 半坡出土；2. 姜寨出土

① 宋兆麟：《中国原始社会史》，文物出版社，1983。
② 《社会科学报》1987年4月16日。

有人还曾对半坡符号的意义作了释读："五作×，七作＋，十作｜，二十作‖，示作丅，玉作丰，矛作↑，草作丫……"①。仰韶文化中的刻划符号和图腾，可以说是我国最早的雏形图书，迄今已有六千年之久了。

我们的祖先还把自然界的某些痕迹创造成符号，并形成了一种特殊的符号记录。这可能是图书的第三个来源。传说仓颉造字，就是受"鸟兽蹄远之迹"的启发，伏羲氏设八卦，其依据乃是"龟纹之象"。所谓"大道方行，俯龟象而设卦；后圣有作，仰鸟迹以成文"（《隋书·经籍志》），"夫龟文成象，肇八卦于伏羲；鸟迹分形，创六书于仓颉"（《旧唐书·经籍志》），指的就是这种符号记录的形成过程。中国文字这种高度抽象化的符号，很多就是经由这种途径产生的。如"𧿹"，显然是人足的痕迹，由此而演变为"止（㩐）"，而双止则为"步"。类似的例子还有很多。

结绳也是一种帮助记忆的符号。所谓结绳，就是把绳索打成各种结子，来表示某种意义。许多古代文献都记载了"结绳记事"的传说。尽管古代结绳的实物迄今还没有发现，但这种记事方法屡见于我国部分少数民族，以及国外的一些原始土著民族。不过，用这种方法很难表达复杂的思想概念，其载体绳索又有很大的不确定性，所以结绳还称不上是任何意义上的图书。有人认为结绳是文字的起源，实际上也没有多少根据。但"结绳"很可能与另一种体系的符号——八卦的起源有关。很多中外学者都认为八卦的本源就是结绳记事，八卦中的两个基本符号"—"和"– –"是由结绳符号演化而来的。如李镜池先生说："如以二绳合结一结子，与阳画'—'相类，三结等于乾；坎则上下

---

① 于省吾：《关于古文字研究的若干问题》，《文物》1973 年第 2 期。

分结，中间合结；离则上下合结，中间分结。余类推。"① 如果说"龟纹之象"是八卦产生的启示和依据，那么结绳就是八卦表达和推演的方法。四川阿坝地区藏族流传的一种用牛毛绳八根打结进行占卜的风俗，也许就是古占的遗风。从这个意义上讲，结绳也可以说是图书的起源之一，至少是一种对图书的形成产生过重要影响的记事方法。

结绳经过发展，就形成了书契。《易·系辞》载："上古结绳而治，后世圣人易之以书契，百官以治，万民以察。"乐都柳湾马厂类型的墓葬中，曾出土四十片骨质记事工具，边缘刻有大小不等的缺口，可能就是记事的符号（图8）。与结绳相比，书契显然是记事方法上的一个重大的进步，对图书的形成也有着更为直接的影响。刻在骨、木、竹片上的符号，经过长期演化，就形成了更为抽象和复杂的文字符号。当这种符号难以用简单的刻

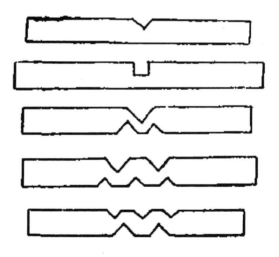

图8　记事的书契

① 李镜池：《周易探想》，中华书局，1978。

划来表达时，便出现了墨写的竹木简，当一两根竹木简不能达意时，就把多根编缀在一起。这样，就出现了在中国盛行两千余年的简策图书。

如同中华民族的远古文明是多源的一样，中国图书的形成也是多源的。但百川终入海，殊途而同归，在高度发展的符号——文字产生之后，文字记录就成了图书的主体。当这个时代到来的时候，成熟的图书便出现了。

## 三　三坟五典：成熟的图书

成熟的中国图书大约出现于公元前 2550 年，即传说中的黄帝时期，考古学上的龙山文化后期。

黄帝并非一个人，而是一个时代的代表。而这个时代，恰是混沌开辟、人文昭彰、文明的曙光初照中华大地的伟大时代。传说中的许多发明创造，如养蚕、舟车、文字、音律、医学、算数等，都创始于黄帝时期，中华民族的历史由此揭开了第一页。更为重要的是，在这个辉煌的时代里还出现了一位文明的骄子——成熟的中国图书。

中华文明史上的重要人物、传说中的文字创造者仓颉，就是黄帝时期的史官。据《帝王世纪》载："其史仓颉，又取像鸟迹，始作文字。史官之作，盖自此始，记其言行，策而藏之，名曰书契"（《太平御览·帝王都》引）。根据王国维的考证，"史"就是掌书之官，专门从事典籍的研究、写作及保管（《海宁王静安先生遗书·释史》）。由此可见这个时期已经有了一定数量的文字记录。

不仅如此，黄帝时期还设置了一批人数众多的文化官员。《世本》载："黄帝使羲和占日，常仪占月，臾区占星气，伶伦造律吕，大桡作甲子，隶首作算数，容成综此六数而著调历也"

（《史记·历书》索隐引）。这些职务都是占卜官和史官，或多或少与图书文献都有些关联。倘若没有相当数量的典籍，如此庞大的文官队伍是不可想象的。

那么，仓颉等人所职掌的又是何种典籍呢？

首先是一批推卦占卜之书，现在所知的至少有四种：《河图》、《洛书》、《连山》、《归藏》。《河图》与《洛书》堪称中国最早的成熟图书，据说是上天授给伏羲、太昊、黄帝等帝王的，并由他们发展为八卦（《易·系辞》）。依据汉人的说法，《连山》出自伏羲之手，《归藏》出于黄帝之手（《文献通考·经籍考》）。后来，《连山》和《归藏》分别成了夏、商之《易》，再加上《周易》，统称为"三易"。《河图》、《洛书》及《周易》得以流传后世，《连山》和《归藏》则早已亡佚了。这些典籍都称得上是成熟的图书了，但它们却不是以文字记录为主的，而是由一连串神秘数字组成的符号体系。尽管如此，我们却不能简单地以卜筮之书视之。在这些典籍当中，蕴涵着中华民族先民们璀璨的思维之花，对后世的思想文化产生了十分重要的影响。

其次是记载帝王事迹的著作，亦即后世所传"三坟五典"。先秦典籍中有"三皇五帝之书"和"三坟、五典、八索、九丘"的记载。实际上，"三坟五典"就是"三皇五帝"之书。《文献通考》说："伏羲、神农、黄帝之书，谓之三坟，言大道也，少昊、颛顼、高辛、唐、虞之书，谓之五典，言常道也。""三坟五典"是我国第一部以文字记录形式出现的成熟图书。这部书至少在春秋时期还存在于周王室和各诸侯的官方藏书中，对此《周礼》、《左传》都有明确的记载（《周礼·春宫》，《左传·昭十二》）。由于孔子编《尚书》时仅收了《尧典》，其他各篇便亡佚了。后世虽有《三皇太古书》、《古三坟书》等流传，但都是伪撰。

　　而现存的《尧典》至少有一部分是真实可信的。如《尧典》中有"四方四风"的记载，与甲骨文的记载是吻合的。[①]再如，《尧典》中关于"仲春日中星昂，仲夏日中星火"的天象记载，经现代天文学家研究，确系公元前2357年，即尧即位初年的天象观测记录。[②]《尧典》既有可信的成分，有关"三坟五典"的记载就不会都是子虚乌有之说。

　　这个时期出现了成熟的图书，也为近年的考古发现所证实。

　　甲骨文是公认的成熟文字，也是成熟的图书。一般的看法都认为甲骨文是商代中后期的文字记录。但是1983年在西安附近发现的一处龙山文化时期的遗址中，竟意外地发现了甲骨文。经专家研究，这批甲骨文是4500~5000年前的产物，大致相当于传说中的黄帝时期。[③]从字体上看，这批甲骨文的字体很小，笔划繁多，笔锋刚劲、刀法朴拙，字体结构严谨精美。这些特点与殷墟甲骨文基本接近。有些文字现在已经认出，但多数目前还无法释读，因此这些文献的内容还是个谜。[④]但是无论如何，黄帝时期的图书毕竟已有了实物的证据。

　　金文也是我国古代重要的文献形式。据现代学者的考证，许多件一直被认为是商代器物的青铜铭文，实际上是古代五帝时期的产物。在这些金文中，记载了许多四千多年前的人物事迹，包括神农、黄帝、少昊、尧、舜、禹。其中最典型的是"唐虞三丘铭"，此外还有许多古代青铜货币，上面刻载的均是上古时期的五帝金文与唐虞金文。从这些金文中，可以证实并订正很多四

---

①　姚政：《中国古代文明起源新探》，《南充师院学报》1984年第3期。
②　苏民生：《我国汉字的历史究竟有多久》，《瞭望》1987年第9期。
③　苏民生：《我国汉字的历史究竟有多久》，《瞭望》1987年第9期。
④　骆宾基：《关于金化新考的报告》，《学习与探索》1980年第6期。

千年前的人物和事件。[1] 如果这种论断能够成立的话，则是黄帝时期出现成熟图书的又一个直接证据。

山东大汶口文化的发现与研究也提供了一些佐证。唐兰等人认为，大汶口文化时期中国已经进入了奴隶社会，大汶口陶器上面的图形符号已是很进步的象形文字。[2] 山东大汶口地区就是文献上的"少昊之墟"，或曰少昊文化区域。少昊族的英雄是蚩尤，我国历史的第一页就是黄帝与炎帝的阪泉之战和黄帝与蚩尤的涿鹿之战，由于炎黄和解，蚩尤被杀于涿鹿之野。如果少昊族在5500年前就已经进入了文明社会的话，那么黄帝时期出现较高程度的文明并产生成熟的图书，则完全是有可能的了。

## 四　河图洛书：图书的演变

如果从交流思想、传播知识这个意义上讲，《河图》与《洛书》可以说是我国的第一部图书。今天的"图书"一词就源于"河出图，洛出书"的传说。通过探讨《河图》、《洛书》的形成、发展和演变，可以窥见中国图书起源的一些带有普通意义的规律。

我们今天所见到的《河图》、《洛书》，是由一系列的神秘符号所组成的数字方阵（图9）。但是我们不能忘记，它们是经过周、秦、汉几代儒生方士们之手改进和加工之后的形态，其最原始的面貌现在已经无法尽知了。

关于《河图》、《洛书》的问世，有着许多带有神话色彩的传说。最有影响的说法是，上古的伏羲氏受天命而称王，有龙马从黄河出现，背负《河图》；有神龟从洛水出现，背负《洛书》。

---

[1]　骆宾基：《关于金化新考的报告》，《学习与探索》1980年第6期。

[2]　唐兰：《从大汶口文化的陶器文字看我国最早文化的年代》，《光明日报》1977年7月14日。

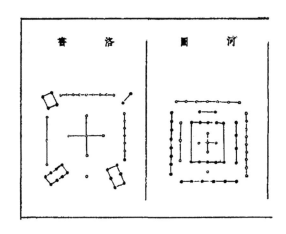

图 9　《河图》（右）和《洛书》（左）

伏羲根据这天赐的图和书，画成了八卦，就是后世各种易书的来源。所谓"河出图，洛出书，圣人则之"（《易·系辞》）指的就是这件事。不过这位接受天赐图书的"圣人"是何许人，在不同的文献中却有着不同的记载。除伏羲外，还有黄帝、太昊、尧、舜、禹、商汤、周文王等人应天命受《河图》、《洛书》的记载①，所叙述的也是一些大致相同的故事。

　　神话传说固然不足为凭，但我们只要拨开怪诞不经的迷雾，并结合《河图》、《洛书》本身所提供给我们的线索，就不难勾勒出这部远古图书产生时的情景：

　　在五六千年以前，我国的黄河、洛水一带生活着处于原始氏族社会末期、混沌初开的中华民族先民。他们面对着变幻无穷的自然、高深莫测的宇宙和命运无常的人生，内心充满了恐惧、焦

————————

①　事见《易传》、《竹书纪年》、《汉书·五行志》、《晋书·天文志》、《宋书·符瑞志》、《尚书·洪范》、《易学启蒙》、《易乾凿度》等文献。如《竹书纪年》载："黄帝轩辕氏五十年秋七月，龙图出河，龟书出洛，赤文篆字，以授轩辕。"

虑和冲动，渴望着找到能解答所有奥秘的钥匙……就在这时，他们之中一位聪明睿智的首领，在黄河或洛水之滨发现了一块纹理清晰规则的龟甲。他惊叹着，思索着，它难道不是天神对本部族的恩赐和殊荣吗？它难道不是暗示着自然和人生奥妙的一种玄机吗？他对龟甲稍做加工，便向氏族成员们宣布发现了天赐的神器，还阐述了其中深刻的哲理。面对着这部神秘而深奥的"图书"以及那位持有"图书"的首领，人们不禁深深折服，顶礼膜拜……

把原始的《河图》、《洛书》说成是龟甲，并不完全是出于想象。从当时的社会形态看，以龟甲作为文献的载体是完全合乎逻辑的。"先圣"们创立八卦，其依据就是天然的龟甲，即所谓"俯龟象而设卦"（《隋书·经籍志》）。

很多有关《河图》、《洛书》的传说都和龟甲有关：

神龟负文而出列子背有数至九（《易传》）。

乃有龙马衔甲，赤文绿字，临坛而上，吐甲图而去。甲似龟背，广九尺（《宋书·符瑞志》）。

青龙临坛，衔元甲之图礼于洛，亦如之六龟（《宋书·符瑞志》）。

从《易传》所绘的《古河图》和《古洛书》的图形看，也很像是天然龟甲的纹理（图10）。

另外，龟乃水中之物，传说的《河图》和《洛书》都是自水中而出的，也算是一个佐证。

这就是说，从自然界的天然痕迹——龟甲，发展为人工创造的抽象符号——数字方阵，于是中国第一部成熟的图书便由此而出现了。这个过程在中国图书的起源中具有典型的意义。

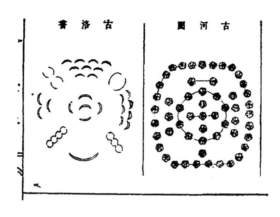

图 10    古河图（右）和古洛书（左）

《河图》与《洛书》在中华文明史上曾起到了重要的启蒙作用。华夏文化的源泉也可以说是"河洛文化"，而《河图》、《洛书》则是河洛文化的初基。它所建立的辩证思维的模式，对后世的思想、哲学、文学和科学都有重要的影响。孔子就曾说过："河不出图，洛不出书，吾已矣夫！"（《史记·孔子世家》）

《河图》、《洛书》的光辉，使它们的形象披上了彩环，也给它们的命运投下了阴影。西周、春秋以后，许多学说都穿凿附会于《河图》、《洛书》，使这朵远古文明的思维之花受到了不少歪曲。《周易》自称源于《河图》，并用自己的思维模式对《河图》进行了改造，使各卦在河图中均占有一定的方位。汉代的刘歆声称，《尚书·洪范》中提到的"洪范九畴"就是《洛书》，也就是天授的不变之道（《汉书·五行志》）。其实"洪范九畴"是九种伦理纲常，只是与《洛书》上的九个数偶合，实在是两件风马牛不相及之事。两汉以来的谶纬之学，都假以《河图》、《洛书》之名，连篇累牍的《河洛纬秘要》、《河洛谶》、《河图龙文》等谶纬之书，屡屡出笼。后来的方士术士们更是利用《河图》、《洛书》做文章，例如推算阴阳五行的"太乙行九宫法"，就是利用《洛书》上九个自然数排列成的数学幻阵。几千年来，《河图》、《洛书》的庐山真面目越来越模糊了。

《河图》、《洛书》的命运带有很大的普遍性，很多古代典籍都经历了类似的演变。例如"三坟五典"，在上古时期极有可能是确实存在过的，但经后人撰伪假托，至春秋时期多数已不可信，所以治学严谨的孔子编《尚书》时仅收录了《尧典》。而《尧典》在孔子时代应该说是基本可靠的，但又经后人撰伪假托，于今也成了真伪掺杂、不可尽信的半赝品。

## 五　独树一帜：中国早期图书的形态

在从上古到秦王朝建立的几千年历史中，图书经历了形成、演变、成熟和繁荣的漫长过程。中国图书的产生和发展，滋生于华夏文化的土壤，汲取着中华文明的雨露，有着自己的演进轨迹和鲜明特征，不带有任何外来文化的色彩。中国图书，这一中华文明的瑰宝，以自己独特的风姿，屹立于世界书林，并放射出夺目的光彩。

世界上现存最古老的图书是"泥版文书"（Clay Tablet），产生于公元前4000年前后的美索不达米亚和埃及。所谓"泥版文书"，是用柔软的黏土片制成版，形状呈长方形，通常两三英寸宽，三四英寸长，约一英寸厚。写字时使用锥状的笔，锥尖连同锥杆压入泥版。这样写出的笔划不连贯，一端深凹，另一端狭长，人们称之为"楔形文字"。泥版制成后要晾干，重要的泥版还要加火烧烤，制成经久不坏的图书。一部图书通常需要多块泥版才能完成。

与泥版文书并行于世的是纸莎草图书（Papyrus）。和泥版文书相比，纸莎草图书应用的时间更长，区域也更广。纸莎草是一种草本植物，生长于尼罗河下游和地中海沿岸。取纸莎草的茎，剥去外皮，切成细长的条，然后横竖相叠在一起，就制成了一张"纸"。若干张这样的纸粘在一起，就成了一条长幅，可用墨水在上面书写。长幅的一端粘在一个圆轴上，以圆轴为中心把纸卷起来，再放入皮革的圆筒内保存。一卷纸莎草纸图书，一般有十多英尺长，七至十英寸宽。

大约从公元前 2 世纪开始，羊皮纸（Parchment）开始在西方应用。所谓羊皮纸，就是经过处理的绵羊皮或山羊皮。将原皮除毛去脂，并进行鞣化，就制成了白色半透明的薄片。羊皮纸可以像纸莎草纸一样粘成长卷使用，也可以裁开制成折页本。羊皮纸比纸莎草纸更适于书写，而且经久耐用，所以成为西方中世纪的主要图书载体，一直应用到 12 世纪以后造纸和印刷术逐渐传入欧洲。

泥版、纸莎草和羊皮纸，并称为西方古代图书的三种形态。①

而中国的早期图书显然有着与西方图书截然不同的鲜明特色，有些中国图书的形态在世界上也是独一无二的。墨子曾对先秦图书做过这样的描绘："书于竹帛，镂于金石，琢于盘盂"（《墨子》卷八），此外还应再加上"刻于甲骨"。这样，我们便可以概括出先秦图书的六种基本形态。

①陶文。这是中国图书最原始的一种形态，其发源可以追溯到 6000 年前的半坡刻划符号和 5500 年前的大汶口图形符号。殷、周二代的文字陶器也屡有出土。但这种文字记录主要是一种款识，类似于印章文字，如器物主人的名字、官衔、年代、地点

---

① Michael H. Harris, *History of Libraries in the Western World.* Scarecrow Press, 1984.

等。在中国图书的历史中，陶器还不是占主导地位的图书载体。

②甲骨文。这是古代中国所独有的图书形态。甲骨文是书写、契刻在兽骨和龟甲上的刻辞。19 世纪末期以来，这种文献出土异常丰富，目前发现的已达 15 万片以上。上有甲骨文字4400 余字，其中可以认读的约 1700 字。这些甲骨文献绝大多数属于商代中后期的官府文献，是研究商代历史社会的重要史料。近年来还发现了龙山文化时期和西周时期的甲骨文。

③金文。亦称"钟鼎文"，主要是铸或刻在先秦青铜器上的铭文，是中国古代青铜时代文明的光辉记录。商代金文的字数较少；西周金文字数渐多，有的多达 500 余字，多属于祀典、赐命、征伐、盟约等有关的记录，史料价值很高。据现代学者考证，有些金文可能还属于五帝或唐虞时期的铭辞。

④玉石刻辞。刻于石头上的文字也曾见于古代西方，如公元前 18 世纪巴比伦国王汉谟拉比颁布的"汉谟拉比法典"（The Code of Hammurabi），就刻在了石碑上，遍置全国。但中国先秦的玉石文字却更为丰富多彩，应用也更加广泛。除西周石鼓文等大量的石刻外，还有商代的刻字玉符、春秋时期的石简和玉简。较之甲骨和钟鼎，石刻更宜于做图书的载体，不仅可以有更大的文字容量，而且还易于模拓。

⑤简策。在纸张发明之前，简策图书是我国图书的主要形式，也是古代中国所独有的图书形态。简策图书以削制而成的狭长竹片或木片作为书写材料，竹片称简，木片称札或牍，若干竹木片编缀到一起称策（册），多用毛笔墨书。目前考古发掘到最早的简策图书是战国时期的竹简和木牍，但简策在我国的使用却要早得多，至少不会晚于甲骨文和金文。大量的先秦典籍是以简策为载体才得以流传后世的。

⑥帛书。纺织和练帛远在我国新石器晚期就已出现，至殷、

周已十分发达。缣帛用于书写材料，可能与简策同时或稍晚之。先秦典籍中"竹帛"并提之处很多，考古发掘也证实了先秦帛书的存在，可见帛书与简策是长期并行于世的重要图书形态。一般情况下，缣帛用以书写重要和珍贵的图书，并用来绘画和绘制地图。

这六种形态的图书，秦汉以后多数已不再通行。但它们对后世两千多年的思想文化，尤其是对书籍制度的演变，都产生了重大影响。甲骨文和金文与后世中国文字的演化有着紧密的渊源关系。中国雕版印刷中的"行格"，就是简策图书的变形。中国文字自上至下、自右至左的书写传统，也发源于简策时代：一根简一行字形成了直行书写；左手持简、右手写字，形成了由右到左的顺序。中国图书中"篇"、"册"等制度均来自简策，而"卷"的概念显然来自帛书。石刻图书也有着经久不衰的影响，后世曾多次仿效。而对石刻的模拓技术，又是雕版印刷术的一个重要来源。

（本文原载于《大学图书馆学报》1988年第3、4期，收入本书时有所删改。）

# 两宋之禁书

北宋（公元 960～1127）和南宋（1127～1279）史称"两宋"，向以"郁郁乎文哉"著称。两宋时期文化昌明，是历史上刻书事业空前发达的时代，也是统治者最热衷于图籍文教的王朝。但随着版印书籍的大量出现，图书的作用与影响日益深广，赵宋统治者也颁布了许多禁书法令，采取了多次禁毁措施。宋代的文网虽不似秦皇焚书之暴烈、明清文字狱之严酷，但它对两宋刻书史的重要影响也不应忽视。

## 一　民族斗争背景下的禁书

民族矛盾始终是宋代社会矛盾的焦点。赵宋政权从建立到灭亡，与契丹、党项、女真、蒙古等北方少数民族政权长期处于对峙状态。在尖锐的政治、军事对抗中，各王朝间互相封锁和窃取图书资料，展开了一场旷日持久的情报战。辽人曾以十倍的价格收购宋朝的图书，金人甚至不惜用千金的代价购买南宋大臣的奏稿，还使用"蜡丸"等工具偷递情报。辽、金等王朝在本国境内书禁森严，"凡国人著述，惟听刊行境内，有传于邻境者死"（沈括《梦溪笔谈》）。在这种形势下，赵宋政权对于内容涉及"边防、兵机、夷狄"之事的图书采取了一系列防范措施。

北宋初年，政府就多次颁发了禁止将有关"边机文字"传入"虏中"的诏令。随着北宋政权在军事对抗中的一系列失利，辽和西夏不断南扰，北方的边事日益紧张起来。这时的禁书令便愈加频繁严厉，其内容也更为完备具体了。如北宋哲宗元祐五年（1090）的一份诏令中明确规定："凡议时政得失，边事军机文字，不得写录传布；本朝会要、实录，不得雕印。"（《宋会要辑稿》165 册）这道诏令中还详细规定了主管禁书的机构、书籍的审查程序和管理方法，以及对违禁者的处罚办法，等等。这已经是十分成熟完备的禁书律，此后两宋历年的禁书令大都是参照这些原则制定的。

徽宗年间，北宋政权内部日趋腐朽，边防也迭现危机。这时对书籍的控制更为严格，政府三令五申，严禁违禁的书籍出境："不经看验校定文书，擅行印卖，告捕条例颁降，其沿边军州仍严行禁止"，"无使国之机事，传播闾阎，或流入四夷，于体实大"（《宋会要辑稿》165 册）。宣和年间，禁书令不仅限于国史、会要、奏章，就连文集、日录、小报等，也统统在禁印之列。可惜这一切并未能阻止金兵的南下和北宋政权的覆亡。

南宋时高宗、孝宗、光宗几朝，偏安江左，南北对峙，战事稍息，禁书令也比较缓和，只是做做官样文章罢了。宁宗即位后，韩侂胄执政，力主伐金，主战空气又起。在当时颁布的《庆元条法事类》中，又有了严格的禁书规定："缘边事机密，凡时政、边机文书，禁止雕印"，违者要受到"杖一百"或"流三千里"的严厉处罚。只是南宋伐金一战，十几万大军溃于符离集，宋宁宗也只好杀了韩侂胄向金人求和。自此南宋政权进入了日趋衰亡的阶段，南宋后期的禁书令，也只是限制那些主战文章的刊行，甘于苟延残喘而已。

这些禁书令的颁发和实行，某种程度上固然是出于民族斗争和国防保密的需要，但其中也包括了许多对民众实行专制统治的成分。赵宋统治者认为，军国大事只能是上层统治阶层内部的事，民众根本无权过问；一旦有人敢于撰文著书议论国事，便是

"肆毁时政、摇动众情、传惑天下"的"奸佞小人"，就要"严行根捉"（《宋会要辑稿》165 册）。南宋的一位臣僚在一份得到皇帝批准颁行的奏章中说得很明白："朝廷大臣之奏议，台谏之章疏，内外之封事，士子之程文，机谋密画，不可泄漏"；如果有人敢把这些内容"传播街市，书坊刊行，流布四远"，就要"严切禁止"，所刻书籍也要"当官焚毁"（《宋会要辑稿》165 册）。可见在国防机密幌子下颁行的禁书令，很大程度上是为了防范人民。

尤其在赵宋统治者苟且偷安、投降卖国的时候，就更需要大兴禁书之举，以掩盖自己的行径，压制社会民众的抗议呼声。典型的例子就是南宋的大奸臣秦桧。史载，秦桧"赞成和议，自以为功。惟恐他人议己，遂起文字之狱，以倾陷善类"；图书文字"凡有一言一字稍涉忌讳者"，都在禁毁之列（《廿二史札记》卷十六）。这样的禁例只能说是在民族斗争背景下对舆论和民众的一种镇压。

## 二 尊儒宗旨下的禁书

禁书非自宋始，尊儒亦非自宋始；但为了尊崇儒教而禁毁其他学说之举，却始于宋代。

从思想史上看，宋朝正处于儒家学说重兴的重要时期。五代以后，思想界一扫汉魏以来群儒衰微、释老风行的局面，诞生了汇聚佛道两家学说的新儒学——理学，先后出现了周敦颐、程颢、程颐、朱熹等理学大师。两宋的儒学一直处于支配地位和上升阶段。正是儒学的复兴，才促使雕版印书从市井步入了"大雅之堂"，开始了其黄金时期。在宋代官、私、坊所刻印的大量图书中，绝大部分是统治阶级的正统意识形态——儒经和正史，为使儒家经典得以精刊细校，两宋统治阶层"虽重有所费不惜也"（宋高宗语，见李心传《朝野杂记》），花费了大量的人力和金钱。

在这种形势下，赵宋统治者一方面不惜工本地大量刻印儒经和正史，另一方面对一切异端思想严加禁毁。北宋徽宗大观二年（1108）朝廷下诏："诸子百家非无所长，但以不纯先王之道，故禁止之"；那些专供晚进小生"文场剽窃之用"的"程文短晷"，只有经国子监严格审查过的才可印行，"余悉断绝禁弃，不得擅自买卖收藏"（《宋会要辑稿》165 册）。这是一道非常严刻的禁书令，竟然把诸子百家之书统统列成了禁书。

更有甚者，为了纯正经术，"专以语孟为师，以六经子史为习"，就连陶潜、李白、杜甫都被列入了异端，士大夫"传习诗赋"也要定罪。据叶梦得《石林燕语》记："政和末，李彦章为御史，言士大夫多作诗有害经术。自陶渊明至李、杜，皆遭诋斥。诏送敕局立法。何丞相执中为提举官，遂定命官传习诗赋杖一百。"李、杜、陶潜遭了禁，作诗也要打板子，这样维护儒学正统，可以说发展到荒谬的地步了。

至于那些鼓动人民群众进行反抗斗争的书籍，则更是禁毁对象了。北宋徽宗年间，政治腐败，民间出现了利用宗教舆论进行宣传的印刷品。崇宁三年（1104）湖南出现了《佛说末劫经》，"言涉讹妄，意要惑众"。政和四年（1114），开封发现了伪撰的《太平纯正典丽集》，河北也在暗地流行"传习妖教"的经文。统治者如临大敌，连下严旨："速行禁止"，"缴纳焚讫"，"当官弃毁"，"根究印撰之人"（《宋会要辑稿》165 册）。

## 三　"党禁"和权臣禁书

"党禁"本是赵宋统治集团上层党同伐异的争斗。党禁的结果，往往是得势的一方对另一方的著作大加禁毁。宋代大规模的党禁主要有两次，即北宋的元祐党禁和南宋的庆元党禁。

北宋元丰八年（1085），神宗崩，哲宗即位，次年改年号元祐。其时高太后听政，起用司马光等旧党，尽废新法，复辟旧制，史称"元祐更化"。元祐九年（1094）哲宗亲政，改元绍圣，再行神宗新法，史称"绍圣绍述"。在这种形势下，旧元祐党人的文籍便遭到了禁毁。首当其冲的是苏东坡、黄庭坚等人的诗文，"是时书坊畏罪，坡、谷二书皆毁其版"（杨万里《棪召溪居士集》序）。至徽宗时，对元祐学术的禁毁更加严厉，朝廷明文规定："诏令今后举人传习元祐学术以违制论，印造及出卖者与同罪"（《宋会要辑稿》165 册）。蔡京等权臣以"新党"标榜，更是利用禁书来排斥异己，"自崇宁以来，京贼用事。……至于苏轼、黄庭坚之文集，范镇、沈括之杂说，畏其或记祖宗之事，或记名臣之说，于己不便，故一切禁之。购以重赏，不得收藏"（《靖康要录》卷七）。蔡京伙同其弟蔡卞之流，甚至还要焚毁司马光的历史巨著《资治通鉴》，只因有神宗皇帝的御制序文在，才没敢下手（丁特起《泣血录》、周辉《清波杂志》卷九）。当时禁书之规模可想而知。

南宋宁宗庆元年间（1195～1200），韩侂胄执政，准备兴师北伐。为此朱熹连同宗室赵汝愚等人上表弹劾。斗争的结果，赵汝愚、朱熹等五十九人遭到贬逐，理学也被斥为"伪学"而严加禁止。这就是所谓"庆元党禁"。随之而来的，便是对"伪书"的禁毁。庆元二年（1196），朝廷搜寻到了一批违禁的书籍，其中包括七先生《奥论发枢百炼真隐》、江民表《心性说》、李无纲《文字》、刘子翚《十论》、潘浩然《子性理书》，这些书当即被"合行毁劈"（《宋会要辑稿》166 册）。庆元四年（1198），国子监又查获到一批"主张伪学，欺惑天下"的书籍，于是下令"追取印版赴国子监缴纳，已印未卖当官焚之"，并且要"将雕行印卖之人送狱根勘，依供申取旨施行"（《宋会要辑稿》166 册）。只因庆元党禁为时不长，理学的典籍才未受到大的损失。

宋代除大规模的党禁之外，一些权臣还依仗权势，肆意禁毁文籍。其中最典型的是秦桧"禁野史"之举。据《宋史·秦桧传》载，秦桧曾以"私史害正道"为名，多次"乞禁野史"。为强行此道，秦桧动辄便将民间藏书家"所藏书万卷焚之"。宋人王明清曾叙述了家藏野史的遭遇：在"野史之禁兴，告讦之风炽"的形势下，其父王铚所著的《国朝史述》以及史稿杂记，均被迫交纳给秦桧，"悉化为烟雾"（王明清《挥麈前录》卷四、《挥麈后录》卷七）。秦桧所禁者还不仅限于野史，就连日历、起居注、时政之类的官方档案文件，"稍及于己者，悉皆更易焚弃"（《挥麈后录》卷一）。此举无疑是宋代当朝史料的一次浩劫。

## 四　禁翻版

所谓禁翻版，用现在的话讲就是"版权所有，翻印必究"。翻版之禁，始于宋人。宋版书中开始出现了"已申上司，不许复版"之类的牌记。禁翻版的产生是社会上版印文籍大量出现、雕刻技术已在全社会普及的结果。

宋椠本《方舆胜览》中刻有两浙转运司的一道榜文。榜云，该书的刻印者"积岁辛勤，今来雕版，所费浩瀚"；为了防止"书市嗜利之徒"以改换名目等手段编印本书，"庶绝翻版之患"，刻书人已申得官府批准，"如有似此之人，仰经所属陈告追究，毁版施行。故榜"（叶德辉《书林清话》）。

宋钞本《丛桂毛诗集解》书前有一份行在国子监的公据，是刻书人与官府之间为禁止他人翻版而订下的契约。公据云，为了维护本书的精善质量，不许其他书肆"嗜利翻版"；一旦发生这种情况，该书主人有权陈告，并要求官府"追版劈毁，断罪施行"（同上）。

从上述材料中不难看出，禁翻版已成为宋人刻书的一种禁例，并得到了官方一定的支持。但值得注意的是，这种禁例，从未载入任何正规的法律和诏令，大量的官刻书中也从未有禁人翻版之例。看来，宋代禁翻版之举不过是少数有权势的书商勾通官府、垄断利润的一种做法，并非社会上通行的正规法令。尽管如此，两宋的禁翻版却为后世的版权之法开了先例。

（本文原题为《两宋为什么大肆禁书》，载《文史知识》1986 年第 3 期。）

# "官学藏书"始末

与我国古代大学教育分为官学和私学两大系统相适应,我国古代的大学藏书也分为官学藏书和书院藏书两部分。在官学藏书中,又有中央官学藏书和地方官学藏书之分,本文讨论的主要是中央一级的官学藏书。

我国的大学教育起源很早。据文献记载,在五帝、三代时期,我国便已有了包括大学在内的各类学校。"五帝名大学曰成均"(《礼记·文王世子》),"夏曰校,殷曰序,周曰庠,学则三代共之,皆所以明人伦也"(《孟子·滕文公上》)。这些记载,与古代文献中关于上古藏书的某些记载基本吻合。

上古渺不足征,但殷商、西周时期的大学,则已为古代文献和考古发掘所充分证实(熊明安《中国高等教育史》)。而这一时期的大学就已经具备了相当的藏书。《礼记·文王世子》中记载了当时官学及其藏书的状况:"春诵夏弦,太师诏之;瞽宗秋学礼,执礼者诏之;冬读书,典书者诏之。礼在瞽宗,书在上庠。"这里所说的"上庠"就是古代王室贵族大学的名称,"书在上庠"指的是这种大学对文献的集中收藏,而"典书者"则是这种大学藏书的主管人。

值得注意的是,在商周时期,这种官学实际上是"官师不分"的,即所谓"学在官府"或"学术官守"。在这种情况下,官府即是学校,居官者即是教师,入学者即是准备入仕的贵族弟子,因此王室和官府的藏书同时也就有着大学藏书的作用。就连

"少年知礼"的孔子，求学时也要往观周王室的藏书，并"问礼"于当时主管王室藏书的老子（《史记·孔子世家》）。显然，当时的官府、学校和藏书，本是一个无法区分的整体。因此，我们也可以把包括殷墟甲骨在内的商王室藏书和由众多史官分藏的周王室藏书，都视为当时中央大学的藏书。

西汉时期，正式建立了太学。与此相适应，西汉政府建立了专门的太学藏书。《汉书·艺文志》在记述西汉藏书盛况时说："外则有太常、太史、博士之藏，内则有延阁、广内、秘室之府"，这里所说的博士藏书就是太学的专门藏书。东汉时太学的规模进一步扩大，太学的藏书也因此而增多。据文献记载，东汉的中央藏书机构有"辟雍、东观、兰台、石室、宣明、鸿都诸藏"（《后汉书·儒林传》）。其中"辟雍"便是太学的别称，"鸿都"即"鸿都门学"，也是官办的中央大学，这两处藏书都是为中央官学而设立的专门藏书。汉代太学师生所能利用的藏书并不仅限于此。据载，西汉时博士和博士弟子曾"论五经于石渠阁"（《汉书·儒林传》），东汉时诸博士也曾"校定东观五经、诸子传记、百家艺术"（《后汉书·安帝纪》）。石渠阁和东观都是汉代著名的收藏宫禁秘籍之所。由此可见，虽然汉代已不复官、学一体的局面，但太学的师生们还是有参阅皇室藏书的特权。

东汉熹平年间，为了给太学师生提供一部标准的教学用书，由著名学者蔡邕主持，刻了一部"石经"，立于太学门外。这就是历史上著名的"熹平石经"。刻立石经的工作历时8年，共刻有儒家经典7部、20余万字，刻写在26块石碑上。石经刻成后，曾轰动一时。这部石经的刻立，无异于为东汉太学添置了一所特殊形态的图书馆，并为后世的太学或国子学开了刻写标准本经书的风气。现在"熹平石经"的残留碑块仍存西安碑林。而后的各朝代，如三国魏、唐、后蜀、北宋、南宋、清等，都曾在太学和国子学刻立石经，使石刻经书成为历代官学藏书的重要组成部分。

隋朝文帝年间，设立了国子寺，统辖太学、国子学等中央大学。炀帝时又改国子寺为国子监，从此，国子监就成为我国古代的最高学府和全国教育管理机关。而以国子监藏书为主体的中央官学藏书体系，也就最后形成并确立下来，成为我国古代藏书事业的一个重要组成部分。这种局面一直延续到清末京师大学堂及其藏书楼建立时才告终止。

通观隋唐至清末的国子监官学藏书，主要有以下几个特点：

第一，建有专门的藏书楼阁，也就是今天所说的专门馆舍。现在能够确知的有元代国子监崇文阁、明代国子监典籍厅、清代国子监御书楼等。

第二，设立掌管藏书的专职官员。这类官员唐代称"典书"，宋代称"国子监书库官"，明代称"典籍厅典籍"，清代称"典籍"。

第三，注重藏书的整理、校勘和研究。由于国子监的许多高级官员都是精通图籍的大学问家，有的还是图书和目录学方面的专家，因此往往十分关注藏书整理。如唐代国子监祭酒孔颖达曾整理校订《五经正义》，被唐王朝规定为全国官学统一教材；唐代另一位国子监祭酒褚无量曾受命领衔整理和著录包括国子监藏书在内的全部中央藏书。现知有关国子监藏书的书目著作也很多，如明代的《国子监书目》、《南雍志·经籍考》，清代的《国子监志·经籍志》、《国子监南学存目》、《国子监南学第二次存书目》等，都是国子监校勘整理藏书的成果。

第四，藏书内容以儒家经典为主。从现存的一些国子监书目看，国子监的藏书绝大部分是制书（帝王的诏谕和钦定的著作）、经书、正史、类书等，原因在于国子监的主要教学内容是正统的儒家学说。除适应科举取士的需要外，国子监还要担负校订经书、制定礼乐等任务。用今天的话说，这种藏书状况是为适应教学和科研的需要而形成的。前人曾称国子监藏书为"儒学官书"，看来是名符其实的。

第五，藏书中皇帝赐书占很大比重。史料中关于皇帝赐书国子监的记载颇多，《国子监志·经籍志》甚至把大部分藏书都列在皇帝赐书的名下，可见赐书是国子监的一个重要藏书来源。当然，其中也不排除把皇帝拨款购书和各地献书等都算在皇帝账上的可能。

第六，藏书中颇多精善之本。国子监本非封建国家最高级别的藏书，但也十分注重精善版本的收藏。据《南雍志·经籍考》记载，宋代国子监的收藏质量就很高，"儒学官书中有宋御书石经本，且多诸家奇书，卷帙以数千计"；元代基本上继承了这些精本，"经兵火后，元人收购，亦略齐备"，明代南监（南京国子监）更以收藏大量宋元雕版而著称。国子监师生以研读儒学经典为主，文字上稍有差误，便会出现经义的歪曲，因此特别注意图书版本的优劣。

第七，注重书版的收藏。书版是雕版印书时的刊印底版。由于历代国子监主要承担官书刊刻使命，所以在中央藏书中，国子监往往是书版的集中收藏之所，其书版的数量和质量均为全国之冠，有的甚至在数量上超过了图书。明代南监还建立了专门的"库楼"，以存放本监和各地送来的书版。

第八，藏书的同时大量刊刻图书。国子监刻书主要是为了出版标准本的正经、正史教学用书，其用意与东汉以来各朝刻立石经是相同的。我国历史上第一次由政府正式刊刻的图书，便是五代时期由国子监根据"开成石经"刻印的儒家九经。而后各朝代由国子监刊印的图书，人称"监本"，是官刻的主体。五代以来历代刊印的"监本"，均以底本精善和校勘严谨而著称。

1902 年，清政府在最高学府京师大学堂中建立了京师大学堂藏书楼，也就是后来的北京大学图书馆。当时的统治者是把京师大学堂藏书楼当作旧官学藏书的延续而开办的，但它却成了我国历史上近代大学图书馆的开端。

（本文原题为《我国古代的官学藏书》，载《中国图书馆学报》1991 年第 4 期。）

# 从藏书楼到图书馆

我国古代藏书的场所称藏书楼，近代以来新型的文献收藏机构称图书馆。这是通常的说法，也是图书馆史研究的专业术语。

细究起来，将我国古代的文献收藏称为"藏书"似乎更为恰当。藏书是个由来已久的古老的文化现象。《史记·老子韩非列传》称："（老子）周守藏室之史也。"司马贞《史记索引》注："藏室史，周藏书室之史也。"这就是"藏书"一词的最早出处。老子所职掌的周王室藏书室，也是文献记载中最古老的正式的藏书机构，老子就相当于周朝国家图书馆的馆长。

然而，藏书作为一种社会文化现象，实际出现的时间还要早得多。据传说，上古伏羲氏画八卦始有文献，黄帝时已有分掌文献的史官，夏代也有负责图籍的太史。《河图》、《洛书》、《三坟》、《五典》、《八索》、《九丘》等，都是远古文献的名称。上古传说固然渺不足征，但至迟在商代，即已有了可以确信的各类藏书——20世纪初发现的殷商甲骨文献，可以说是我国最早的藏书实物；《尚书》中关于商代"有典有册"的藏书记载，也为考古发掘所证实。即使在周朝，周王室藏书的历史也远早于老子，文献也不仅限于周王室所藏。可以断言，我国古代的藏书，远在华夏文明初始的年代即已发端，并伴随了古代中华文明几千年历史之始终。

"藏书"一词，实际上便是我国古代文献收藏的总称，也是前人的一贯说法。例如"建藏书之策，置写书之官"（《汉书·

艺文志》）、"藏书之盛，莫盛于开元"（《新唐书·艺文志》）等诸多记载，便是例证。

至于"藏书楼"一词，则是一种较为晚出的说法。藏书楼之称究竟出现于何时，目前似乎还很难确切考定，但应该在唐朝之后，并且发源于私家藏书。据《新唐书·李郾传》记载："……（李郾）家有书至万卷，世号李氏书楼。"又据《郡斋读书志》载："（孙长孺）喜藏书，贮以楼，蜀人号书楼孙氏。"这两处唐代的私人藏书，大概就是最早被称作藏书楼的文献收藏了。

明清之际，私人藏书进入了鼎盛时代，"藏书楼"之称便开始风行一时。私人藏书家们往往将自己的藏书之所标以"××楼"、"××阁"的雅称，就是一些没有多少文献收藏的士大夫，也常常为其书斋取个藏书楼的名号以附庸风雅。这种风气甚至也影响到了官方的藏书，许多皇家和官府的藏书机构也开始仿效民间的藏书楼，冠之以各式藏书楼的名号。这样一来，"藏书楼"就成了古代各类文献收藏的统称。就是近代问世的一些早期新型图书馆，往往也标之以藏书楼之名，如京师大学堂藏书楼、古越藏书楼、皖省藏书楼等。

与藏书楼源远流长的历史相反，"图书馆"在中国是个完完全全的外来名词和近代文化现象。图书馆一词，在西方语言中基本上有两种说法，一个是 Library，另一个是 Bibliotheca。Library源自拉丁语的 Liber，意为树皮。因为树皮曾用作书写的材料，所以在意大利语中把书店叫 Libraria，而法语中则把书店称作Libraries。这个词后来由法语进入英语，就成了 Library。而Bibliotheca 一词源自希腊语 Biblos，即书籍，由书写材料"纸莎草"（Papyrus）的希腊语读音而来。后来对于存书的场所，希腊语叫 Bibliothek，拉丁语则称 Bibliotheca，在德语、法语、意大利语、西班牙语中均用这一词称图书馆，只是在拼法上有些小差别。对于 Library 或 Bibliotheca，中国人最初译为"藏书楼"或"公共藏书楼"。

中文"图书馆"一词的直接来源为日文"図書館（ライブラリー）"，最初是由梁启超引进到中国来的。1896 年 9 月在梁启超主编的《时务报》上，首次出现了"图书馆"一词。但是这一新的提法似乎并没有马上为国人所接受，一些早期的近代图书馆仍以称"藏书楼"者居多，也有的称"书藏"、"书籍馆"、"图书院"、"藏书院"等。据目前所知，在 20 世纪之前只有 1897 年建立的北京通艺学堂图书馆使用了"图书馆"的名称。从 20 世纪初年起，使用"图书馆"一词的文献和机构才开始多了起来。例如，1900 年 9 月的《清议报》上就有一篇名为《古图书馆》的文章；1901 年 6 月的《教育世界》也刊登了一篇名为《关于幼稚园盲哑学校图书馆规则》的文章。

1903 年，清政府颁发了管学大臣张百熙主持制订的高等教育纲领《奏定大学堂章程》，其中提到："大学堂当附属图书馆一所，广罗中外古今图书，以资考证"，并规定其主管人为"图书馆经理官"。① 这是"图书馆"一词第一次被官方文件所正式采用。《奏定大学堂章程》颁布后，原京师大学堂藏书楼便改名为京师大学堂图书馆，藏书楼的主管人也由"提调"改称图书馆经理官。这是我国第一个采用图书馆名称的正式官方藏书机构。② 但由于有京师大学堂藏书楼之名在先，所以改名后人们仍习惯以旧名称之，使京师大学堂图书馆这一正式名称反而不为人们所注意。直到 1904 年，湖南图书馆、湖北图书馆和福建图书

① 舒新城：《中国近代教育史资料（中册）》，人民教育出版社，1961。
② 吴晞：《北京大学图书馆九十年纪略》，北京大学出版社，1992。

馆相继成立，图书馆的名称才开始在社会上通行，其后各地出现的各种新型藏书处所多数都标以图书馆之名。1909 年，京师图书馆（今国家图书馆）奉旨筹建，清政府又随之颁发了《京师图书馆及各省图书馆通行章程》，这样才使得图书馆的名称在我国最后确立了下来。学界普遍认为，京师图书馆的建立和《京师图书馆及各省图书馆通行章程》的颁布是中国近现代图书馆产生的标志。①

　　厘清藏书、藏书楼和图书馆的含义及其关联与区别，是为了澄清这样一个史实：中国古代的藏书、藏书楼与近现代图书馆是两种不同属性的事物；中国的图书馆是西方思想文化传入的产物，亦即"西风东渐"的结果，不是"中华古已有之"的。

　　中国是世界上文献保存数量最多、内容最为丰富连贯的文献大国，藏书楼则是这些文献的载体，是华夏文化的骄子，也是中华文明赖以存在和流传的基本因素。与世界上任何一种古代和中世纪文明中的文献收藏相比，我国古代的藏书都毫不逊色，并独具异彩。但这些因素并不能催生出新型的近现代图书馆。古代的藏书楼至多可以看作是中国图书馆的历史渊源，但不是它的母体和前身。

　　有人这样描述近代中国图书馆：19 世纪中国图书馆的发展已落后于西方，后来逐渐接受了西方先进的图书馆思想和管理方法，因此才产生了重要的进步和飞跃。其实这种看法是一种误解。中国古代的藏书楼和西方的图书馆之间，不是什么落后与先进的差别，而是走的两条道路。换句话说，如果没有近代社会西方思想文化的冲击和影响，中国的藏书楼再发展若干世纪，也没有可能自行演变成西方式的近代图书馆。中国的旧式藏书楼中缺

---

① 　吴晞：《从藏书楼到图书馆》，书目文献出版社，1996。

乏进化成近代图书馆的基本机制，因此不可能成为新式图书馆产生的母体。中西图书馆走的是两条完全不同的发展道路，这种差别和先进与落后是两回事。

还有一种更具普遍性的观点认为，进入近代社会之后中国藏书楼的根本性质发生了变化，由封建性的旧式藏书发展过渡为新型的近代图书馆。这种解释用于西方图书馆的历史发展是比较恰当的，而用于中国图书馆则不妥。西方图书馆的历史源于古代两河流域、埃及、希腊和罗马的公共图书馆，中世纪时演变为大教堂和修道院的图书馆，产业革命之后又产生了近现代的公共图书馆。这是一种演变、递进的完整过程。而中国藏书楼的历史在近代之后则中断了，藏书楼也消亡了，而不是转变成了什么。中国的图书馆从产生之日起，走的便是一条全新的道路，是在新的起点上从头开始的。从本质上看，中国近代图书馆所接受和继承的主要是西方图书馆的东西，而不是中国藏书楼的传统。这是一种取代，而不是演变或过渡。这就如同一幢房屋的旧主人被新主人所代替，而这位新主人既不是由旧主人洗心革面而成的，也不是旧主人的儿孙，只不过是新主人入住之后受到了旧主人的一些影响而已。

为什么会出现这种结果呢？简单说来，现代图书馆，尤其是公共图书馆，本质上是现代文明的产物，是现代社会民主、民权、平等、公正和公民社会的象征。新型公共图书馆的问世，实际上是社会发展到一定阶段的产物，是社会民主、公民权利和社会平等等现代人文意识成熟的结果，而这种条件只有到了19世纪中叶在西方才日臻成熟。①

新型公共图书馆的本质特征是公益性、公共性，其表现就是

① 参见本书《西方公共图书馆的产生与发展》一文。

面向社会普遍开放；而旧式藏书楼属于私人所有，或是皇家、官府等少数人占有，其主要特点必然是封闭性的。

从历史发展看，在古代藏书初兴的殷周二朝，文化上是"学在官府"或"学术官守"的状况，反映在藏书方面，则是"官守其书"的局面（章学诚《校雠通义》卷一），贵族统治者之外的广大民众与文化、图书是无缘的。春秋末年，伟大的教育家孔子通过毕生的文化教育活动，开始了从"学在官府"向"学到民间"的转变，使得众多的平民有了拥有、阅读图书的可能，这是我国文献收藏史上的第一次大变革。东汉以来，纸张发明并逐渐成为图书文献的主要载体，使图书的传抄和普及变得更为容易和廉价，于是社会上开始有了一些官府藏书之外的各种文献收藏，这是我国文献收藏史上的第二次大变革。唐宋之际，雕版印刷术发明并在全社会普及，促进了书籍的生产和流通，致使文献的收藏和利用水平又大大提高了一步，各种类型的藏书楼骤然增多，这是我国文献收藏史上的第三次大变革。但是，这三次变革只是增加了社会上图书和图书收藏者的数量，却基本上没有改变藏书楼"门虽设而常关"的封闭状态。

明代著名藏书家祁承爜的澹生堂藏书楼便是一个典型的例子。祁承爜对自己的子孙及其藏书楼的管理有着明确的规定：

> 子孙能读者，则以一人尽居之；不能读者，则以众人遵守之。入架者不复出，蠹啮者必速补。子孙取读者，就堂检阅，阅毕则入架，不得入私室。亲友借观者，有副本则以应，无副本则以辞，正本不得出密园外。……勿分析，勿复瓶，勿归商贾手。（祁承爜《澹生堂藏书约》）

不难看出，祁氏对其藏书楼采取的是严格的封闭措施，连子孙、亲友都要受到限制，外人自然就更无缘问津了。

而享誉明清两代的藏书楼范氏天一阁，其措施更为严厉苛刻：

> 司马（天一阁的创始人范钦）殁后，封闭甚严，继乃子孙各房相约为例，凡阁厨锁钥，分房掌之，禁以书下阁楼，非各房子孙齐至，不开锁。子孙无故开门入阁者，罚不与祭三次；私领亲友入阁及擅开厨者，罚不与祭一年；擅将书借出者，罚不祭三年；因而典鬻者，永摈逐不与祭。（《宁波范氏天一阁书目序》）

藏书楼的图书竟然连子孙都不准入内阅读，已经和守财奴埋着金银饿肚皮无异，与文献收藏的本来意义相去何止十万八千里。

澹生堂和天一阁只不过是两个典型的例子，类似的封闭措施在古代为数众多的藏书楼中属于常态，是极为普遍的现象。当然，这种现象的出现和蔓延并不都是藏书家自身的过失，藏书家们集聚、保存图书典籍的苦心孤诣和历史功绩也不可一笔抹煞。归根结底，藏书楼是小生产文化方式的产物，不可能形成面向整个社会的文献信息体制，也不可能承担起社会化服务公众的任务。这是我们不能苛求于前人的。

古代的藏书家并非全都是守财奴式的角色，也有卓尔不群者。例如明末清初的藏书家曹溶，就曾尖锐批评藏书家"以独得为可矜，以公诸世为失策"的偏狭传统，以致古书"十不存四五"（曹溶《流通古书约》）。他写了一部《流通古书约》，倡议藏书家之间互通有无，使"古籍不亡"，以免因秘不示人遭湮灭。清代乾隆年间，还有一位学者兼藏书家周永年，大胆提出了

"儒藏说"，提倡"天下万世共读之"；还建立了"藉书园"，专门为"穷乡僻壤，寒门窭士"等贫寒书生提供可读之书（周永年《儒藏说》），"使学者于以习其业，传钞者于以流通其书，故以藉书名园"（章学诚《藉书园书目序》），实属难能可贵。然而这样的藏书家在中国古代尚属凤毛麟角，其视野和影响均有限，无法得到广泛的社会认同，其举措也难以延续。他们只是旧事物的叛逆者，却不能成为新事物的创建人。

只有新型的近代公共图书馆才能完成向全社会平等开放、提供文献信息服务的使命。这是中国文献收藏史上第四次，也是迄今为止最为重大的一次变革。变革的结果便是旧式藏书楼寿命的终结，新型图书馆历史的开端。

（原载《图书馆工作与研究》1994年第1期，收录本书时做了较大增改。）

# 中国图书馆百年

20世纪90年代初，我在北京大学供职，为庆贺北京大学图书馆建馆九十周年撰写了《北京大学图书馆九十年纪略》一书。那时国内还没有一家大型图书馆有百年的历史，"百年"就如同"21世纪"，还只是个遥远的符号。进入21世纪后，各地陆续有图书馆庆贺百年华诞，许多庆典亦曾恭逢其盛。直至近日，北大的朱强馆长邀我参与北大图书馆建馆一百二十周年历史的编撰工作，苏州金德政馆长雅嘱为苏州图书馆百年馆庆作文，我才蓦然惊觉，中国的现代图书馆已经切切实实走过百年，进入了"流年自可数期颐"（苏东坡诗句，"期颐"即百年之谓）的历史新阶段。

中国的图书馆经历了百年沧桑。百年倏忽也好，百年漫漫也罢，是人们从不同视角看到的历史映像。而今蓦然回首，我们看到的中国现代图书馆百年历程，是一条百转千回的曲折道路，既跌宕起伏，又峰回路转，别有一番绵延迤逦的风光。

中国古代文献收藏的历史源远流长，然而现代图书馆的源头却在西方。

西方现代图书馆的诞生，始自新型公共图书馆的问世，这也是西方现代图书馆有别于古代和中世纪的图书馆的标志。而公共图书馆的出现又是社会民主、公民权利、社会平等和信息公正等现代人文意识成熟的结果，是社会发展到一定阶段的产物。19世纪中期的英国首先具备了这样的社会条件。1852年英国曼彻斯特公共图书馆成立,它的问世被认为是世界公共图书馆诞生的标志。此后西方世界兴起了长达一个世纪的"公共图书馆运动"。这个运动在美国的发展尤为迅猛,19世纪末及20世纪初,"钢铁大王"卡耐基在全世界捐资建立起2500多座图书馆,其中大部分是美国的公共图书馆。1949年,联合国教科文组织通过了《公共图书馆宣言》,正式表达了世界文化知识界和图书馆界的基本立场,在全世界范围内形成了对图书馆的普世共识。

西风东渐,泽被东土,但又带来了血雨腥风,因为这一切都是伴随着侵略战争、不平等条约和频发的教案等一系列屈辱和国耻而来的。在中国最早出现的新型图书馆,大多与外国租界当局和外国传教士相关联。这些被泥沙俱下的历史潮流挟裹而进入中国社会的外来新式图书馆,尽管不是出于中国人自愿,却成为中国现代图书馆最早和最直接的启蒙范例。

这样就有了中国的第一次"新图书馆运动",其肇始于19世纪末和20世纪初,其兴起也与近代史上列强入侵和民族危亡息息相关。最为直接的成因就是中日甲午战争失败和《马关条约》签订给中国社会带来的极大冲击。正如康有为所说:非经甲午之役,割台偿款,创巨痛深,未有肯幡然而改者。梁启超也说:唤起支那四千年之大梦,实自甲午一役也。在亡国灭种的威胁下,中华民族的有识之士终于挣脱开千年传统的束缚,把目光投向了西方,开始走上学习西学、变法图强的道路,而建立"新式藏书楼"则逐渐成为朝野共识。创建于1898年(戊戌年)的京师大学堂藏书楼就是戊戌变法的直接产物,也是此次百日维新失败后的唯一孑遗。

更大的民族灾难"庚子之变",让国家付出了沉重的代价,也几使清朝统治集团陷入灭顶之灾。这种形势直接催生了"清末新政",兴办图书馆就是新政的重要内容。至宣统二年

（1910）《京师图书馆及各省图书馆通行章程》颁布之时，京师及多数行省均已建立起大型官办图书馆，一些文教发达的地方还出现了诸多的官学图书馆（学校图书馆）和平民图书馆。可以说，第一次"新图书馆运动"肇始于戊戌变法，完成于清末新政，奠定了现代中国图书馆事业的基础，并形成了良好的发展势头，一发而不可收。中国百年图书馆之史，自此方兴。

遗憾的是，中国图书馆的发展并未由此进入坦途，而是有着太多的弯路和跌宕。

民国时期是中国图书馆发展和成熟的阶段，也有斐然的成就，却不幸而逢多事之秋。频仍的兵燹战乱和政治动荡给图书馆事业带来了无法克服的障碍，尤其是日本侵略者悍然发起侵华战争，生生扼断了图书馆正常发展之路。诸多图书馆学者和有识之士虽有真知灼见，却难免有"空留纸上声"之憾。

中华人民共和国成立后，图书馆有了长足的进展，提出了诸如"向科学进军"、"为工农兵服务"等裨益事业发展的方针。但由于时代所限，图书馆亦难逃历次政治运动的强烈干扰。而且这种关起门来的发展方略日渐与国际主流脱节，甚至渐行渐远，国际上通行的理念、方法、技术无法为国内图书馆界所知晓、所应用，图书馆界还人为地设立了种种禁区和壁垒。至"文化大革命"祸起，文脉已断，黄钟弃毁，瓦缶雷鸣，图书馆亦堕入万劫不复之境地。

"文化大革命"结束后，图书馆事业进入复苏和繁荣的新时期，出现了欣欣向荣的局面。与此同时，却又受到市场经济大潮的无情冲击，致使经营创收、"以文养文"等种种弊端一时成为风气。于是"有偿服务"盛行，各种收费和变相收费成了图书馆的重要经济来源，还为读者设立了形形色色不平等的门槛。这一时期，馆舍设备条件的极大改善和办馆方针上的乱象丛生，形成了鲜明的对比。

中国图书馆历史上的第二次"新图书馆运动",或曰图书馆现代化的进军之旅,就是在这样的背景下起步的。没有官方的授意,也没有人蓄意发起,一切都是瓜熟蒂落,水到渠成。这是我们这一代图书馆人亲身经历和亲手创造的历史。

21世纪初年,先是学界鼓吹国际上普世的图书馆理念,倡导图书馆的基本精神和核心价值。与此同时,一些敢为天下先的城市图书馆大胆探索践行,提出了"开放、平等、免费"等拨乱反正的办馆方针,锐意改革,勇除弊端,走出了一条新型的、符合国际发展趋势的道路,亦即现代化图书馆之路。

这些先进的理念和做法最终演变成国家的政策方针。近年来,中央和地方政府陆续出台了一系列政策文件,明确将图书馆定性为公益文化单位,将图书馆的基本服务公益化、普遍化、均等化。正是这场源于业界精英、起自基层、自下而上的运动,改变了中国图书馆的轨迹,使其走上了正确的发展道路。恰如有识之士指出的,通过业界的努力,将现代图书馆的精神、理念变为国家的政策方针,使全国图书馆朝着正确的方向发展,是21世纪中国图书馆事业的最大成就。

百年沧桑俱往矣,我们期待下一个更加丰富多彩的百年。

（本文摘自《苏州图书馆百年华诞感怀》一文,载《我与苏州图书馆》,古吴轩出版社,2014。）

# 西方公共图书馆的产生与发展

西方图书馆的历史悠久，源远流长。

早在公元前 4000 年前后，美索不达米亚平原就有了大量的文献收藏，当时的文献形态主要是书写在泥版上的楔形文字，称"泥版文书"。亚述王国时期规模宏大的尼尼微图书馆已为考古发掘所证实。同样历史久远的还有古埃及的图书馆，其收藏除了泥版文书外，还有纸莎草、皮革等作为文献的载体。及至古希腊和古罗马时期，图书馆已经普及，亚里士多德的学园图书馆名噪一时，著名的亚历山大图书馆兴盛了几百年之久，甚至在雅典、罗马等大城市中还出现了对部分市民实行某种程度开放的公共图书馆。

西方图书馆的历史虽然长久，但西方古代及中世纪的图书馆与我们今天意义上的现代图书馆是有重大差异的，其中公共图书馆及其理念的出现是重大的分野和标志。

尽管"公共图书馆"这一名称在西方古代文明中早已出现，但真正意义上的公共图书馆只能出现于现代社会，是社会发展到一定阶段的产物。此前，所有的图书馆，包括一些冠之以公共图书馆名义的图书馆，都有特定的服务对象，或是皇家成员、达官贵胄，或是神职人员、学院师生，或是有特定身份的市民，而非社会所有成员。新型公共图书馆的产生实际上是社会民主、公民权利、社会平等和信息公正等现代人文意识成熟的结果，也是历史发展到一定阶段才有的产物。

19世纪中期的英国首先具备了这样的社会条件。1852年，英国曼彻斯特公共图书馆成立。曼彻斯特公共图书馆是世界上首座现代意义上的公共图书馆，它的问世是公共图书馆诞生的标志，也是西方现代图书馆的历史起点。

当时英国有一位名叫爱德华兹的图书馆员，他被后世称为现代公共图书馆的理论奠基人和先行者。爱德华兹出身贫苦，自学读书成才，做过大英博物馆和图书馆的编目员，以其毕生之力，为倡导和实现公共图书馆的理想而不懈奋斗。在他的努力下，英国下议院于1850年通过了一个法案，授权地方议会为免费图书馆征税。这就是人们常说的世界第一部公共图书馆法，它标志着公共图书馆制度的正式确立。曼彻斯特公共图书馆就是依照此法率先建立的，爱德华兹出任了首任馆长。因此，可以说公共图书馆是在近现代公民社会建立的过程中应运而生的。

曼彻斯特公共图书馆的诞生，当时并不是轰动一时的事件，除了大文豪狄更斯参加了曼彻斯特公共图书馆开幕式还做了演讲外，并没有多少引人注目的地方。但是爱德华兹和曼彻斯特公共图书馆为后世留下了有关公共图书馆的基本精神和制度，可以归纳为依据政府立法建立、公费支持、免费服务，以及社会成员无区别服务。这些理念堪称经典，为其后各国公共图书馆的建立以及后来《公共图书馆宣言》的产生奠定了基本的精神内核。

在曼彻斯特公共图书馆问世之后，亦即19世纪后期至20世纪初期，欧美各国公共图书馆迅速兴起。这一时期，仅美国钢铁大王安德鲁·卡耐基就在美国、加拿大、英国捐办了2500余座公共图书馆，揭开了西方尤其是美国现代图书馆发展史上极为波澜壮阔的一幕。

继爱德华兹之后，诸多知名图书馆学家和图书馆专业工作者，如杜威、普勒、谢拉等，均对现代图书馆的理论和制度做过

深入的阐述。美国图书馆协会发布了《图书馆员伦理条例》
（1929）和《图书馆权利宣言》（1939），使得现代图书馆的理念
日渐深入人心，逐渐成为世界各国人民所普遍接受的普世通则。
1948年，联合国大会通过并颁布了著名的《世界人权宣言》，其
中关于人人享有信息自由权利的主张，直接催生了《公共图书
馆宣言》。

　　1949年，联合国教科文组织通过了《公共图书馆宣言》，正
式表达了世界文化知识界和图书馆界对公共图书馆的基本立场。
概括起来，《公共图书馆宣言》重点向世人阐明了三个观念：
（1）公共图书馆是现代民主政治的产物，也是民主制度的保障
和民主信念的典范；（2）要立法保障公共图书馆事业发展，完
全或主要由公费支持；（3）对社区所有成员实行平等的服务，
全部免费开放。

　　《公共图书馆宣言》在1972年和1994年又做了两次修订，
内容虽然有所补充订正，但其主要精神是一以贯之的。现在通
行的为1994年版，其正式名称为《国际图联/联合国教科文组
织：公共图书馆宣言（1994）》（*IFLA/UNESCO：Public Library
Manifesto［1994］*）。

　　《公共图书馆宣言》的问世是世界图书馆发展史上的重大事
件。它既是有关公共图书馆思想理论的集大成者，又是指导现代
图书馆建设的利器，对世界各国公共图书馆的发展起到了重大的
推动和指导作用。

　　自1996年国际图联（IFLA）第62届大会在北京召开之后，
《公共图书馆宣言》开始为国内图书馆界及社会各界所认识，并
广被传播。进入21世纪后，我国图书馆业内的理论研究者对
《公共图书馆宣言》给予了极大的关注，撰写了大量的研究介绍
文章。一些地方的公共图书馆及其管理部门也突破桎梏，勇于践

行，有力地推动了全国公共图书馆的建设和改革。在许多重大问题上，如唤醒民众的图书馆权利意识、倡导公共图书馆的基本精神、明确各级政府对公共图书馆的责任等方面，近年来均取得了突破性的进展。《公共图书馆宣言》的诸多理念，如公益、均等、免费等，已经由学界的呼吁和部分公共图书馆的实践转化成为国家的既定政策。

（本文摘自哈里斯《西方图书馆史》，吴晞、靳萍译，书目文献出版社，1989；吴晞：《斯文在兹》，海天出版社，2013。）

# 西方传教士与中国图书馆

　　这里所要探讨的，是西方传教士在中国境内所创办或与之有较深关联的各类图书馆，以及它们在中国图书馆发展史上的作用和影响。对于这些图书馆，本文统称之为基督教图书馆。这里需要指出的有两点：（1）本文所说的基督教，除个别注明者外，均是广义的，包括天主教、新教、东正教及景教等诸派别，并非专指新教而言；（2）文中所涉及的图书馆，既包括西方传教士们创办的以宗教研究和传播为目的的图书馆，也包括各种基督教会所资助、扶植或教会背景较深的社会图书馆、研究图书馆和学校图书馆，严格讲来，后者不属宗教图书馆的范畴，但由于它们均为西方传教士们所直接或间接创办，往往与前者没有明确的分界，因此一并进行探讨。

　　据西方神学家的研究，基督教教义传入中国的时间，甚至远在基督教创立之初的公元 1 世纪，亦即中国的东汉年间就开始了。① 但这种基于传说的论断还称不上是信史。十字架登上神州大陆真实可信的时间是在唐朝，其确凿的证据便是西安出土的立于唐建中二年（公元 781 年）的"大秦景教流行中国碑"。在这座著名石碑的碑文中，有景教教主"占青云而载真经"、"远将经象，来献上京"的记载。② 另外，在敦煌鸣沙山石窟中也发现

---

① 〔英〕阿·克·穆尔：《一九五〇年前的中国基督教史》，郝镇华译，中华书局，1984。
② 〔英〕阿·克·穆尔：《一九五〇年前的中国基督教史》，郝镇华译，中华书局，1984。

有唐代景教经文抄本多部，据这些经文记载，景教经文有 530 部，仅"大秦景教流行中国碑"的作者景净就译出 30 部。① 可见，早在基督教传入中国之初，便伴随有频繁的传书、藏书活动。

景教属聂斯脱利教派（Nestorianism），本非基督教之正宗流派，在我国中原地区流传的时间也不太长。基督教在中国真正具有历史影响的传教事业，实际上始自明代中叶著名天主教耶稣会的传教士利玛窦（Matteo Ricci）以及他的继承者、明末清初的汤若望（Joham Adam Schall von Bell）、南怀仁（Ferdinand Verbiest）等人。这一时期的传教士们也曾在中国图书馆的历史上留下了他们的足迹，其中最为重要的便是著名传教士金尼阁（Nicolas Trigault）所创立的"教廷图书馆"。金氏于明万历年间数次来华传教，当他于 1614 年返回欧洲时，曾遍游德、法、比等国，向各方募集图书，共得到西方书籍 7000 余部。1620 年金氏将这一大批图书运抵澳门，又陆续运到北京。这些数量庞大、门类齐全的西方图书进入中国，是中西文化交流史上的大事件，并由此创立了中国境内第一个颇具规模的基督教图书馆。因此，金尼阁在其名著《基督教远被中国记》中曾称："在中国成立了名符其实的教廷图书馆。"②

至明末清初之际，中国的基督教图书馆有了进一步的发展，在北京形成了著名的"四堂"图书馆，即南堂图书馆、东堂图书馆、北堂图书馆和西堂图书馆。这些基督教图书馆都曾兴盛一时，也曾几经劫难——这里需要说明，当时并无"图书馆"之称，"教廷图书馆"是后人翻译时所用的，下文中也有很多这样的情况。

---

① 沈福伟：《中西文化交流史》，上海人民出版社，1985。
② 方豪：《中国天主教史人物传（上）》，中华书局，1988。

①南堂图书馆。南堂是葡萄牙耶稣会的教堂，建于明万历二十八年（1600），其创始人便是利玛窦。利玛窦以介绍西学为主要传教方法，所以在南堂积累了大量的宗教和科学书籍。利氏死后，南堂得到教皇保罗五世赠送的大批图书，内容有神学、哲学、法学、数学、物理及其他西方科学。清代南堂的索主教和汤主教都是图书收藏家，曾为南堂的收藏增色不少。18世纪末，中国的耶稣会奉教皇之令解散，各地天主堂的藏书都集中于南堂收藏。清道光十八年（1838）南堂的书籍移至北京俄罗斯修道院。

②东堂图书馆。东堂也是葡属耶稣会教堂，系清顺治七年（1650）皇帝所赐建。当时著述较多的传教士，如汤若望、南怀仁等人，都居住于东堂，因此他们的著作和参考书也在其中，图书的收藏十分丰富。后因战乱，东堂被焚，烬余残存者只有数册而已。

③北堂图书馆。北堂属法国耶稣会，是清康熙三十九年（1700）皇帝拨地拨款所建。北堂的藏书在当时数量最多，也最有价值，欧洲各研究院和皇家科学院都曾赠送北堂大量的学术著作，甚至法国的国王及政府要员也为北堂收集书籍。从嘉庆年间（1796～1820）开始，北堂逐渐衰落，清政府旋以八千两银的代价出售北堂。当时幸有一位中国教士薛司锋，将北堂的藏书及其他贵重物品转移到城外，后又运往张家口外的西湾子。直至同治五年（1866），这批图书才几经周折运回北京，但大部已毁坏流失。

④西堂图书馆。西堂是耶稣会以外传教士们的寓所，创建于清雍正三年（1725）。西堂藏书的基础是教廷专使来华时携带的一大批书籍，以及主教和方济各会士们的遗书。嘉庆（1796～1820）年间，清延驱逐教士离境，西堂藏书迁至南堂。

后来的北平西什库天主堂（北堂）图书馆，便是汇合了南、东、西、北四堂的藏书而成的。据 1938 年整理统计，北堂图书馆计有西文书 5000 余册，中文书 8 万余册，其中不少都是罕见的珍品，如西方 15 ~ 16 世纪出版的图书，教士与中国基督徒早期翻译的西方名著，宋、明版刊本及抄本，清帝御赐本，方志，以及武英殿聚珍版图书等。①

在 1840 年鸦片战争之前，基督教在中国的传播基本上是以平等、自愿的方式，在尊重中国主权的前提下进行的，因此其性质主要是东西方思想文化的一场碰撞和交融，其结果无疑会起到促进中西方社会发展和科学文化进步的作用。事实正是如此。利玛窦、汤若望等人以传授西方科学知识为主要方式的传教活动，曾不同程度地征服了像徐光启、李之藻这样的上层士大夫，甚至一些中国的帝王，使世代囿于旧式传统文化的中国人开阔了视野，学习到了一些为数虽少却极为可贵的西方科学知识。而独具异彩的华夏文明也经由传教士之手介绍到欧洲，直接为 18 世纪席卷欧洲的启蒙运动提供了精神养料，促进了欧洲现代文明的诞生。

然而，这场由传教士们触发的中西文化的震荡，却并没有给中国图书馆的历史带来实质性的影响。传教士们苦心经营多年的教廷图书馆、"四堂"图书馆等，除了几本绝大多数中国人都不知道也读不懂的洋文书外，与中国传统的藏书楼或寺院藏经并没有什么区别。其原因既在于当时西方的图书馆尚未达到足以超越中国传统藏书楼的先进水平，也因为当时的中国还没有变革旧式藏书楼的社会要求。但是在 1840 年之后，情况就发生了根本性

---

① 方豪：《北平北堂图书馆小史》，《图书月刊》1944 年第 3 (2) 期。上述"四堂"图书馆的材料均来自此文。

的变化。在一阵阵强劲西风的吹撼下，中国古老的藏书楼阁摇摇欲坠，根基动摇。传教士们用他们的福音书，在中国的土地上创建了一座座令中国的藏书家们瞠目结舌、明显居于先进水平的新式图书馆。

基督教在中国的传教事业在鸦片战争之后得到了迅速的发展，但这种发展都是西方列强武力征服和签订一系列不平等条约的结果，因此理所当然地受到中国各阶层人民的强烈反抗。如果说在利玛窦时代士大夫们对基督教的种种非难还带有传统观念中保守、偏狭成分的话，那么在19世纪后期，中国人民与基督教传教士之间的斗争，就不再是思想文化方面的冲撞，而是具有了反对外来侵略、维护国家主权和民族自尊的性质。频繁发生的教案以及随之而来的内乱与外患，给近代中国带来了斑斑的创伤，这是历史的事实。但是我们也应看到，传教士们为了达到传教的目的，往往要以西方的科学文化做媒介，因此传教士们在中国的一些活动，尤其是在文化教育方面的活动，在客观上还是有所建树和作为的，这也是历史的事实。中国的基督教图书馆在很大程度上就具有后者的性质。

近代中国到底有多少基督教图书馆，我们无法得知，因为全国各种教会团体，如教会机构、教会学校、教会医院等以及传教士们所直接或间接参与的文化教育机构，都可能会有数量不等的藏书。但是，并不是所有的这类藏书都称得上是近代新型图书馆，称得上近代新型图书馆的也不见得都有广泛的社会影响。所以，这里我们仅介绍几例具有典型意义，并在中国近代图书馆发展史上有过一定作用的基督教图书馆。

①徐家汇天主堂藏书楼。建于1847年，由耶稣会传教士创办，隶属于徐家汇天主堂耶稣会总院，是上海众多的天主教图书馆中规模较大的一所。其藏书现归上海图书馆收藏。

②工部局公众图书馆。建于 1849 年，1851 年起称上海图书馆，自 1913 年起改名为公众图书馆，又因其英文名称为 Public Library，S. M. C.，故译作工部局公众图书馆。这座图书馆本是上海英租界的西方侨民筹办的，但教会在其中起了相当的作用，图书馆的多任主管都是西方传教士。

③亚洲文会北中国支会图书馆。建于 1871 年，创始人是英国牧师伟烈亚力（Rev Alexander Wylie）。亚洲文会是伟氏创办的研究东半球文化的学术机关，曾得到英国政府的支持资助。这所图书馆便是它的附属机构，以收藏东方学文献为主。

④圣约翰大学图书馆。建于 1894 年，原为约翰学校藏书室，后用捐建者的姓氏命名为罗氏藏书室（Low Library）。圣约翰大学是美国圣公会创办的教会学校，罗氏藏书室即为该校附设的图书馆。至 1919 年前后，该馆已具备相当的实力，成为我国境内规模最大的大学图书馆之一。

⑤格致书院藏书楼。建于 1901 年，由英国传教士傅兰雅（John Fryer）创办。上海格致书院是傅兰雅在 1876 年创办的一所专门传授西方科学知识的新式学堂，其藏书楼实际上是一所专为华人读者开设的图书馆，以收藏中文古籍和中文译著为主。该馆后来毁于火灾，残本 4000 册为上海市立图书馆接收。[1]

⑥文华公书林。1903 年创办，1910 年正式建成开放，创始人是韦棣华（Mary Elizabeth Wood）。武昌文华大学本是美国圣公会创办的教会学校，文华公书林即为该校之图书馆。但文华公书林却对武汉三镇的公众开放，因此兼有大学图书馆和公共图书馆的双重性质。[2]

---

[1]　上述五个基督教图书馆材料源自胡道静：《上海图书馆史》，上海市通志馆，1935。

[2]　黄宗忠：《武汉大学图书馆学系六十年》，《武汉大学学报》1986 年第 6 期。

应当指出的是，创建中国近代图书馆的主角是中国人自己，是中国人民自身努力和中国社会发展的结果。我们客观地肯定基督教图书馆的作用，并不意味着将传教士们都装扮成功臣。相反，这一时期西方传教士们的各种活动，包括开办图书馆等文化教育事业，都是传教的手段，是服从于"为基督征服世界"这一宗教目的的。浓厚的宗教色彩、狂热的传教目标，恰是近代中国基督教图书馆的一个重要特征。

但是在 1919 年"五四"运动之后，情况发生了很大变化。中国民众的民族主义意识不断高涨，知识阶层中对西方列强控制中国教育文化事业的现状极为不满，开展了"收回教育权"等爱国运动。传教士们迫于这种强大的压力，为了能够在中国社会继续生存和传教，便提出了"更有效率、更基督化、更中国化"的应变新口号。[①] 在这种形势下，传教士们兴办的各类图书馆也开始尽量减少"洋气"，如任用中国学者为主管人、大量收藏中文书刊、对教外读者开放、加入中华图书馆协会等，以期得到中国人民的认可。教会刊物《真光杂志》就曾载文建议开办一个全国性的"中国基督教流通图书馆"，免费对社会开放，"欢迎各阶层知识界利用图书馆来享受极自由的无限制的教育，或做种种的研究"，"使全国的基督徒在同一图书馆之下，共同读书与研究学问，成为精神食粮上的大团契，更使教外读者与教会发生友谊的联系"[②]。这个设想虽然最终没有实现，但却反映了传教士们在图书馆办馆方针上的重要变化，即摒弃急功近利式的传教方法，通过为中国社会服务和与中国民众建立友谊的方式，间接地达到团结教徒和传播教义的目的。因此，在"五四"运动之

---

① 顾长声：《传教士与近代中国》，上海人民出版社，1981。

② 汤因：《中国基督教流通图书馆组织建议》，《真光杂志》1940 年第 39（9）期。

后，基督教图书馆的宗教色彩大为减弱，宗教宣传的手法更为隐
晦，与同时期中国人兴办的各类图书馆相比已没有明显的差异。
这是中国基督教图书馆历史上的一个重大转折。

根据 1937 年的统计，中国基督教（新教）的图书馆共有
114 所，其中教会机关 17 所，神学院 7 所，大专院校 19 所，中
学 71 所，藏书共约 200 万册。[①] 天主教的图书馆未见专门的统
计，但在数量上应不会小于新教图书馆。其他教派组织，如东正
教传教士团，也有一定数量的图书机构。这一时期的基督教图书
馆虽然数量增多，且更有实绩，更少宗教色彩，但在中国图书馆
发展史上的影响、作用却远不如前一阶段重要。究其原因，主要
在于当时中国图书馆向近现代过渡的进程业已完成，国内图书馆
与西方图书馆之间在性质上已没有大的差异，不再需要教会图书
馆提供启蒙和范例。从 1936 年的统计看，国内各类型图书馆已
达 5183 所，[②] 而且出现了诸如国立北平图书馆、国立中央图书
馆、北京大学图书馆等高水平的大型图书馆，致使传教士们兴办
的图书馆在数量和质量上都相形见绌。然而，这一时期基督教图
书馆事业中也有一些出类拔萃的佼佼者，其中最有影响和实绩的
当首推韦棣华女士，其次是燕京大学图书馆。

韦棣华（Mary Elizabeth Wood）本人不是传教士，来华也不
是为了传教，但她与教会却有着较深的关联。她本人是虔诚的基
督徒，其弟韦德生是美国圣公会的来华传教士，她在中国从事图
书馆工作的上海圣约翰大学和武昌文华大学都是教会学校，她开
办的文华图专最初也是由美国教会出资创立的。韦棣华在中国居
留 30 多年，经其手创办的文华公书林、文华图专，以及力促美

---

① 汤因：《全国基督教图书馆概况》，《中华基督教教育季刊》13（1），（1937）。
② 严文郁：《中国图书馆发展史》，台湾枫城出版社，1982。

国退还庚款以推动中国"新图书馆运动",都是彪炳中国图书馆史册的大事。韦棣华为中国图书馆事业所建立的功绩以及中国各界人士对她的尊敬和赞誉,在近现代中国从事图书馆工作的外国人中是独一无二的。

燕京大学图书馆是现代中国最有成效和影响的教会大学图书馆,也是基督教图书馆"中国化"的典型代表。这主要得力于燕大的校长、校务长司徒雷登(John Leighton Stuart)。这位中国出生的美国传教士,是"更有效率、更基督化、更中国化"口号的积极提倡者和实践者,他主持下的燕京大学,注重中国式的环境,提倡中国文史的教学与研究,聘请著名中国学者任教。时人评说燕京大学从形式到精神都已成为"真正的中国学校",是很有道理的。由于燕京大学优越的条件和环境,燕大图书馆成立的时间虽晚(1919),但很快便成为国内规模最大的基督教图书馆,在全国的大学图书馆中也位居第三,不论是馆舍、设备、经费、藏书,还是业务工作、人员水平,它都称得上是国内第一流的图书馆。

更为重要的是,燕大图书馆还为基督教图书馆的"中国化"改革付出了努力,做出了样板。1926 年落成的燕大图书馆新馆舍,是一座仿文渊阁式的中式风格建筑,它不仅是国内条件最优越的图书馆建筑之一,而且和燕大校园中其他古色古香的建筑群一样,具有中西文化合璧的象征意义。燕大图书馆的藏书在 20 世纪 30 年代中期约有 30 多万册,其中中文图书比西文图书多出 6 倍,而西文书中宗教书也仅占 13.57%。尤其是燕大图书馆十分注重中国古籍和中国研究方面图书的收藏,它的善本书、古籍丛书和东方学文库的收藏都十分丰富,不仅为基督教图书馆所罕见,也使国内其他的非宗教图书馆难以望其项背。主持燕大图书馆的馆长或主任,无一例外都是中国专家学者,其中洪业、田洪都、梁思庄等人都是中国图书馆界的功臣耆宿。燕大图书馆还和"哈佛燕京学社"建立了密切的联系，积极从事中国古代文化的研究、编辑和出版。燕大图书馆在"中国化"方面的种种努力，使它以崭新的面目出现于世人面前，以至常常会使人忘记了它的宗教背景，而将其看作一所出色的中国大学图书馆。这正是燕大图书馆的成功之处。

　　值得注意的是，基督教图书馆的"中国化"改革，并不意味着传教士们放弃了传教的目标。司徒雷登就曾说过："燕京大学的成立是作为传教事业的一个组成部分的。……我要燕京大学在气氛和影响上彻底基督化，而同时又要甚至不使人看到它是传教运动的一部分。"① 基督教图书馆改革的实质也在于此。但是，由于这种变革，基督教图书馆已不再是游离于中国文化教育事业之外的独立王国，而是在很大程度上融为中国图书馆事业的一部分，也使更多的中国知识分子能够利用基督教图书馆，使其发挥出更大的社会作用。因此，从中国图书馆事业发展的角度看，基督教图书馆的这种变革还是有一定的积极意义的。

　　1949 年之后，传教士和外国教会团体在中国大陆失去了继续存在的基础。1949 年 8 月，司徒雷登悄然离开了南京，标志着近代西方传教士在中国经营 100 多年的传教事业基本结束。一位美国传教士在撤离大陆时，激愤之下，竟然把自己当成了耶稣，信誓旦旦地向中国教徒们宣称："我必再来！"然而，传教士毕竟不是耶稣，历史毕竟不会重演。传教士和他们所创办或扶植的图书馆，这一近现代中国的特殊产物，也由此结束了它们曲折而又复杂的使命，其藏书大多归并到其他图书馆收藏。但是，

---

① 顾长声：《传教士与近代中国》，上海人民出版社，1981。

它们的历史轨迹却不会消失，如同外国教会和传教士是中国近现代历史的一部分一样，基督教图书馆也是中国图书馆历史的一部分。对于这段特殊的历史，应该还其本来的面目，并给予客观公正的评价。

（本文原载《图书情报工作》1992 年增刊。）

# 中国新型图书馆的问世

所谓近现代新型图书馆，其主体主要有两种类型——大学图书馆和公共图书馆。至今如此，中外皆然。

在中国，最早和最具代表性的大学图书馆和公共图书馆的滥觞，是同文馆书阁和强学会书藏。

同文馆也称京师同文馆，首建于清同治元年（1862）。它是清末培养涉外翻译人员的学校，隶属于"总理各国事务衙门"，是中国官方自行创办的第一所新式教育机构。

同文馆在建立之初就伴随着图书的建设。当时的总理大臣、洋务派首领恭亲王奕䜣在1860年的《奏请创设京师同文馆疏》中，就有"饬广东、上海各督抚等，分派通解外国语言文字之人，携带各国书籍来京"之语。[①] 这些由各地教师所带来的"各国书籍"就是同文馆最初的藏书。在其后的几十年中，史料中不断有关于同文馆藏书，尤其是外文文献的记录。如，同治七年（1868）美国大使劳文罗曾送来书籍若干，同文馆也购书回赠；同治十一年（1872）法国大使热福里代表法国文学苑赠送同文馆图书11箱，共计188册，"以备同文馆肄业泰西文字之用"，同文馆也回赠了《康熙字典》、《昭明文选》等中国书籍110部，以"彼此互读，亦彼此相认"[②]。

至迟在光绪十三年（1887），同文馆就已有了专用的藏书机

---

① 奕䜣：《奏请创设京师同文馆疏》，载《中国近代出版史料》，中华书局，1957。
② 总理各国事务奕䜣等片：《中国近代学制史料》，华东师范大学出版社，1989。

构"书阁"。在该年刊印的《同文馆题名录》中，对书阁有具体生动的记载：

> 同文馆书阁存储洋汉书籍，用资查考。并有学生应用各种功课之书，以备分给各馆用资查考之用。汉文经籍等书三百本，洋文一千七百本，各种功课之书、汉文算学等书一千本。除课读之书随时分给各馆外，其余任听教习、学生等借阅，注册存记，以免遗失。①

由是不难看出，同文馆书阁的藏书数量虽不算多，但绝大多数是洋文书和"功课"、"算学"等新书，已摆脱了旧式"官学藏书"以儒家经典、正史为主的窠臼；采取了西方式图书馆的某些管理方式，如借阅、注册、存记等；藏书也不再以收藏为主要目的，而是"用资查考"，供全校读者借阅使用。因此，同文馆书阁业已不同于古代的官学藏书或书院藏书，实际上已具备了近代大学图书馆的性质。

由于同文馆创设于京师，又是中央政府的官办学校，因此它的办学方式在全国有较大的影响。此后，各地相继创办的新式学堂、学校，大多建立了类似同文馆书阁的新型藏书楼，其中很多藏书楼日后都发展成为著名的大学图书馆，如光绪二十一年（1895）天津北洋西学学堂建立藏书室，后来发展成北洋大学图书馆，后改称天津大学图书馆；光绪二十二年（1896）上海南洋公学创办图书院，1921年改称上海交通大学图书馆。至于同文馆书阁，由于同文馆于光绪二十八年（1902）并入京师大学堂，同文馆书阁也于同年归并于京师大学堂藏书楼，1912年改

---

① 《同文馆题名录（第四次）》，清光绪十二年（1886）刊本。

称北京大学图书馆。

强学会创立于光绪二十一年（1895），当时是变法维新运动的总机关，其发起人是维新派的领袖人物康有为、梁启超、麦孟华、杨锐等。时值甲午战败后不久，康、梁等人为变法图强上下奔走，广造舆论，强学会的目的就是"群中外之图书器艺，群南北之通人志士，讲习其间，因而推行于直省焉"①。因此强学会广募义捐，建立了新型的图书机构——强学会书藏。

强学会书藏甫一建立，便仿照西方公共图书馆的做法，采取了对广大民众开放的姿态。由于当时的国民还不懂得利用图书馆，强学会的成员便四处邀人，甚至求人来看书。据梁启超回忆，强学会书藏成立后，"备置图书仪器，邀人来观，冀输入世界之智识于我国民。该书藏中有一世界地图，会中同人视如拱璧，日出求人来观。偶得一人来观，即欣喜无量"②。这种传播知识、开发民智的一片热忱，令人感动不已，已然是现代公共图书馆的姿态。

同年11月，有人以"私立会党"、"显干例禁"为由，奏请清廷查封，强学会遂被禁，前后仅有四个月的时间。强学会书藏虽是个短命的组织，但影响却很大。据统计，在1896～1898年的几年中，全国各地共成立了学会87个，学堂137所，报馆91所。③ 在这些雨后春笋般涌现的学会等组织中，很多都建立了具有公共图书馆性质的书藏或书楼。武昌质学会在《章程》中称："今拟广搜图书，以飨会友。中书局外兼购西书，凡五洲史籍，格致专家，律制章程，制度政典，皆储藏赅备，以资他山。"上海强学会以"开大书藏"为其主要宗旨之一，具体做法是模仿

①　康有为：《上海强学会后序》，《不忍杂志》（9，10）。
②　丁文江、赵丰田：《梁启超年谱长编》，上海人民出版社，2009。
③　谢灼华：《中国图书和图书馆史》，武汉大学出版社，2005。

西方的公共图书馆："泰西通都大邑，必有大藏书楼，即中国书籍亦藏弃至多。今合中国四库图书，备钞一份，而先搜集经世有用者。西人政教及各种学术图书，皆旁搜购采，以广考镜而备研求。其各省书局之书，皆存局代售。"衡州任学会"拟设格致书室一所，以开民智，任人观看"。① 这些遍及全国的学会书藏和书楼的大批涌现，成为中国公共图书馆事业的先声。

强学会书藏还产生了一个直接的结果，就是促成了官书局藏书院的创办。强学会被查封后，引起了朝野的广泛不满，许多有识之士纷纷上书要求解禁。结果清廷决定将强学会改为官书局，并派吏部尚书孙家鼐任官书局督办。孙家鼐虽然不是维新派，但却接受了一些新思想，主张兴办新式教育和创办图书馆。他反对封禁强学会，认为强学会书藏"意在流通秘要图书，考验格致精蕴"，并指出"此日多一读书之士，即他日多一报国之人"②。孙家鼐主持撰写的《官书局奏办章程》中第一条便是"设藏书院"③。官书局藏书院虽然不像强学会书藏那样热衷于图书的传播，但也秉承了开放的精神，"用备留心时事、请求学问者入院借观，恢广学识"④。因此，官书局藏书院在某种程度上继承了强学会书藏所开创的事业。由于官书局藏书院具有官办的背景，以致藏书之规模比强学会书藏更为宏大，社会地位也更牢固。1898 年京师大学堂成立后，官书局及其藏书院都归并于其中。

同文馆书阁和强学会书藏以及后来的官书局藏书院，最后都

---

① 李希泌：《中国古代藏书与近代图书馆史料》，中华书局，1982。
② 孙家鼐：《官书局开设缘由》，载《中国近代出版史料（初编）》，中华书局，1957。
③ 孙家鼐：《官书局奏办章程》，载《中国近代出版史料（初篇）》，中华书局，1957。
④ 孙家鼐：《官书局奏办章程》，载《中国近代出版史料（初篇）》，中华书局，1957。

归并于京师大学堂藏书楼，使得这座著名的大学图书馆甫一问世便先声夺人，不同凡响。

京师大学堂及其藏书楼创建于光绪二十四年（1898），是戊戌变法的直接产物①，其命运多舛，历经波折，同时也影响深远，是近代高等教育和大学图书馆的缩影。

京师大学堂创办时由吏部尚书兼官书局督办孙家鼐任京师大学堂管学大臣，而京师大学堂的实际倡导者和设计者是梁启超等维新派领袖。近代高等教育史上深具影响的文献《京师大学堂章程》就是梁启超代总理衙门起草的，其中关于藏书楼的各项详尽描述和规定也成为近代大学图书馆历史上最早、最经典的建馆章程。

同年九月，以慈禧太后为代表的顽固派发动戊戌政变，各种新政、新法尽遭废黜，这时京师大学堂仅建立两个月时间。大学堂及其藏书楼虽然得以幸存，成为戊戌变法仅存的唯一成果，但兴办新式教育、广育人才、讲求时务等宗旨均已无法实现。庚子（1900）之变，义和团和八国联军先后进京，京师大学堂被迫停办，书籍仪器损毁无数，"大学堂先被土匪，后住洋兵，房屋既残毁不堪，而堂中所储书籍仪器亦同归无有"（张百熙《奏办京师大学堂》）。

光绪二十八年（1902）京师大学堂复校，张百熙就任管学大臣，学校的各项教育活动逐步正规，并开始转入了近代教育的轨道，京师大学堂藏书楼亦得以复建。1903 年，清政府颁布全

---

① 学界历来认为京师大学堂藏书楼创建于京师大学堂复校时的 1902 年，拙作《北京大学图书馆九十年纪略》（北京大学出版社，1992）和《从藏书楼到图书馆》（书目文献出版社，1996）亦沿袭了这一论点。但近年研究发现，京师大学堂藏书楼实际上建立于 1898 年，本书依此做了更正。参见姚伯岳：《在古籍编目中发现京师大学堂藏书楼的源头》，《大学图书馆学报》2013年第 6 期。

国高等教育纲领《奏定大学堂章程》，其中规定全国大学堂（高等院校）的藏书机构统称图书馆，主管人为图书馆经理官。这是我国的官方文件中首次使用"图书馆"的名称。但是在京师大学堂，人们仍习惯沿用藏书楼的旧称。当时的做法是："于楼额仍沿用藏书楼之名，而于章程则标为图书馆"（《大学堂续订图书馆章程》）。藏书楼主管官员则从 1904 年起由"提调"改称图书馆经理官。辛亥革命后的 1912 年 5 月，京师大学堂改称北京大学，京师大学堂藏书楼也正式改名为北京大学图书馆。

京师大学堂藏书楼的建立与发展是我国近现代图书馆史上的一件大事，对我国新型图书馆的成熟与完善有着极大的影响。当时它虽然名为藏书楼，但其性质已完全是新型的大学图书馆。由于京师大学堂有着全国最高学府和全国教育管理机关的双重地位，使得京师大学堂藏书楼在我国图书馆发展史上的作用和影响远远超过了当时的一些传教士、地方学堂或开明缙绅所创办的新式图书馆，其办校、办馆方式实际上成了全国院校的一个范例。在 1903 年清政府颁发的高等教育纲领《奏定大学堂章程》中明文规定："大学堂当置附属图书馆一所，广罗中外古今各种图书，以资考证。"这实际上就是把京师大学堂及其藏书楼的办学、办馆模式在全国进行推广。诚如当年梁启超等人所期望的，京师大学堂藏书楼起到了"以广天下风气"（《京师大学堂章程》）的作用。此后，办学堂必建图书馆，建图书馆必取法于京师大学堂藏书楼，在当时兴办新式教育的潮流中已然蔚成风气。

在 20 世纪初年兴办图书馆的潮流中，得风气之先的当属东南各省，其中最为人们称道的就是被誉为开近代公共图书馆先河的古越藏书楼。古越藏书楼的创办者是绍兴缙绅徐树兰。徐氏曾任兵部郎中、候选知府、盐运使等职，归乡后热心兴办各种社会公益事业。他创办的西方式教育机构"绍郡中西学堂"，推行新式教育，在东南产生了较大影响。而后徐氏又把目光投向了西方式的图书馆，认定了开办公共图书馆这条道路："泰西各国讲求教育，辄以藏书楼与学堂相辅而行。都会之地，学校既多，大多必建楼藏书，资人观览。……一时文学蒸蒸日上，良有以也"，因此他"参酌各国规制"，创建了古越藏书楼。①古越藏书楼"集议于庚子，告成于癸卯"②，亦即创办于1900年，建成于1903年，是中国最早的西方式的公共图书馆。徐树兰殁后，徐氏后人继续开办古越藏书楼，民国时曾受到教育部的嘉许。后来古越藏书楼改名为绍兴县立图书馆。解放后，其藏书移交绍兴鲁迅图书馆。现在绍兴市胜利路的古越藏书楼旧址尚存有石库墙门和临街楼。

公共图书馆的主体为官办即公办，否则难成气候，也难长久。在我国图书馆发展史上，真正奠定近代图书馆基础、起到了划时代作用的，当属各地区（尤其是省一级）官办的大型公共图书馆和国家图书馆的建立。从20世纪初年到辛亥革命前，各省的官办公共图书馆如同雨后春笋，相继在各地出现。这是在西方涌来的新思潮的推动下所产生的瓜熟蒂落的效应，也是几代有识之士多年不懈努力的结果。它们标志着中国图书馆事业从酝酿时期、萌芽时期，进入了全面的实施时期。

这一时期各地建立的官办大型图书馆不下二十所，情况如表1所列。

---

① 徐树兰：《为捐建古越藏书楼恳请奏咨立案文》，载《古越藏书楼书目》，光绪三十年十月崇实书局石印本。

② 张謇：《古越藏书楼记》，载《古越藏书楼书目》，光绪三十年十月崇实书局石印本。

## 表1　清末主要官办公共图书馆一览
### （以创办时间先后为序）

| 创办时间 | 名称 | 地点 | 创办人 | 备注 |
| --- | --- | --- | --- | --- |
| 1903 年 | 浙江藏书楼 | 杭州 | 张享嘉 | 1909 年改浙江图书馆 |
| 1904 年 3 月 | 湖南图书馆兼教育博物馆 | 长沙 | 庞鸿书 | 1905 年正式定名为湖南图书馆 |
| 1904 年 8 月 | 湖北图书馆 | 武昌 | | |
| 1904 年 | 福建图书馆 | 福州 | | |
| 1907 年 | 江南图书馆 | 江宁（南京） | 端方、缪荃孙 | |
| 1908 年 10 月 | 直隶省城图书馆 | 天津 | 卢靖 | |
| 1908 年 | 黑龙江图书馆 | 齐齐哈尔 | 徐世昌、周树模 | |
| 1908 年 | 奉天省城图书馆 | 奉天（沈阳） | 张鹤龄 | |
| 1909 年 2 月 | 山东图书馆 | 济南 | 袁树勋 | |
| 1909 年 2 月 | 河南图书馆 | 开封 | 孔祥霖 | |
| 1909 年 5 月 | 吉林图书馆 | 吉林 | 锡良、陈昭常 | |
| 1909 年 7 月 | 京师图书馆 | 北京 | 张之洞、缪荃孙 | |
| 1909 年 | 陕西图书馆 | 西安 | 恩寿 | |
| 1909 年 | 归化图书馆 | 归化 | 三多 | |
| 1909 年 | 云南图书馆 | 昆明 | 沈秉堃 | 1910 年 3 月正式开馆 |
| 1909 年 | 广东图书馆 | 广州 | 沈曾桐 | 由张之洞创办的广雅书局藏书楼扩建而成 |
| 1909 年 | 山西图书馆 | 太原 | 宝棻 | |
| 1910 年 | 广西图书馆 | 桂林 | 张鸣岐 | |
| 1910 年 | 甘肃图书馆 | 兰州 | 陈曾佑 | |
| 1910 年 | 上海图书馆 | 上海 | 盛宣怀 | |

京师图书馆（国家图书馆）创建于宣统元年（1909）。该年清廷宣布筹备立宪，学部于当年三月写出了《奏分年筹备事宜折》，提出于宣统元年"京师开办图书馆"和"颁布图书馆章程"的计划。筹建京师图书馆事由学部大臣张之洞主持。时值张之洞病危，于临终前呈上了著名的《学部奏筹建京师图书馆折》。此项奏议于同年八月初五获清廷批准，是为京师图书馆正式诞生的标志。学部委派了著名藏书家和文献学家、时任翰林院编修的缪荃孙出任京师图书馆正监督，开始了筹建工作。京师图书馆于民国建立后的 1912 年 8 月正式开馆。

京师图书馆创建的第二年（1910），学部拟定的《京师图书馆及各省图书馆通行章程》正式颁布。这是我国官方第一个图书馆法规，也是我国近代图书馆事业史上的一件大事。以京师图书馆的建立和《京师图书馆及各省图书馆通行章程》的颁布为标志，中国的图书馆走完了从藏书楼到图书馆的曲折历程，一个新型的、西方式的、迥异于几千年藏书楼传统的近现代图书馆事业宣告诞生了。

（本文摘自《北京大学图书馆九十年纪略》，北京大学出版社，1992；《从藏书楼到图书馆》，书目文献出版社，1996。）

# 毛泽东与北京大学图书馆

京师大学堂藏书楼于辛亥革命后的 1912 年更名为北京大学图书馆。民国初期的北京大学总体上还处于落后的状态，封建官僚积习极为浓厚。图书馆也相应发展迟缓，管理混乱，服务滞后。这种状况直到蔡元培出任北京大学校长、李大钊出任北大图书馆馆长后才得到彻底改观。

在李大钊出任馆长期间，把北大图书馆办成了传播新思想、新文化和宣传马克思主义的阵地。图书馆一扫以往因循守旧、死气沉沉的局面，购买了一大批国内外进步书刊，其中有《新青年》、《劳动者》、《先驱》、Soviet Russia、The New Russia、Communist 等十余种进步杂志，以及德文版的《共产党宣言》、《政治经济学批判》，日文版的《资本论》、《资本论大纲》、《马克思传》等 40 余种马列主义的著作。为了更好地宣传和流通这些书刊，李大钊经常以图书馆的名义在《北京大学日刊》上进行指导和推荐，同时还开辟了介绍马克思主义和俄国革命的专题阅览室。如 1920 年 12 月 1 日的《北京大学日刊》上曾刊登了《图书馆典书课通告》："兹将本校所藏有关俄国革命题之参考书二十三种，陈列本课第四阅览室内，以备同学诸君披阅。"这二十三种书中，有英文版的《布尔什维克的胜利》、《列宁和他的工作》、《无产阶级的伟大革命》、《俄国布尔什维克》等。

在李大钊的领导下，北大图书馆实际上成了我国最早的宣传介绍马克思主义和俄国革命的思想阵地，是马克思主义在中国传播的起点之一；同时，李大钊也是在任北大图书馆主任期间完成了向共产主义者的转变，成为我国最早的马克思主义者。正如1927年在武昌追悼李大钊的大会上高一涵所说："入北大任图书馆主任，兼授唯物史观及社会进化史，此为先生思想激变之时。"①

1920年10月，北京共产主义小组（当时称北京共产党小组）就是由李大钊主持，在北大图书馆主任室成立的。北京大学社会主义研究会、北京大学马克思学说研究会、少年中国学会、《每周评论》编辑部等，也以北大图书馆为主要活动地点。

在李大钊的指导和支持下，一些进步学生于1920年底成立了"北京大学马克思学说研究会"，并建立了专门收藏马列主义文献的藏书室，取名为"亢慕义斋"。 "亢慕义"即英文Communism（共产主义）的音译。曾经参与其事的当时北大学生罗章龙在《亢斋回忆录》中对此有过具体生动的描述：

> 守常先生领导我们建立的"亢慕义斋"，既是图书馆又是翻译室，还做学会办公室，党支部与青年团和其他一些革命团体常在这里集会活动。……"亢斋"室内墙壁正中挂有马克思像，像的两边贴有一副对联："出研究室入监狱，南方兼有北方强"，还有两个口号："不破不立，不立不破"，四壁贴有革命诗歌、箴语、格言等，气氛庄严热烈。②

现在北大图书馆还保存有一批盖有"亢慕义图书馆"印章的图书，都是极为宝贵的文献。从1922年2月的统计中可知，

---

① 《民国日报》（汉口）1927年5月24日。
② 罗章龙：《亢斋回忆录》，载《回忆李大钊》，人民出版社，1980。

当时亢慕义斋已有马克思主义的英文书籍 40 余种、中文书籍 20 余种，基本上包括了马克思、恩格斯、列宁的主要代表著作。[①] 此外，现存于北大图书馆的有八本盖有"亢慕义斋图书"的德文共产主义文献，据说是由共产国际代表维经斯基等人秘密送与李大钊的。在五四前后，马克思主义学说刚刚传入中国的时候，"亢慕义图书馆"即已有了如此完整系统的马列主义文献收藏，实属难得。

受到北大图书馆直接影响的有一大批追求进步的青年，他们当中有邓中夏、罗章龙、毛泽东、张国焘、刘仁静、张申府、高君宇、何孟雄等，都是后来中国政坛的风云人物，其中最为重要的是毛泽东。

毛泽东在青年时代曾两次与北京大学图书馆发生关系，一次在 1918 年 9 月~1919 年 3 月，一次在 1919 年 12 月~1920 年 4 月。

1918 年 8 月，为了组织新民学会会员和湖南学生去法国勤工俭学，毛泽东第一次来到北京，先是住在他在湖南第一师范时的老师、当时的北大教授杨昌济家中，后又与蔡和森等人搬到景山东街的一间民房里。经杨昌济介绍，毛泽东认识了李大钊。

由于生计，毛泽东需要找个工作，为此毛泽东和蔡和森等给北大校长蔡元培写了信。蔡元培建议毛泽东在北大图书馆工作，并给北大图书馆主任李大钊写了一张条子说："毛泽东君实行勤工俭学计划，想在校内做事，请安插他在图书馆。"[②] 在李大钊的安排下，大约在 9 月底，毛泽东到北大图书馆工作。

关于毛泽东在北大图书馆的工作职务，许多论著都称之为"图书馆助理员"。但是，当时北大图书馆的各种工作人员中并

[①]　《北京大学日刊》1922 年 2 月 17 日。
[②]　萧瑜：《毛泽东青年时代》，香港明报出版社，1977。

没有叫"助理员"的，而且北大的其他机构中也没有"助理员"这一名称。依据1920年编撰的《国立北京大学职员录》，当时的北大图书馆除主任外，工作人员分为四种：（1）助教，1920年9月始设，聘用的都是本校的大学毕业生；（2）事务员，一般是资历较深的工作人员，图书馆下属各课的"领课"（课长）就明文规定"由一等事务员充任之"；（3）书记，一般是新增聘的生手，北大图书馆就曾在《北京大学日刊》上公开招聘书记；（4）杂务人员，有装订匠、打字员、缮写员等。① 从当时的情况看，毛泽东只可能是任"书记"一职。

查毛泽东在北大图书馆任"图书馆助理员"之说的来源，主要出自斯诺的《西行漫记》（《红星照耀中国》）。毛泽东在延安时对斯诺说："李大钊给了我图书馆助理员的工作。"毛泽东的回忆被斯诺用英文记入了《西行漫记》，原文是"assistant librarian"，也可以理解为图书馆的"助教"。但从毛泽东当时的资历、待遇和他所从事的工作看，都与助教的情况不同，而且他任职时（1918）北大图书馆还没有"助教"这一称谓。《西行漫记》是用英文记述的，因此"图书馆助理员"之说很可能是译者由assistant librarian一词望文生义而成的。这一流传甚广的说法，实际上并不可靠。

当时北大图书馆刚刚从旧馆舍迁入新建成的红楼，主要由五个阅览室组成。第一阅览室置中文杂志，第二阅览室置中外报纸，第三阅览室置外文杂志，第四、第五阅览室置中外书籍。毛泽东在图书馆负责第二阅览室，即报纸阅览室，地点在红楼一层西头。他的具体工作是每天登记新到的报纸和阅览人姓名，管理15种中外文报纸。这15种报纸是：天津的《大公报》，长沙的

---

① 《国立北京大学职员录》，北京大学图书馆藏，1920。

《大公报》，上海的《民国日报》、《神州日报》，北京的《国民会报》、《惟一日报》、《顺天时报》、《甲寅日刊》、《华文日报》，杭州的《之江日报》，沈阳的《盛京时报》；英文的《导报》，日文的《支那新报》（两种）和《朝日新闻》。

毛泽东在北大图书馆每月的工资是 8 元。当时北大助教的月薪为 50 ~ 80 元，教授月薪至少在 200 元以上。收入虽然菲薄，却保障了毛泽东在北京的生活，使他得以完成了组织留法勤工俭学的工作。更为重要的是，毛泽东在北京大学结识了李大钊等一批我国最早的马克思主义者，阅读了许多进步书刊以及当时还不多见的马克思主义的书籍，对其日后的影响颇为关键。

1919 年 3 月，毛泽东偕同一批留法青年赴上海，离开了北大图书馆。1919 年 12 月，为了驱逐湖南军阀张敬尧，毛泽东率领"驱张代表团"，第二次来到北京，1920 年 4 月离去。

在第二次到北京期间，毛泽东虽然没有再到北大图书馆工作，但仍与北大图书馆有着关系。他所领导的"驱张运动"很多活动就是在北京大学中开展的。在此期间，毛泽东还参加了李大钊、邓中夏等人创办的"少年中国学会"。同时，毛泽东利用北大图书馆读了不少马克思主义的书籍。据毛泽东后来对斯诺的叙述，他的马克思主义信仰就是在此前后通过阅读马克思主义书籍而确立的。

在过去"造神"的年代里，这段历史被说成是"红太阳照红楼"，其作用显然被夸大和歪曲了。实标上，当时的毛泽东只是个追求真理的青年，尚不是举足轻重的领袖人物。毛泽东回忆这段经历时说："我的职位低微，大家都不理我。我的工作中有一项是登记来图书馆读报人的姓名，可是对他们大多数人来说，我这个人是不存在的。在那些来阅览的人当中，我认出一些有名的新文化运动头面人物的名字，如傅斯年、罗家伦等，我对他们极有兴趣。我打算去和他们攀谈政治和文化问题，可是他们都是些大忙人，没有时间听一个图书馆助理员（案：实际是书记，下同）说南方话。"① 这应是当时真实的情况。

但是，毛泽东在北大图书馆的经历，也不是一件无足轻重的事情，不能将其历史作用一笔抹煞。

毛泽东第一次来北京期间，正值"五四"运动的前夕，新文化运动蓬勃发展，马克思主义开始传播。北大图书馆馆长李大钊是我国最早的马克思主义者，北大图书馆则是当时传播新思想、新文化和马克思主义的阵地。毛泽东说："我在李大钊手下在国立北京大学当图书馆助理员时，就迅速地朝着马克思主义的方向发展。"②

对于第二次来北京，毛泽东后来回忆说："我第二次到北京期间，读了许多关于俄国情况的书。我热心地搜寻那时候能找到的为数不多的用中文写的共产主义书籍。有三本书特别深刻地铭刻在我的心中，建立起我对马克思主义的信仰。我一旦接受了马克思主义是对历史的正确解释后，我对马克思主义的信仰就没有动摇过。这三本书是：《共产党宣言》，陈望道译，这是用中文出版的第一本马克思主义的书；《阶级斗争》，考茨基著；《社会主义史》，柯卡普著。到了 1920 年夏天，在理论上，而且在某种程度的行动上，我已成为一个马克思主义者了，而且我也认为自己是一个马克思主义者了。"③

这三本书北大图书馆当年均有收藏，它们是：马克思和恩格斯（当时译做马格斯和安格尔斯）的《共产党宣言》，陈望道译，1920 年社会主义研究社出版，"社会主义研究小丛书"第一

① 斯诺：《西行漫记》，载《斯诺文集》第二卷，新华出版社，1984。
② 斯诺：《西行漫记》，载《斯诺文集》第二卷，新华出版社，1984。
③ 斯诺：《西行漫记》，载《斯诺文集》第二卷，新华出版社，1984。

种；考茨基（当时译作柯祖基）的《阶级争斗》（上文中误记为"阶级斗争"），恽代英译，1921 年新青年出版社出版，"新青年丛书"第八种；克卡朴（上文中记为柯卡普）的《社会主义史》，李季译，蔡元培序，1920 年新青年出版社出版，"新青年丛书"第一种。这三本书现在仍存北大图书馆。这三本对毛泽东影响极大的书，除了第二种出版时间偏迟外，其余两种毛泽东很可能是在第二次来京期间在北大图书馆中读到的。

从图书馆历史的角度看，毛泽东两次到北大图书馆也是一件大事。这虽然与毛泽东后来在中国历史上的重要地位有关，但更为重要的是，此事反映出当时中国图书馆事业的发展和进步，以及在社会上的重要影响。我国最早的一批马克思主义者中，有许多人马克思主义信仰的形成均与北大图书馆有关。上文所提到的三本书，毛泽东便有可能在北大图书馆中读到了两本。即使毛泽东不是在北大图书馆读到这些书，北大图书馆对这三本书的完整收藏也说明了图书馆在社会历史进程中的重要作用。因为这三本书既然对毛泽东建立马克思主义信仰起到了如此重要的作用，也就能够同样影响其他的青年。从图书馆史的角度来看待毛泽东在北大图书馆的经历，其重要意义就在于此。

（本文摘自《毛泽东与北京大学图书馆》，《图书馆杂志》1991 年第 2 期；《北京大学图书馆九十年纪略》，北京大学出版社，1992。）

# 叶德辉：其学，其人，其死

　　叶德辉（1864～1927），字奂彬（也作焕彬、奂份），号郋园，又号直山，祖籍江苏吴县，后迁居湖南。叶德辉一生历经清同治、光绪、宣统三朝以及民国初期，参与或见证了近现代史上许多大事，在政治、经济、文化方面都有一定影响。叶德辉在政治上以"顽固守旧"著称于世。戊戌变法时期，他以"扶世翼教"为己任，对康有为的公羊学说进行了不遗余力的批驳，由此名动天下，成为晚清"翼教派"之领袖。袁世凯酝酿复辟帝制时期，叶德辉曾任筹安会湖南分会会长，并积极响应袁世凯政府有关尊孔读经的号召，成立湖南经学会。1927年北伐战争时期，湖南农民运动高涨，叶德辉不满于时事，戏作对联，极尽讽刺之能事，最终作为湘省著名的土豪劣绅而遭到镇压。①

　　这段文字转录自张晶萍著《叶德辉生平及学术思想研究》一书之开篇。之所以原文照抄，是因为今人所有的关于叶德辉生平及评价均大同小异。如果是20世纪中后期出版的文献，还会有保守反动、敌视进步、劣迹昭彰、与革命人民为敌、罪有应得等政治评语。

---

① 张晶萍：《叶德辉生平及学术思想研究》，湖南师范大学出版社，2008。本文中未特别注明出处者均引自此书。不再逐一标注。

其实这些评介远不如叶德辉自己在年届六十时所写的文字来得生动传神：

> 天子不得臣，国人皆欲杀，海内诵其著述，遐荒识其姓名。①

叶德辉这番夫子自道式的表白，不仅仅是出于自负与狂悖，也确有其值得炫耀的学术资本。

在叶德辉的时代，亦即民国初年，世称"旧学"代表人物的有章太炎、王国维、罗振玉和叶德辉四人。② 但细论起来，叶德辉的学问和影响，不仅和其他三人相比要有差距，也略逊于与其同时代的先辈同乡王先谦。叶氏的优长，在于其作为藏书家、目录版本学家、出版家的卓越成就，可谓一时无人出其右。在图书馆学的发展历史上，叶氏是一个绕不过去的人物，几代图书馆学人都曾受惠其学术成果。

叶德辉在藏书和目录学方面的著述主要有《书林清话》、《书林余话》、《藏书十约》、《观古堂藏书目》、《郋园读书志》等。其中最负盛名的是《书林清话》。该书写于清末，刊行于民初（1920），用传统的笔记式文体介绍了古代雕版书籍的各种知识。由于该书是作者在其丰富藏书的基础上写就的，故广征博引，翔实有据，见地深刻，妙笔生花。以笔者涉猎所及，迄今为止各种关于书史著述虽多，但仍无有逾越此门墙者。叶氏本欲在此基础上，援引史书中《货殖列传》之例，写一本《书林传》，惜未成书，③ 令人扼腕。

---

① 叶德辉：《郋园六十自叙》。
② 胡适：《胡适日记全编》，安徽教育出版社，2008。
③ 张承宗：《〈书林清话〉与书史研究》，《史学史研究》1984 年第 4 期。

　　著名学者、藏书家、京师图书馆首任监督（馆长）缪荃孙曾这样评价《书林清话》：

　　　　焕彬（叶德辉）于书籍镂刻源流，尤能贯串，上溯李唐，下迄今兹，旁求海外旧刻精钞，藏家名印。何本最先，何本最备，如探诸喉，如指诸掌。此《书林清话》一编，仿君家鞠裳之《语石编》，比俞理初之《米盐簿》，所以绍往哲之书，开后学之派别，均在此矣。①

　　此言出自权威学者，也是学术界的公论，向无异议。叶氏之学术贡献，非止《书林清话》一端，在旧学研究上的其他成就，后人亦多做积极评价，且鲜有争议。

　　有争议的是叶德辉的为人。"文如其人"之说，与叶氏的治学文章似无关，只适用他那些嬉笑怒骂的文辞。叶氏自己所言的"谤满天下"、"国人皆欲杀"等语，并非都是自嘲虚张之词。时人多持"其人实无可取"之评，② 就是对叶氏之学术成就多有夸赞的章太炎也感叹："如此好学问，甘作谯周，何欤？""终以读书种子为可惜。"③ 至于来自各方的诋毁谩骂之词，如不庄、惯痞、湘潭大痞叶麻、为富不仁、土豪劣绅等，就数不胜数了。

　　叶德辉毫无疑问属于旧式保守派人物。叶氏自号"郋园"，其书斋号"观古堂"，就是其笃守儒学的注脚。"郋"（xí）是春秋时儒学发源之地汝南召陵里，又是古文经学家、文字学家许慎的故里。而"观古"则取自《大戴礼记》"以观于古"之义。④

---

① 　叶德辉：《书林清话（插图本）》，李庆西标校，复旦大学出版社，2008。
② 　谢国桢：《丛书刊刻源流考》。
③ 　章太炎：《复叶德辉书》，《申报》1924 年 4 月 6 日。
④ 　叶德辉：《郋园字义说》。

清光绪十八年（1892），叶德辉考中进士，被授吏部主事之职。但两年后却辞官归里，自此不再出仕，以经商为生，以学术为志业，表现出浓厚的文化情怀。为治学业，甚至不惜弃官，这在当时是特立独行之举，即所自谓的"天子不得臣"。而时事巨变，叶德辉成了前朝的"文化遗民"，于是守望传统文化就成为他赋予自己的人生使命。其一生的学术活动，包括著述和刻书，也都是为了笃守传统旧学这一目标。

叶德辉的人生观、文化观、学术观，本无所谓正确与错误，只是错在叶氏生在一个以革命为风尚的年代，错在叶氏不合时宜的言行。叶德辉生性狂狷，一派名士作风，目中无人，孤傲自矜，不拘小节，口无遮拦，结果就如他自己所喟叹的："九死关头来去惯，一生箕口是非多。"① 这里且不管叶氏一生林林总总的"是非多"，仅看看他在"九死关头"的几番遭遇。

戊戌变法时期，湖南是推行改制最为激进的省份。叶德辉时年三十余岁，挂印归乡，志得气盛，挺身而出，成了反对改革的"旧派"领袖，也由此被推到近代历史舞台的中心。叶氏影响颇大的"翼教"之说就是此时出笼的。身为臣子的叶德辉，当时并不敢明目张胆地反对皇帝变法和湖南巡抚陈宝箴推行的新政，只是把矛头指向康有为的今文经学和梁启超的时务学堂，即所谓"扶世翼教"，却依然险遭不测。据叶氏称，当时康、梁曾请旨（叶氏的说法是"矫旨"）杀叶德辉和王先谦，只因旨下仅仅两天变法就失败了，叶才侥幸保住性命。②

辛亥革命爆发，湖南光复，叶德辉因其前清余孽的恶名，再次陷入危险之中，不得已逃出长沙，避乱山中。此时身为革命元

---

① 郭旭：《叶德辉在近代中国的命运》，《贵阳文史》2009 年第 4 期。
② 叶德辉：《答友人书//翼教丛编》。

勋的章太炎却出面帮助了他，及时致电湖南革命军："湖南不可杀叶德辉。杀之，则读书种子绝矣。"①叶氏由此将章太炎引为知己。

乱后返回长沙，已是民国天下，叶德辉万念俱灰，一度曾想剃度为僧。但不久却又故态重萌，卷入了轰动一时的"坡子街事件"。民国元年（1912）10月，革命元勋黄兴返乡到长沙，受到故乡人民热烈欢迎。湖南政府为表达敬意，提出将长沙坡子街口的德润门更名为黄兴门，将坡子街更名为黄兴街。这下触到了叶德辉这个"前朝未死人"的痛处，因为他的住宅和店铺就在坡子街上，令他无法容忍。尽管黄兴很快就致函婉拒，两处地名也恢复了原称，但叶德辉依然不依不饶。次年5月，他写了《光复坡子街地名记》，到处散发，文中嬉笑怒骂，将黄兴比作"妇人女子"、"鸡公鸭婆"，极尽攻讦。②新政府震怒之下，借故将叶氏抓捕，后由地方商人保出，叶氏不得已逃往武汉，后到上海。

叶德辉在上海客居了半年，于1913年下半年回到长沙。由于秉性难移，其讥评时政，又卷入了与湖南新都督汤芗铭的冲突，再次有性命之忧。汤氏性情暴虐，滥杀无辜，素有"汤屠夫"之名，还随意更改币制，导致商家纷纷倒闭。叶德辉见此，挺身而出，为民申冤，写信给杨度，要其转呈给总统袁世凯。不料《亚细亚报》报馆见到此信，欣赏"其文之峭厉"，自作主张刊发。汤芗铭见文大恨，遂起杀心，将叶德辉抓捕。幸亏朋友们相助，紧急陈情到北京，黎元洪、徐世昌、徐树铮、叶公绰、李燮等北洋政府大员和各界名流纷纷致电湖南相救，就连当年欲杀

---

① 叶德辉：《两知己诗∥书空集》。
② 程千帆、杨翊强：《叶德辉：光复坡子街地名记补注》，《中华文化》1996年第1期。

叶德辉的梁启超、熊希龄也出面声援，叶德辉才再次逃过了一劫。

1927 年，大革命风暴席卷南中国，北伐军攻占湖南，被叶德辉等辈斥为"痞子运动"的湖南农民运动风起云涌。这次叶德辉在劫难逃了。4 月 10 日，叶德辉被农民协会捉拿。第二天，即 4 月 11 日，距国共分裂的标志事件四一二政变仅有一天，叶德辉经"湖南人民第一次铲除反革命分子示威大会"公审，判处死刑，当天下午执行。据其子叶尚农事后在叶德辉的日本弟子所办的《辽东诗坛》上所述："（叶德辉）身受两枪，一中头部，一中心部，是遭惨死。"[①]

至于叶德辉为什么会被镇压，世传有两个原因。

一是说叶德辉为农民协会戏作了一副对联：农运宏开，稻粱菽麦黍稷，尽皆杂种；会场广阔，马牛羊鸡犬豕，都是畜牲。横批是：斌尖卡傀。上下联首字是"农会"，把农会骂作杂种、畜牲。横批四字的意思是：不文不武，不小不大，不上不下，不人不鬼。文字可算尖刻恶毒，极尽辱骂之能事。这副对联将"叶德辉风格"发挥到了极致，也让叶氏的人生走到了尽头，成了他被抓的导火索。

二是说叶德辉曾欺辱一乡村少女，后来此女参加了革命，将其劣迹告到了省党部，于是要处死叶德辉，讨回公道。这一喜儿式的故事似无实据，但叶氏好色却是不争的事实。叶氏曾纳妾六房，经常到长沙的青楼妓馆寻欢，还喜好男色。即使在当时多妻制的文化下，叶氏的这种行径也属"不端"、"私德不淑"。叶氏还刊刻了《双梅影暗丛书》，收录了多种讲"房中术"的"淫书"，曾惹得非议四起。一向厚道的周作人谈到叶氏被杀一事时

---

①　王雨霖：《〈辽东诗坛〉所载叶德辉死事》，《书屋》2006 年第 1 期。

说：袁世凯称帝时，叶德辉为其选秀女，征了五十名十五六岁的少女送进宫，却自己"先都用过了"；后来秀女中有人成了农会干部，叶氏自然不免一死。[1] 可见时人是确信这一说法的。

现在有研究者认为，以上二说俱属奇谈，并无确证。[2] 理由是当年叶德辉不是像有些"土豪劣绅"那样被农会处死的，而是经"湖南省审判土豪劣绅特别法庭"审判后明正典刑。法庭列出的五点罪证是：（1）戊戌政变时残杀革命人士，为内幕主张之人；（2）充当（湖南）筹安会会长，促袁世凯称帝；（3）主张赵恒惕接受北京政府任命；（4）发表封建文字，做反动宣传；（5）为省城著名反动领袖及著名土豪劣绅。这些罪状均与传说中的写对联和欺辱妇女无关。[3]

这五大罪状，都是些说不清道不白的历史旧账和似是而非的政治帽子，似义正词严，多查无实据；即使是件件确凿属实，也罪不至死。唯一的解释只能是当时盛行一时并压倒一切的革命暴力。倒是当时身为湖南农民运动领袖又兼任特别法庭审判委员的易礼容说到了点子上：

> 一般土豪劣绅，他的地位，简直是从农协成立之日起，就宣布了死刑！"有土皆豪，无绅不劣"，这首对联何等精当！现在农民已处罚的土豪劣绅，哪个是冤枉的？总之，革命是不能客气的，不能用请客吃饭的手腕，那是与虎谋皮。所以，这时期是农民革命的时期，恐怖是意中事啊！[4]

---

① 周作人：《饭后随笔》，载钟叔河编《周作人散文全集（第10卷）》，广西师范大学出版社，2009。
② 谭伯牛：《叶德辉之死真相》，《南方周末》2007年3月27日。
③ 谭伯牛：《叶德辉之死真相》，《南方周末》2007年3月27日。
④ 易礼容：《农民问题》，《湖南民报》1927年3月25日。

此言极好地诠释了毛泽东在《湖南农民运动考察报告》中那一著名的警句："革命是暴动，是一个阶级推翻一个阶级的暴烈的行动。"①照这样的逻辑，叶德辉不死，倒是天理难容了。

虽然当时杀掉"土豪劣绅"是常见的事，但由于叶德辉的学术成就和名气，他的死还是引起了不小的轰动。惋惜者有之，如章太炎、黄兆枚和叶氏的日本弟子；更多的是称"好得很"，说叶氏是找死，自取之道，罪有应得，死有余辜。在这一片杀声之下，一个多月后，大学者王国维决意"一死免辱"，在颐和园投水自尽，遗言是："五十之年，只欠一死，遭此世变，义无再辱。"当时有很多人，其中包括叶氏早年的论敌梁启超，都认为王国维的死与叶德辉等绅士名流被杀而引起的内心绝望有关。②

几年后的1931年，胡适用一首白话小诗表达了他对叶德辉这桩公案的看法：

> 郋园老人不怕死，
> 枪口指胸算什么！
> 生平谈命三十年，
> 总算今天轮到我。
>
> 杀我者谁？共产党。
> 我若当权还一样。
> 当年誓要杀康梁，
> 看来同是糊涂账。

---

① 毛泽东：《湖南农民运动考察报告》，载《毛泽东选集》（第1卷），人民出版社，1991。

② 丁文江、赵丰田：《梁启超年谱长编》，上海人民出版社，1983。

> 你们杀我我大笑，
>
> 我认你们作同调。
>
> 三十年来是与非，
>
> 一样杀人来翼教。①

胡适的说法有误。虽然湖南农民运动是共产党发动的，但处死叶氏的是当时的湖南省政府及特别法庭，因此严格讲应该是国民党当局杀了叶德辉。说叶德辉当年要杀康梁，似也不符合史实。但此诗以调侃的语调，对只因思想观点和言论的对立就要你杀我、我又杀你的情景，表达了痛惜和批判，其内涵是严肃深刻而非谐谑的。

这个道理，还是鲁迅说得透彻些：

> 革命，反革命，不革命。
>
> 革命的被杀于反革命的。反革命的被杀于革命的。不革命的或当作革命的而被杀于反革命的，或当作反革命的而被杀于革命的，或并不当作什么而被杀于革命的或反革命的。
>
> 革命，革革命，革革革命，革革……。②

鲁迅此言写于叶德辉被杀的那一年（1927）的年底，这一年有太多血写的例证可以作为此言的注脚。4月28日，距叶德辉之死仅仅十多天，同是著名学者也同是中国图书馆史上重要人物的李大钊在北京被绞死。5月21日，国民党军官许克祥在长沙发动了"马日事变"，湖南由此从红色恐怖变成了白色恐怖。

---

① 吴小龙：《从胡适挽叶德辉的诗说起》，载《细节的警示》，三联书店，2004。
② 鲁迅：《而已集・小杂感》，载《鲁迅全集》第3卷，人民文学出版社，1981。

许克祥发动事变的借口之一便是"素有文名久与章太炎齐名的叶德辉"被处决。①

在多年之后的 1968 年，毛泽东也曾对叶德辉之死表达了看法。曾任中宣部副部长和中央党校副校长，也是叶氏湖南湘潭同乡的龚育之，记述了毛泽东的谈话：

> 毛是在八届十二中全会闭幕会上讲到杀叶德辉一事的。……对于这种大知识分子不宜于杀。那个时候把叶德辉杀掉，我看是不那么妥当。②

由此可见，毛泽东确实反对杀叶德辉，而且这个意见并不是随意谈的，是在正式场合的讲话，当时还曾在一定范围传达。"最高指示"尚且如此，看来，叶德辉真的是枉死了。

行文至此，其言已尽，其意已明，本文对叶德辉其学、其人、其死所下的结论就显得有蛇足之嫌了：其学也可嘉，其人也有瑕，其罪也不至死。

（本文原载《图书馆研究与工作》2011 年第 3 期。）

---

① 许克祥：《"马日事变"回忆录》，《春秋》1966（226，227），引自叶曙明《中国1927》，花城出版社，2010。

② 龚育之：《从叶德辉之死谈到黄兴的流血革命和胡元倓的磨血革命》，《中国文化》1996 年第 2 期，第 194 页。

# 二
# 天下公器

名，公器也。

——《庄子·天运》

公共图书馆的服务以平等利用为基础，不分年龄、种族、性别、宗教信仰、国籍、语言或社会地位，向所有的人提供服务。

馆藏和服务不应屈服于任何形式的出于意识形态、政治主张或宗教信仰的审查制度，也不应屈服于商业压力。

——国际图联/联合国教科文组织（1994 年）《公共图书馆宣言》

# 图书馆与人文关怀

20 世纪 80 年代初期，有一部电视连续剧《华罗庚》，剧情并不出色，现在也很少有人记起它，但我对剧中的一个情节却久久不能忘怀：年轻的华罗庚在一所简陋的学校念书，得知学校图书馆藏有几本数论方面的书，想借来读，却受到图书馆一位老管理员的训斥：年轻人不好好学功课，看这些闲书何用！而华罗庚锲而不舍，日复一日地在图书馆打水、做卫生，终于感动了老管理员，读到了日思夜想的数学著作……

这个故事是编导者的杜撰还是源于华罗庚的真实经历，我并不明了，也没有深究，但它却深深地印在了我的脑海里，多年挥之不去，并由此产生了一系列有悖常情的联想：如果那位老管理员坚持按"规定"办事，不肯网开一面；如果华罗庚不是那样锲而不舍，孜孜以求……那么，华罗庚就读不到启蒙的数学著作，就可能成不了蜚声中外的大数学家。天呐，我们怎能设想中国和世界的科学史上没有华罗庚！倘若因为图书馆的原因而使这位天才数学家横遭扼杀，那位尽职尽责的老管理员岂不是成了千古罪人！

很难说那位老管理员有什么错，他和我们多数图书馆员一样，是在按"规定"办事。而类似的"规定"在我们今天的图书馆中比比皆是：教师读的书，学生不能看；"高层次"的书，普通读者不能看；"内部"的书，不够级别的读者不能看；收费的书，没交费的读者不能看；专业性的书，非本专业读者不能看；本地读者可以看的书，外地读者不能看……哪一条规定都有其充分的道理，但不知人们是否想过这样一个令人不寒而栗的问题：这些堂而皇之的条条框框，多年来不知扼杀了多少个"华罗庚"！

道理是显而易见的，不用多么高深的研究就可以通晓，但我们的图书馆学研究者、图书馆工作者为什么常常对此视而不见呢？最根本的原因，我以为，是我们的专业体系中缺乏一种人本精神、人文关怀精神。通俗地讲，就是公众意识和公民观念的匮乏。古人曾云：读圣贤书，所学何事？我们不妨也问一问：学了图书馆专业的知识和技能，从事图书馆工作，为的是什么？答案应该是清楚而明了的：为的是人，为的是向公众服务。

"人本"思想在我国有着悠久的历史和传统。孔老夫子就曾提出"有教无类"的思想，他老人家收的学生中，有公卿贵族，也有贩夫走卒，但却不妨碍他们都成为出类拔萃的人才。而在我们今天的图书馆，却出现了各种名目繁多的"类"，把我们的服务对象分成了三六九等，级别明确，区分详尽。孔子的思想博大精深，而其人本主义的主旨却简单明了；我们今天的图书馆学还远远谈不到博大精深，却已丢失了最宝贵的东西——人文关怀精神。于是就形成了这样的局面：我们的学术研究，多停留在技术层面；我们的高层次业务人员，多工作在内部工作部门；我们的尖端设备，往往与普通大众无缘；我们的图书馆领导者，大多在忙着经营创收……

人文关怀精神并非图书馆一个学科所独有，在许多领域，尤其是社会科学，都离不开人的主题。但图书馆无疑是最应高举人的旗帜、突出人的精神的行业之一，因为它面对的是人，直接为人服务，人是其出发点，又是其根本目的。人的因素第一，公众精神至上，永远是图书馆的根本准则。如果舍本求末，难免南辕北辙。

相比之下，我们的外国同行在这方面有着优良的传统和长足的进步。

制订于 1949 年、被视为"世界图书馆宪章"的联合国教科文组织《公共图书馆宣言》中明确指出：

> 公共图书馆应当随时都可让人到馆，它的大门应当向社会上一切成员自由地、平等地开放，而不管他们的种族、肤色、国籍、年龄、性别、宗教、语言、地位或教育程度。

在这个《宣言》的 1996 年修订本中，这一论点阐述得更为清晰、明确：

> 自由、繁荣以及社会与个人的发展是人类根本价值的体现。人类根本价值的实现取决于智者在社会中行使民主权利和发挥积极作用能力的提高。人们对社会以及民主发展的建设性参与，取决于人们所受良好教育和存取知识、思想、文化和信息的自由开放程度。
>
> 每个人都有平等享受公共图书馆服务的权利，而不受年龄、种族、性别、宗教信仰、国籍、语言或社会地位的限制。

美国图书馆协会（ALA）1995 年发表了《美国图书馆事业发展 12 条宣言》，其中强调：

　　图书馆是改变社会不公平现象的基地。……图书馆应不论贫富等级，向社会所有的人平等地提供资料。

　　图书馆尊重个人价值。图书馆要向每一个人、每一种思维方式大开方便之门。

我们的近邻、同为东方文化传统的日本，在政府颁布的《公共图书馆的任务和目标》中也鲜明地指出：

　　人只有获得信息、知识才能成长，才能维持生活。人有权利过有文化气息、丰富的生活。公共图书馆就是为解决居民的这些需求和欲望，由各地方政府设置且管理的文化机构。……

　　居民拥有接触任何形式记录（资料）的权利，保障居民获取知识的权利是公共图书馆的重要职责。为了履行这一职责，公共图书馆根据居民需要收集图书及其他资料提供给居民。在居民中可能有一些人因种种原因被排斥在图书馆之外，图书馆必须尽力扩大并给予所有居民获取知识的自由。

国外类似的事例还可列举很多。我也尽自己能力所及，查阅了国内制订的许多正式和非正式的图书馆条例、法规，遗憾的是，从中都没有发现涉及图书馆人文精神的描述。在篇幅浩瀚的比较图书馆学论著和各类出国访问报告、观感中，也很少有人提及这一问题。至于在图书馆工作中提出多年的"读者第一"等口号，实际上仅仅停留在"服务态度"这一表面层次，并只限于对外服务人员。

现在图书馆界弊端种种，乱象丛生，其原因非止一端，但

"人文关怀"的缺失是最为根本的。我们应该旗帜鲜明地宣称：只有人文关怀，才是图书馆之所以成为图书馆、图书馆之所以在社会上存在的最重要、最根本的理由，才是图书馆根本精神之所在。

（本文原载于《图书馆》1999 年第 1 期。笔者 1998 年出任深圳图书馆馆长，本文是笔者步入公共图书馆界之后的一些感触。文中所述的种种弊端，均为 20 世纪 90 年代的情况。）

# 天下之公器

## ——论公共图书馆精神

## 引言

公器，其典出自《庄子·天运》："名，公器也。"西晋郭象《庄子注》曰："夫名者，天下之所共用。"后人因之将名位、爵禄、法律、学术等称为"天下之公器"，如《旧唐书·张九龄传》："官爵者，天下之公器"；《资治通鉴》卷一四："法者天下之公器，惟善持法者，亲疏如一"；梁启超《欧游心踪录》："学术者，天下之公器也"。"公器"一词遂为全社会共有、共用名物之概称。

图书馆，尤其是公共图书馆，当为典型之天下公器或社会公器。以"天下之公器"来形容、描述现代公共图书馆精神之精髓，虽未必全面精当，亦不失其要矣。

## 一 公共图书馆及其理念的形成与发展

图书馆的历史悠久，源远流长。可以说，自人类文明肇始之日起，就有了各种形态的图书馆，并产生了有关图书馆的观念、学问和技术。然而，现代意义上的公共图书馆却是近现代社会的产物。

西方世界图书馆的历史可以追溯到古代埃及、两河流域以及希腊、罗马，"图书馆"一词也至少出现了两千多年。[①] 在西方

---

① 〔美〕M. H. 哈里斯：《西方图书馆史》，吴晞、靳萍译，书目文献出版社，1989。

语言中图书馆主要有两种说法：Library 和 Bibliotheca。Library 源自拉丁语 Liber，意为树皮，因为树皮曾用作书写材料。Bibliotheca源自希腊语 Biblos，意为书籍，由古代书写材料纸莎草（Papyrus）的希腊语读音而来，目前在德语、法语、意大利语、西班牙语中均用这一词称图书馆，只是拼法上有些小差别。①

但西方古代和中世纪的图书馆与我们今天意义上的现代图书馆是有重大差异的，其中公共图书馆及其理念的出现是重大的分野和标志。

19 世纪中叶在欧洲和美国先后出现了现代意义的公共图书馆，萌生了新的图书馆理念。此前，所有的图书馆，包括一些冠之以公共图书馆名义的图书馆，都有特定的服务对象，或是皇家成员、达官贵胄，或是神职人员、学院师生，而非社会所有成员。新型公共图书馆的产生实际上是社会民主、民权至上、民生保障、社会平等、信息公正等现代社会人文精神成熟的结果。

很多学者将 1852 年英国曼彻斯特公共图书馆的创建视为现代公共图书馆产生的标志。② 其实在此前后欧洲出现了很多有关的学术论述和大型的公共图书馆，但曼彻斯特公共图书馆以非常清晰明了的表述阐明了公共图书馆理念的精髓："依据政府立法建立，公费支持，免费服务，以及社会成员无区别服务。"③ 曼彻斯特公共图书馆实际上是西方众多公共图书馆产生并走向成熟的一个代表，也是现代公共图书馆精神形成的集中体现。

此后在多数欧美国家，公共图书馆迅猛发展，逐渐变为数量最多、藏书最丰富、服务面最广、影响最广泛的图书馆类型，也

---

① 吴晞：《从藏书楼到图书馆》，书目文献出版社，1996。
② 罗小鸣、王海清：《近年来关于图书馆权利及法规制度等相关问题研究述评》，《图书馆》2005 年第 1 期。
③ 范并思：《建设一个信息公平与信息保障的制度》，《图书馆》2004 年第 2 期。

当之无愧地成为图书馆事业的主流和支柱。关于现代图书馆的原则、观念和理论，也大多是由公共图书馆而发、针对公共图书馆而行的。这些现代公共图书馆的基本精神，集中体现在联合国教科文组织颁发的《公共图书馆宣言》和国际图联多次发布的纲领文件中，也体现在图书馆学者的研究著述里，更大量地体现在世界各国公共图书馆的具体实践当中。

我国早在商周时期就已具备了相当规模的图书馆。两汉至明清，各类藏书机构蔚为大观，绵延不绝，有关文献收藏、组织、整理的理论和方法均达到了很高的水平。但中国现代的图书馆则完全是西方思想文化和价值观念传入后的产物，与中国传统藏书机构不存在因袭关系。我曾将这一现象称为"中国图书馆西来说"①。

中文"图书馆"一词源自日文"図書館（ライブラリー）"，最初是 1896 年在梁启超主编的《时务报》上出现的。我揣想，我国历代藏书机构名称很多，其中多有精彩之笔，就是当时（19 世纪末期）也盛行藏书楼、书籍馆、藏书院等多种说法，但这些先贤们为什么会选择"图书馆"这一外来语呢？显然，先贤们当时就已经意识到他们正在提倡和创建的图书馆是"舶来品"，是"西风东渐"的产物，而不是"中华古已有之"的。

我国近代公共图书馆的先河是绍兴徐树兰创办于 1900 年、建成于 1903 年的古越藏书楼。随后在不到十年的时间里，浙江藏书楼、湖南图书馆、湖北图书馆、江南图书馆等二十多所省级公共图书馆相继建立。以 1908 年清政府《京师及各省图书馆通行章程》颁布为标志，我国初步完成了近现代图书馆的创建任务。但限于当时及而后的种种历史局限，我国图书馆多年来着重于学习

---

① 吴晞：《从藏书楼到图书馆》，书目文献出版社，1996。

西方图书馆本身的理论、方法和技术，而在一定程度上忽视了公共图书馆的实质、原则和精神。这不能不说是历史的缺憾。

## 二　现代公共图书馆精神的主要内涵

从公共图书馆的历史发展过程不难看出：开放、平等、免费、政府创建、公费支持，一个图书馆如果具备了这些特征，就可以称之为现代意义上的公共图书馆了。当然，这样的描述只是简单、粗略的勾画，还远不是现代公共图书馆精神的全部内涵。

20 世纪中叶以后，世界图书馆事业进入了正常、成熟的发展时期。联合国教科文组织自 1949 年起，多次发布《公共图书馆宣言》，对世界范围的公共图书馆做出了精辟、权威、一以贯之的阐述，代表了国际社会的共识：

> 公共图书馆是现代民主政治的产物，也是终身教育过程中，民主信念的实证。……作为一个民有民享的民主机构，公共图书馆必须是依法设立及运作，必须全部或大部分由公费支持，对其所在民众，应不分职业、信仰、阶层或种族，一视同仁，给予同等的免费服务。(1949 年)①

> 公共图书馆，作为人们寻求知识的重要渠道，为个人和社会群体进行终身教育、自主决策和文化发展提供了基本条件。……每一个人都有平等享受公共图书馆服务的权利，而不受年龄、种族、性别、宗教信仰、国籍、语言或社会地位的限制。……馆藏资料和图书馆服务不应受到任何意识形态、政治或宗教审查制度的影响，也不应屈服于商业压力。(1994 年)②

---

① 程焕文、张靖：《图书馆权利与道德》，广西师范大学出版社，2007。
② 程焕文、张靖：《图书馆权利与道德》，广西师范大学出版社，2007。

正是基于这种认识，有研究者明确提出："从社会的角度看，其他类型的图书馆只是一种社会机构，而公共图书馆不仅是一种社会机构，还是一种社会制度。"① 这就是说，在文献采编、藏书组织和服务方式等图书馆业务方面，公共图书馆与大学图书馆、研究图书馆等没有大的差别，但公共图书馆的存在使每一社会成员具备了自由、平等、免费地获取和利用知识信息的权利，代表了知识信息的公平分配，从而维护了社会的民主和公正。这一观念正在逐渐成为国内图书馆界的共识。

自世界步入信息时代后，国际社会开始关注"数字鸿沟"的问题。所谓"数字鸿沟"，实际上就是现代信息技术发展带来的信息获取和利用上的不公，以及由此产生的政治、经济及社会和谐等方面的障碍。而沿袭百年的公共图书馆精神，如信息开放、无差别服务、免费服务等，正是维护社会公正、消除"数字鸿沟"的最好方式和途径。因此我们今天探讨公共图书馆精神这一课题，正是顺应了时代发展的要求，与公共图书馆的历史使命一脉相承。

为什么国内外很多政府和有识之士都反复强调消除"数字鸿沟"，而不是消除住房鸿沟、工资鸿沟或财富鸿沟？不外有三个原因：首先，信息的公平获取和占有是社会成员公平发展的起点和前提；其次，信息资源是可以共享的，不会因为某些成员的拥有而剥夺其他人的权益；再次，信息资源的共享是可行的，其目标是完全可以实现的，不像物质财富的公平分配，只能采取"剥夺者被剥夺"和"打土豪分田地"的方式。正是公共图书馆架起了消除"数字鸿沟"、实现信息公正的津梁。

---

① 范并思：《公共图书馆精神的时代辩护》，《中国图书馆学报》2004 年第2 期。

## 三　公共图书馆精神在国内的缺失和复兴

如前所述，我国现代意义上的图书馆，尤其是公共图书馆，本质上是西方思想文化传入的产物。当时限于特定的历史条件，先辈们更注重图书馆的社会教育职能，引进的多是有关图书馆的方法和技术，而在一定程度上忽视了图书馆的基本精神和社会意义。中华人民共和国成立后，在以"以阶级斗争为纲"的政治环境中，这些来自西方的图书馆观念自然成为禁区。改革开放为我国图书馆的发展带来了空前的机遇，但与此同时又受到市场经济大潮的无情冲击，致使经营创收、以文养文、文化产业等种种异端一时占据主流。因此，我国公共图书馆先天不足、后天压抑、畸形发展、精神缺位，是不争的事实。

公共图书馆精神的缺失在本质上是人文精神的缺位。图书馆学技术化、方法化，已然成为业界和教学、研究机构的风气，甚至很多著名大学已经将本专业"改革"为信息、资讯，还有的干脆和 IT 专业合成一个学院。学图书馆就是学电脑、干图书馆就是玩 IT，已经成了社会人士乃至本专业人员的通行看法。公共图书馆缺失了人文精神，就如同人没有了灵魂，致使现在的许多图书馆较之一百年前还有大幅度的倒退，令人扼腕叹息。我在多年前就曾呼吁，图书馆是社会和人文的产物，而不是技术产业或经济机构，却鲜有回应。①

在精神缺位的情况下，种种弊端层出不穷，其中最为突出的是有偿服务和不平等对待读者。日前发生的几宗由公共图书馆收费引发的公众事件，在全国产生了很大反响，其根源不在哪个具体的图书馆，而是公共图书馆在社会上积怨太多、积弊太深，以

---

① 吴晞：《图书馆与人文精神》，《图书馆》1999 年第 1 期。

致负面影响太大，多年成见经此一触而爆发。

收费在图书馆并不是绝对禁止的，国外很多图书馆也有收费的服务项目。但是将收费与图书馆"创收"挂钩，与图书馆员的奖金、待遇甚至工资相联系，则是鲜明的"中国特色"。许多馆员要靠"创收"养活自己，许多馆长要靠"造血"养活员工乃至支撑整个图书馆的运作。这样的图书馆不仅失去了精神和灵魂，也由此失去了在社会存在、获取社会支持的基本理由。

与收费这种赤裸裸的索取相比，拒绝平等服务就有着更为冠冕堂皇的借口："控制借阅"是为了保护文献遗产，拒绝"三无人员"进馆是为了社会治安，高等级图书馆不接待普通读者是"服务层次不同"，"区别服务"是为保障副处、副高以上的"重点读者"，而"为领导服务"则是为了全体人民的"根本利益"。其实，推敲起来，没有一条理由是能够站得住脚的。

需要指出的是，之所以出现这些令人痛心的局面，各级政府要承担首要的责任。政府投资不到位，出台错误的政策导向，甚至明确要求增强图书馆的"造血机能"，实现"以文养文"等，是其根本的原因。很多公共图书馆实际上是在代政府受过，借此揩油肥私的图书馆是极少数。

应该说，中央政府在这一问题上的方针政策是清楚、明确和一以贯之的。近年来关于全国文化体制改革的一系列中央文件、中央领导讲话和中央权威媒体报道都明确提出：图书馆属国家兴办的公益性事业单位，其使命是为群众提供公共文化服务；对图书馆这样的公益文化事业，其方针是加大政府投入，完善国家扶持方式，构建公共文化服务体系；与同属文化体制改革范畴的艺术院团、影剧院、出版单位等准公益性和营业性机构相比，图书馆享有国家全额扶持的政策。现在大量存在的政策导向偏差、政府投入不足等问题，实质上与中央精神背道而驰，是各地政府和各系统主管部门对中央颁布的政策方针理解不清、贯彻落实不到位造成的。

可喜的是，近年来图书馆界许多有识之士纷纷撰写文章，大声疾呼公共图书馆精神；一些图书馆身体力行，冲破阻力，抵制不正之风；有的政府主管部门开始改变观念，各项扶持措施逐步到位。湖南图书馆主办的《图书馆》杂志曾专门兴办了《21世纪新图书馆运动论坛》的专栏，就公共图书馆精神进行了深入的探讨，在业界引起强烈共鸣。这些言论和实践尽管目前还不够多，但代表了图书馆发展的趋势，标志着在国内公共图书馆精神正在开始复兴。遗憾的是，这些先进的理论和实践还没有蔚成风气，尤其是我国公共图书馆界自身对此没有足够的重视，更没有形成主流意识和普遍做法。公共图书馆精神的回归和复兴，任重而道远。

## 四 深圳图书馆的实践

坦率地讲，上文谈及的当前我国公共图书馆的种种问题和弊端，在深圳图书馆和深圳市图书馆界都曾程度不同地存在，有的情况还相当严重。为兴利除弊，重振图书馆精神，近年来我们做了大量的探索和努力，并由此产生了一些体会和收获。

自2000年起，我们开始积极探索为全体市民提供更为优质、便捷的服务新模式，后来就逐渐形成了"图书馆之城"的理念。"图书馆之城"的含义，就是把整个深圳市建设成没有边界的图书馆网络，让大大小小的图书馆星罗棋布，遍布全城，服务全民。这里既包括已有的，也有新建的；既有公共图书馆，也囊括了其他图书情报机构。同时结合文化部共享工程的要求，着力建设信息资源共享网络，打造全市数字资源平台。我们还明确提出了新的理念和原则，包括社区化、人性化，普遍服务、

平等服务，实现全民阅读，特别是弱势群体阅读参与等。不难
看出，所谓"图书馆之城"在内容上并不都是全新的东西，理
念上也不都是我们的独创，很多是我们以及全国同行多年来都
在讲、都在做的事情。但由于提出了"图书馆之城"的概念，
就把许多以往杂乱无序的事务统一在这一大旗下，明确了目标，
理论上提高了层次，实践上有了可操作性。经过努力，深圳市
委市政府正式提出了建设"两城一都"（图书馆之城、钢琴之
城、设计之都）的目标，以其作为"文化立市"的重要内容。

作为"图书馆之城"的龙头和中心，深图（市馆）的改革
也经历了曲折的过程。深图建馆之初就明确打出了全面开放的旗
帜，在全国是开先河者之一。但由于历史原因，也曾设置过种种
条件限制读者，如户籍人口才能办证、港台阅览室普通读者不得
入内等。我们大胆采取了一系列措施，如免证进馆、敞开办理借
书证、向所有人开放所有阅览室（部分上级明确规定不许流通
的境外书刊存入二线单独控制）。在多年的执行过程中也曾遇到
过许多矛盾和问题，但我们都坚持了下来。我作为馆长在媒体上
公开宣称："深图向所有读者敞开大门，免费提供服务。无论你
的身份、地位如何，有没有工作、户口、住房，衣着是否鲜亮，
囊中是否羞涩，既然来到图书馆，就是渴求知识，拥抱文明，都
会受到一视同仁的热情接待。"[1]

最为困难的还是消除"有偿服务"的弊端。由于"以文养
文"等政策导向的原因，多年来深图形成了一个颇具规模的产
业集团，其中服务收费占了一定比重。各部门创收与职工奖金挂
钩，多挣多得，牵涉众多，积重难返。我们首先对有偿服务项目

---

[1]　吴晞：《文明沃土，知识津梁——关于深圳图书馆文化的对话》，《深圳特区
报》2004 年 8 月 8 日。

进行了整顿，铲除未经批准的乱收费，由于创收不足造成的奖金减少的部门由全馆统一补贴。2005 年初，深圳实行由市财政对党政机关和事业单位发放统一津贴及"收支两条线"政策，借此良机，我们全面清理了所有的有偿服务项目，部分需要保留的也统一上缴财政，不再和职工奖金福利挂钩。

对公共图书馆精神的探索和实践永无止境。"天下之公器"其重如鼎，执掌公器者其责如山。愿与业界同人共勉。

（本文原载于《深图通讯》2006 年第 2 期。文中所列各种例证和数字均为当时的情况。）

# 青山遮不住，毕竟东流去

## ——回眸"开放、平等、免费"

## 一 鸿儒白丁

2006 年，深圳图书馆（简称深图）新馆落成开馆，文化盛事，举城皆欢。一位知名书法家专门为此书写了条幅相赠："谈笑有鸿儒，往来无白丁"，很是自得。然而我却委婉地告诉他：条幅内容典雅，书法精美，但却不能悬挂在深图新馆，因为我们的图书馆不仅要面向"鸿儒"，更要为广大"白丁"服务。

就在深图新馆开馆之际，我们明确提出了新的办馆方针，并制成大型横幅张挂在图书馆大厅：开放、平等、免费。其含义清晰明了：无论是官者丐者、鸿儒白丁，是否衣着光鲜、囊中羞涩，深图新馆都一视同仁，倾心服务，全部资源对市民开放，所有读者一律平等，一切服务统统免费。这个口号的提出可以说是我国公共图书馆在 21 世纪走向转折的标记点之一。

不久之后发生的"杭图事件"对此做出了极好的诠释。杭州图书馆与深圳图书馆几乎同时开放新馆，并同样大力推行体现人文关怀的新办馆方针。大约在 2008 年，有乞丐和拾荒者到杭州图书馆读书，个别读者对此无法接受，于是找到馆长褚树青，说允许乞丐和拾荒者进图书馆是对其他读者的不尊重。褚馆长的回答是：我无权拒绝他们入内读书，但您有权利换个区域。事隔两年多，有人就此事发了微博，引起巨大反响，在半天时间内就被疯狂转发了一万余次，评论近 2500 条。更有网友改编了阿根廷作家博尔赫斯的名言："如果中国有天堂，那应该是杭州图书馆的模样，乞丐坐在天堂里，于是忘了地狱的模样。"

由此令人联想起同样曾引起巨大社会反响的"国图事件"
（2004 年）和"苏图事件"（2005 年），有恍如隔世之感。在
"杭图事件"中，图书馆不再是众矢之的，而是成了争相赞许的
对象，成为"天堂"的代名词。这反映了中国公共图书馆发生
的巨大变化，也说明了公共图书馆新型的办馆方针赢得了社会公
众的高度认可。

## 二　百年跌宕

这条"开放、平等、免费"之路，中国公共图书馆整整走
了一百余年。

现代公共图书馆的源头在西方。一般认为，最早的新型公共
图书馆出自 19 世纪中叶的英国，1852 年英国曼彻斯特公共图书
馆成立是世界公共图书馆诞生的标志。此后西方世界兴起了长达
一个世纪的"公共图书馆运动"。这个运动在美国的发展尤为迅
猛。在 19 世纪末及 20 世纪初，"钢铁大王"卡耐基在全世界捐
资建立起 2500 多所图书馆，其中大部分是美国的公共图书馆。
1949 年，联合国教科文组织通过了《公共图书馆宣言》，正式表
达了世界文化知识界和图书馆界的基本立场，在全世界范围内形
成了对图书馆的普世共识。

西风东渐，泽被东土，于是就有了中国第一次"新图书馆
运动"，其时为 19 世纪末和 20 世纪初，与大变革时代的洪流同
起同落。这个运动肇始于"戊戌新政"，其标志是 1898 年京师
大学堂藏书楼的创建；完成于 20 世纪初年的"清末新政"，其
标志为 1909 年京师图书馆的筹建。就在这一期间，奠定了现代
中国图书馆事业的基础，并形成了良好的发展势头。

遗憾的是，中国图书馆的发展，尤其是公共图书馆的发展，

并未由此进入坦途，而是有着太多的弯路和跌宕。

民国时期是中国图书馆发展和成熟的阶段，但战乱频仍和政治动荡给图书馆事业带来了无法克服的障碍，尤其是日本侵略者悍然发起侵华战争，生生扼断了图书馆正常发展之路。

中华人民共和国成立后，图书馆有了长足的进展，但由于时代所限，亦难逃历次政治运动的强烈干扰。至"文化大革命"祸起，图书馆亦堕入万劫不复之境地。

"文化大革命"结束后，图书馆事业进入复苏和繁荣的新时期，出现了欣欣向荣的局面。与此同时，却又受到市场经济大潮的无情冲击。于是"有偿服务"盛行，各种收费和变相收费成了图书馆的重要经济来源，还为读者设立了形形色色不平等的门槛。

到了20世纪末和21世纪初，中国图书馆界面临的形势是：图书馆事业飞速发展，馆舍和设备条件极大改善；与此同时，办馆方针上乱象丛生，服务上弊端重重，图书馆权利、图书馆精神、图书馆核心价值等理念严重缺位。这就是当时的中国图书馆界，尤其是公共图书馆界所面对的真实局面。

"开放、平等、免费"的方针就是在这种形势下面世的。

## 三　理论呼唤

深图"开放、平等、免费"的做法曾得到图书馆界和社会各界的赞许，称之为深图的"创新"。如此美誉，我们也就"笑纳"了，偷着乐。实际上，这一方针的问世是中国图书馆历史上第二次"新图书馆运动"的直接结果，而不是我们的什么独创，正可谓应时应运而生，"圣之时者也"。

这一"运动"酝酿和发起，源于21世纪初年，实际上是一次中国公共图书馆国际化、现代化的进军之旅。没有官方的授意，也没有人蓄意发起，一切都是瓜熟蒂落，水到渠成。这是我们这一代图书馆人亲身经历和亲手创造的历史。

这场运动首先来自理论的呼唤。自 21 世纪初年起，业界一些杰出的学者开始撰文介绍和鼓吹国际上普世通行的图书馆理念，倡导图书馆的基本精神和核心价值。许多具有远见卓识的专业刊物开设栏目，重点探讨有关公共图书馆问题，其中有黑龙江的《图书馆建设》、湖南的《图书馆》，也包括深图的《公共图书馆》（原名为《深图通讯》）。我本人也不揣浅陋，在其中扮演了呐喊助威的角色。一时间，这些先进的论点和理念俨然成为业界主流。

这场理论探讨的言之深、面之广，为之做出卓越贡献的学者为数之多，都是学科史、事业史上罕见的。这里挂一漏万，只论及三点，皆限于我本人及深图团队的感悟，以及研究制订"开放、平等、免费"方针时的启迪：

第一，公共图书馆的历史经验。从历史上看，公共图书馆是现代社会的产物，是社会民主、公民权利、社会平等和信息公正等现代人文意识成熟，社会发展到一定阶段的结果。现代中国社会已经走入这样一个历史阶段，或者说正在向这个目标迈进。公共图书馆理应促进中国向公民社会、权利社会发展，也具备条件在公共图书馆率先实现这些权利。"开放、平等、免费"的提法实际上就是从英国曼彻斯特图书馆的办馆方针脱化演绎而来（"依据政府立法建立、公费支持、免费服务，以及社会成员无区别服务"），不是什么"创新"，反而是"复古"，至多和"托古改制"沾点边儿。

第二，公共图书馆的社会责任。我们办公共图书馆，不仅仅是办一个机构，而是在尽一种社会责任，完成一个历史使命，公共图书馆存在的意义超过了图书馆机构的本身。因为公共图书馆的存在，使每一社会成员具备了自由、平等、免费地获取和利用知识信息的权利，代表了知识信息的公平分配，从而维护了社会的民主和公正，向全社会宣示了现代民主、公民权利和人人平等等重要的价值观念。"天降大任"于公共图书馆工作者，所以要责无旁贷地担负起我们的责任和使命。

第三，《公共图书馆宣言》的感召。现在通行的版本是《国际图联/联合国教科文组织：公共图书馆宣言（1994）》（*IFLA/UNESCO：Public Library Manifesto*［1994］）。"宣言"表达了世界文化知识界和图书馆界对公共图书馆的基本共识。我历来不赞成对"宣言"做过度繁复的解读，认定其要旨无非三点：（1）公共图书馆是现代民主政治的产物，也是民主制度的保障和民主信念的典范；（2）要立法保障公共图书馆事业发展，完全或主要由公费支持；（3）对社区所有成员实行平等的服务，全部免费开放。如果一言以蔽之，就是"人文关怀"的精神，足矣。

"开放、平等、免费"就是在这些先进理论的呼唤和引领下出笼的。

## 四　知难行亦难

上述的这些理念均非什么高深莫测的理论，也不一定非要经过专业学习训练才能入其门墙，是非黑白也是简单分明的。然而中国图书馆界接受这些理论却经历了一个艰难的过程。

我们说"开放、平等、免费"，其关键是免费。当时我们曾设想用"公益"一词来表述，至少修辞上完美些，不至于这样直白，这样赤裸裸地不加掩饰。但考虑到各地图书馆收费之风正盛，且名目繁多，已经到了难以容忍的地步，因此还是旗帜鲜明地打出了"免费"的牌子，这样可以让领导、市民和社会各界都一目了然，没有歧义。

　　深图打出"开放、平等、免费"的旗帜后，受到社会各界热烈的欢迎，首先是深圳市文化系统的图书馆、博物馆、美术馆都相继免费开放，其他城市一些勇于践行的公共图书馆也实行了免费的政策。但同时也受到了不少非难，或者说当面反对者少，背后"腹谤"者多，说我们是站着说话不腰疼，饱汉不知饿汉子饥。

　　曾有一位前辈规劝我："你们有钱，日子好过，别人有揭不开锅的，不能砸了人家的饭碗！"此言不虚，因为多数图书馆要经营创收，服务收费，都是领导观念不到位、财政政策不合理的结果，板子不能都打在图书馆的屁股上。就是堂堂国家图书馆，当年的财政拨款也只够 60%，其余都要靠挣钱养活自己。所以我们私下戏言：严重的问题在于教育领导（此话源自耳熟能详的"最高指示"：严重的问题在于教育农民）。

　　然而正确的潮流总是无法阻挡的，"青山遮不住，毕竟东流去"。形势终于有了改观，其标志体现为两个重要文件的出台。

　　一是《图书馆服务宣言》的问世，标志着行业共识的形成。2008 年 10 月，中国图书馆学会正式发布了《图书馆服务宣言》。这是中国图书馆人历史上第一次向世人表达了现代图书馆的理念，在业界内外引起很大反响。这一文件虽然名为"服务宣言"，但其思想内涵远远超越了图书馆服务工作的范畴，宣示了公共与公益、平等与自由、共享与合作、人文关怀等图书馆核心价值观和职业精神，也体现了图书馆界对根本性指导思想和办馆方针的认同和共识。

　　二是部委红头文件《关于推进全国美术馆、公共图书馆、文化馆（站）免费开放工作的意见》的颁布，标志着政府政策方针的形成。2011 年 2 月，文化部、财政部联合下发了这一文件。文件明确提出了公共图书馆保障公益、免费开放的要求，从此全国图书馆，尤其是公共图书馆进入了全面免费的时代。公共图书馆被定性为公益文化单位，图书馆的基本服务实行公益化、普遍化、均等化，由此成为中央和各地方政府的基本方针。

如是，我们可以自豪地说，通过学界的大力倡导和部分先进图书馆的戮力践行，使公共图书馆的精神、理念及核心价值观为全国图书馆界所逐步接受，最终演变为国家的政策方针，使全国图书馆朝着正确的方向发展，并与国际潮流接轨，这是 21 世纪中国图书馆事业发展的最大成就。我们这一代图书馆人，亲手创造、亲身参与了这段历史，完成了 21 世纪中国公共图书馆的重大转折。这一殊荣永远值得骄傲与回味。

（本文原载《图书馆建设》2015 年第 1 期。）

# 深圳图书馆的故事

　　深圳图书馆（以下简称深图）是在深圳经济特区建立后兴建的"八大文化设施"之一，建成于 1986 年。植根特区的沃土，凭借改革开放的东风，深图自问世以来一直走在时代前列，是深受广大市民欢迎的读书场所，也是举世闻名的现代化大型综合性公共图书馆。

　　深图的故事丰富多彩。限于篇幅，这里仅论及深图两个最为凸显的业绩：探索并践行公共图书馆的精神理念；引领现代化技术的潮流。

## 一　探索并践行公共图书馆的精神理念

　　公共图书馆的基本精神和核心价值观在我国图书馆界是长期缺位的，致使弊端重重，乱象丛生。深图作为中国的公共图书馆，其服务理念的形成和发展离不开国内公共图书馆整体发展的历史环境，也无例外地经历了这一历史发展过程。种种弊端和乱象，深图都曾经程度不同地存在，有的情况还十分严重。

　　深图自建馆以来一直将开放作为旗帜，多年来是走在全国前列的。但当时所标榜的开放，主要是指开架服务，如全部文献均实现了开架，不设闭架书库，这些做法在那个年代是开风气之先的。然而当时办理借书证只限于户籍人口，在深圳居于大多数的非户籍外来建设者是不在此列的。有些阅览室（如港澳台阅览室）要限定一定级别的读者。显然，这些做法与我们今天所说的开放、平等还有着很大的差距。

为了纠偏，我们适时地采取了一系列的措施，主要有免证进馆、不分户籍敞开办理借书证、向所有人开放所有阅览室等。为了让市民了解我们的方针，我曾多次对媒体宣称："深图向所有读者敞开大门，免费提供服务。无论你的身份、地位如何，有没有工作、户口、住房，衣着是否鲜亮，囊中是否羞涩，既然来到图书馆，就是渴求知识、拥抱文明，都会受到一视同仁的热情接待。"但要全面贯彻这一方针还是遇有不少阻力的。如，当时严格执行非户籍人口办理暂住证和边防证的制度，否则一律按照"三无人员"收容并遣送回原籍，图书馆免证进馆的做法明显与这一规定不符，因而受到了有关部门的非难。再如，全面免证开放使得不少小偷、流氓及精神疾病患者也到图书馆里来，难免有为非作歹的，加大了安保管理的难度。但无论如何，我们还是克服困难坚持了下来，殊属不易。

最为困难的还是纠正"有偿服务"的弊端。由于多年实行"以文养文"政策导向，形成了"十亿人民九亿商"的局面，机关和事业单位"创收"成为一时风气。在当时的深图，服务收费也是"创收"的重要内容。各服务部门收费多少是按比例提成的，多挣多得，于是部主任们都各显神通赚钱，为职工发奖金成了他们的头等大事。这件事直接牵涉职工利益，且积重难返，改正谈何容易，任你有天大的"理念"，现实中也寸步难行。

但我们没有采取怨天尤人、无所作为、听之任之的消极态度，而是抓住时机、适度推行、逐步改进。首先是对有偿服务项目进行了整顿，杜绝未经批准的乱收费行为，由于创收不足造成奖金减少的部门由馆里补贴。2005 年初，全市事业单位实行奖金改革，由市财政发放统一标准的岗位津贴。借此良机，我们基本取消了所有的有偿服务项目。部分需要保留的收费项目，严格实行"收支两条线"，全部上缴财政，不再和职工的奖金福利挂钩。对此，有人惋惜"损失"，但我们认为，这样做才算是走上正轨。

2006年7月，深图新馆落成开放。我们充分利用这一大好时机，努力将多年来我们对公共图书馆的理解和探索融入新图书馆之中，全力打造一个"真正的公共图书馆"。在业界，我们祭起了"天下之公器"的旗帜，从理论上澄清有关公共图书馆的诸多问题，探索公共图书馆的精神实质。对外宣传上，我们提出了"开放、平等、免费"的口号。这是借用160多年前英国曼彻斯特公共图书馆的传统提法，本属陈年旧事，但却在21世纪的深图新馆中焕发出新的活力，乃至有许多人认定是我们的"创新"。一时间，"开放、平等、免费"成为业界内外热议的焦点。

其中公众最为关心的热点还是免费服务，为此我们还有一个更为生动形象的提法：到深图不用带钱包。一时媒体争相报导，市民街谈巷议，公关工作很是成功。我们不是在"忽悠"群众，而是实实在在地实行了彻底、全面、真正的免费服务，就连一般准许收费的如读者证工本费、读者年审费、上网费等也都免掉了。读者涉及的费用实际上只有两项，一是象征性的外借押金，文献外借5册押金中文100元、外文200元，因为我们的社会还没有建立起完善的诚信制度；一是逾期滞纳金及书刊损坏赔偿金，因为我们还要维护全体读者的利益，为国家财产负责任。

深图的办馆理念和实践在全社会产生了积极而深远的影响。无论是有关领导、业界专家，还是媒体、市民，都对此给予了积极的评价，甚至一时蔚成社会风气。此后不久，深圳的各大文化场所陆续免费对公众开放，全国有多家省市级公共图书馆也相继宣布实行免费服务或减少服务收费，就是那些不肯转向的也不敢那么理直气壮无所顾忌了。这些都与深图的率先作用有关，应该说是我们开的好头儿，在社会公益服务上捅破了窗户纸，撕开了遮羞布。正如前文中说到的，深图是国内探索和实践公共图书馆精神以及公益文化服务的先行者，起到了为天下之先的作用。

## 二　引领现代技术潮流

实现公共图书馆的精神理念，离不开技术手段的支撑。深图将"技术立馆"作为重要方针，并多年保持在现代技术应用上的优势。

说到技术立馆的方针，并不是什么人先知先觉、高瞻远瞩提出来的，而是历史的缺憾造成的，或者说是一种不得已的选择。深图1986年建馆，至今只有20多年的历史，属于新建馆、后起馆、后来者。与国内许多业已建馆一百多年的大馆、老馆相比，失去了许多历史机遇，显得先天不足。譬如，没有可称为"镇馆之宝"的珍稀馆藏，没有多少独特的资源，也缺少深厚的业务传统。后来者如何居上，怎样才能跻身大馆、强馆的行列，就成了摆在我们面前的重要课题。我们要把历史的缺憾变成历史的机遇，变弱势为强势，不能甘为二三流的图书馆。这样，深图就走上了技术立馆、技术强馆之路，亦即现代化图书馆之路。

现代化图书馆是个说不完道不尽的话题。为方便起见，这里仅简略介绍几个带有历史标志性的重大项目：图书馆自动化集成系统（ILAS）；联合采编协作网（CRLNet）；无线射频识别（RFID）。另一重大项目"城市街区24小时自助图书馆（SSL）"再做专文介绍。

### 1. 图书馆自动化集成系统（ILAS）

图书馆自动化集成系统，即 Integrated Library Automation System，简称 ILAS。ILAS 是 1988 年文化部下达的重点科研项目，由深图负责开发研制。20 年多来，ILAS 从 1.0 ~ 5.0，又相继发展了 ILAS - Ⅱ、d - ILAS（ILAS - Ⅲ），以及公共版、大学版、企业版、小型版、Big5 版、Unicode 版，以及相关的 LACC（集中采编）、UACN（联合采编），已经成为适合各种需要的图书馆自动化系列产品。许多开发、研制和推广 ILAS 的老员工都记得当年筚路蓝缕、艰苦奋斗的难忘往事，这是深图历史上浓墨重彩的一页。

　　ILAS 是中国图书馆自动化的里程碑。可以说，没有 ILAS，就没有中国图书馆自动化、数字化的今天。正是 ILAS，给国内成百上千的图书馆带来了自动化、数字化的观念和技术，使它们由此走上了现代化图书馆的道路。这里仅举一个非技术的例子。最初 ILAS 的售价只有人民币 5000 元左右，而同时期美国图书馆自动化系统 INNOPAC 的价格是 50 万美元，每年还要 2 万美元的维护费。这个价格是当时（20 世纪 80 年代和 90 年代）国内任何一家图书馆都无法承受的，只是到 21 世纪之后，才陆续有经济发达地区的公共图书馆和部分著名大学图书馆具备了这样的经济能力。仅仅在这个意义上，ILAS 将中国图书馆自动化事业推进了至少 10 ~ 15 年。

　　ILAS 是国产图书馆自动化软件的骄傲，创建了多个"最"和第一。它是国内首个独立开发、具有自主知识产权的图书馆自动化系统。ILAS 的用户有 3000 家左右，这个数字也是世界之最，超过国内外同类的图书馆自动化系统。ILAS 问世以来，共获得国家级和省部级的大奖计 11 项，这在全国图书馆界乃至整个文化系统也位居第一，其中包括国家科学技术进步三等奖、国家科学技术进步（推广类）三等奖、联合国 TIPS 系统颁发的科技之星奖等含金量很高的重要奖项，因此有人戏称 ILAS 是"获奖专业户"。

　　最值得称道的，还不是 ILAS 的技术成果和诸多奖项，而是它成功的产品化进程。在 ILAS 问世的同时，国内也有过类似的研制开发。我当时供职的北京大学就至少研制过三个图书馆软件，其中两个属于学校正式下达的任务，我作为课题组成员自始至终参加了这两个项目。课题组是学校从计算机系、计算机所和图书馆当中选派的尖子人才，技术力量绝不比 ILAS 差，研制的成果也具备了相当高的水平。但成果问世后，大家只热衷于报奖项、分奖金、评职称，软件束之高阁，无人问津，就是在北大图书馆也没有正式应用。而 ILAS 则迅速完成了产品化的进程，并及时推向了全国乃至海外。所以说 ILAS 的成功很大程度上是产品化的成功，又靠产业化推动自身的不断发展，这无疑受惠于深圳经济特区特有的观念、制度和政策。

## 2. 联合采编协作网（CRLNet）

联合采编协作网的正式名称为"地方版文献联合采编协作网"，英文名称为 China Regional Libraries Network，简称 CRLNet。从实际运作上看，英文名称更合乎其实质，因为我们的着眼点始终是各地方图书馆在书目数据上的整体合作，而不是局限于什么"地方版文献"。

CRLNet 的创建者是深圳图书馆、湖南图书馆、福建省图书馆、上海图书馆、天津图书馆、辽宁省图书馆六家图书馆。实际上深图是其首创者、组织者和执行者，也是全国的书目数据中心和数据质量控制中心，因此是这个项目当仁不让的"老大"。

事情的起因在于业界面临的共同难题。大家知道，图书馆的核心业务之一就是图书编目，编目的结果，过去是卡片式目录，计算机化之后是机读目录（MARC）。各个图书馆都在为完成编目任务而疲于奔命，却无法有效利用他人的成果，也无法将自家的数据与他人共享，书目数据难以互相利用，全国的图书馆实际上都在下大气力重复同样的工作。

这个道理简单而明了，却由于行政体制等原因，在中国就是无法有效实施。当时国际上已经有了行之有效的联合编目模式，即美国 OCLC 模式①，可资借鉴，为我所用。于是在深图的倡议下，六家图书馆一拍即合，于 2000 年在深圳开会，签订了协议，当年 12 月 CRLNet 正式开通。如今，CRLNet 已发展了香港、广西、浙江、广州、北京、吉林、黑龙江等多家单位成员馆，形成了一个超过 200 万条记录的网上书目数据库。据统计，数据覆盖率回溯数据可达 90%，新出版图书可达 70%。

现在看来，CRLNet 已经完成，甚至超额完成了当年预期的目标。首先，按照国际先进的理念和通行的模式，突破了多年的瓶颈，建立起平等协作、互利互惠、实时上传下载，并由执证编目员控制质量的一整套制度和技术保障，形成了美国 OCLC 之外最大的中文编目网和中文书目数据库，而且在全国速度最快、效率最高。其次，从实际功效上看，解决了成员馆的编目难题，实现了书目资源的共建共享。仅以深图为例，编目数据中有 90% 是由 CRLNet 提供的。要知道，与 2000 年 CRLNet 建立时相比，深图的购书经费增长了五倍多，可以说，如果没有 CRLNet 的支撑，就无法完成如此骤增的工作任务。

正是由于这些原因，CRLNet 在 2005 年荣获了文化部首届"文化创新奖"的殊荣，这也是该年度唯一获奖的图书馆项目。CRLNet 与 ILAS 不同，它只是一个图书馆的内部工作系统，旨在完成图书馆的书目数据编制任务，不大可能有突出轰动的社会效应。这项文化系统的最高荣誉授予了 CRLNet，说明了社会各界对这项成果的高度认可与充分肯定。

---

① OCLC（Online Computer Library Center, Inc.），即"联机计算机图书馆中心"，总部设在美国的俄亥俄州，是世界上最大的提供文献信息服务的机构。

### 3. 无线射频识别（RFID）

无线射频识别，即 Radio Frequency Identification，简称 RFID，亦称电子标签。从技术上讲，RFID 是一种非接触式的自动识别技术。大家知道，原来图书文献是凭借条码扫描进行电脑识别的，采用 RFID 技术就是要转换成新的标识系统。近年来，RFID 在物流等多个领域得到了较多使用，有着广阔的应用前景和良好的发展势头，但在图书馆领域应用的时间并不算长，深图是国内首家大规模全面应用 RFID 技术的大型综合性图书馆。可以说，RFID 在国内图书馆的应用历史是从深图开始的。

正因为是首家，就难以避免首家的烦恼。大约在 2002 年前后，深图新馆应用 RFID 的问题就被列入日程，决策颇费踌躇。因为当时在图书馆使用 RFID 还属于非主流，不仅国内尚无先例，在国外也不多，且大多为中小型图书馆，诸多的大馆、名馆都没有使用。我们的管理者及业务、技术骨干对此也不熟悉，基本上是从头学起的。一旦决策失误，使用失当，不仅 2000 万元设备预算打了水漂，全馆的整个业务管理和馆藏体系也会打乱，后果不堪设想。经过多次考察、论证，最后我们下决心上马，并在 2006 年 7 月深图新馆试开馆时全面启用。事实证明，RFID 在深图的应用取得了巨大成功，我们当初的决策是正确的，是具有远见的。然而时至今日，当年决策前后那种忐忑不安的惶恐心情，依然记忆犹新。

RFID 技术在深图的成功，主要表现为三个方面。

首先，开创了 RFID 技术向图书馆应用专业化转变的新局面。RFID 本不是为图书馆度身定做的，需要一个适应图书馆"水土"的过程。这点很像当年 IT 走进图书馆，开创了图书馆自动化、数字化的新领域。深图创造性地应用 RFID 技术促进了这种转变，同时也利用 RFID 实现了许多业务上的创新，其中很多都是独创，绝不仅仅是条码的替代品。

其次，开发了"文献智能管理系统"。这一系统的研制与应用，使全馆上百万以开架方式为主的传统文献得到了高效的管理和应用，使得在原来条码识别管理下无法解决的难题，如文献定位导航、减少错架乱架、实现精确典藏等，都得以圆满实现。其中不乏我们的首创，如排架方式的革新，研制了智能书车等。这就实现了当年我们应用 RFID 的初衷：不仅仅将其视为条码的代用品，不是为应用而应用，而是作为契机和手段，创造性地打造智能化的环境，让全社会受益，让读者受益，让全馆业务工作和管理工作受益，为今后的发展奠定基础。

再次，开创了以自助服务为主的服务模式。这是我们对外服务中最为彰显的一种嬗变，乃至形成了深图的服务特色。自深图新馆开放以来，以 RFID 技术为依托的自助服务模式和各种自助服务设施受到了读者的热烈欢迎。深图新馆开馆后，外借量骤增，日均约计 1.2 万册，周末高峰时曾达 3 万册，如此巨量的工作有 95% 是由自助外借设备完成的，而几乎所有的还书量都是通过自助方式完成的，还有自助还书设备在图书馆门外 24 小时工作。可以想象，如果没有自助借还模式和自助服务设施，每日上万的读者在服务台前排队借还书，会是怎样不堪的局面。

RFID 技术在深图的创造性应用还产生了又一个更为重要的成果，就是"城市街区 24 小时自助图书馆系统（SSL）"，我们再专门介绍。

（本文原名《服务立馆，技术立馆——谈深圳图书馆的办馆方针》，是笔者在深圳图书馆青年馆员培训班上所做的报告摘要，刊载于《深图通讯》2008 年第 4 期。收入本书时有所删改，但事例和数据均为当时的情况。）

# 自助图书馆的故事

深圳图书馆（简称深图）研制开发自助图书馆的工作始于 2006 年年底。

自助图书馆全称是"城市街区 24 小时自助图书馆系统"，这本是文化部立项课题的名称，后来也就这样沿用了。许多同行和媒体喜欢将其称为"图书馆 ATM"，我曾多次表示反对，因为 ATM 的意思是 Automated Teller Machine（自动柜员机），听起来像是冷冰冰的机器（Machine），这不是我们的原意和追求。我们的理念，是建立人性化的、有人情味儿的、具备图书馆各种功能的、活色生香的图书馆。我们为之拟定的英文名称是 Urban Neighborhood：A Self Service Library，简称 SSL，自以为还是达意的，体现了我们研制自助图书馆的初衷。

什么是城市街区 24 小时自助图书馆系统呢？我们可以做如下简单的描述：它以人文关怀为主导，以服务创新为目标，集 RFID 技术、图书传输自动控制技术、图书分拣自动控制技术、数据通信和数据处理技术，以及相关的安全技术和生产工艺于一身，是人性化、数字化、智能化与传统图书馆的完美结合。该系统实行不间断工作，使全市读者均可享受到 24 小时的图书馆服务。

具体讲，自助图书馆主要由自助服务机、图书馆服务与监控中心系统，以及物流管理系统三部分构成，其核心设备是自助服务机。

自助服务机几乎具备了图书馆全部的服务功能：

——申办新证。读者可通过第二代身份证自动进行识别，存入借书押金后，即可办理图书馆读者外借证，不需外借则不必存款。全部过程不到 10 秒钟。

——自助借书。持证读者可以凭证借取自助服务机书架上的所有图书，如同在图书馆内借书一样。

——自助还书。读者在图书馆借的书，或在自助服务机借的书，均可以归还到任何一个自助服务机。所还图书实行自动分拣，分类送达。

——预约服务，包括提出预借请求和按照预约通知取书，可以预借目录中的馆藏文献，并在规定时间在全市任何一台读者指定的服务机中取书。通过这一途径，读者可以不受服务机藏书数量的限制，直接利用深图的藏书和全市各图书馆的馆藏。这样就解决了自助机存书数量较少带来的种种不足。

——查询服务，包括本机和全市各服务机目录查询、深图馆藏目录查询和读者信息查询（包括读者基本信息、外借情况、欠款、预借文献等），以及作为终端直接读取馆藏数据库。

图书馆服务与监控中心系统支撑自助机的后台运作，可实时跟踪每台自助机的运行状态，当出现图书和读者证不足、还书箱和钱箱已满、自助机故障或遭到破坏时，都会做出响应，自动通知物流管理人员及时解决。物流管理系统承担自助图书馆的图书配送和日常管理工作，由中标的物流公司配备专门的流动书车来实现文献适时配送。

自助图书馆的问世，首先得益于深图长期以来坚持的技术领先的方针。深图自从建馆以来，就坚持走技术立馆、技术强馆的路线，逐渐形成了我们的强项和优势，并逐渐形成了一支过硬的技术团队，其中不乏卓越人才，其特点是对各种新技术敏感，又充满热情。

从技术上讲，深圳自助图书馆的直接技术起源是无线射频识别（RFID）技术的应用。RFID 历经波折在深图上马后，效果出乎意料地好，这第一只螃蟹滋味不错。新馆开馆后，各种基于 RFID 技术的自助设备大显神通。随着 RFID 在深图的应用逐渐得到业界的认可，国内和港澳图书馆因之效法的也多了起来。我们大受鼓舞，意犹未尽，由此萌生了研制自助图书馆的创意。所以说，RFID 是自助图书馆问世的技术前提和技术基础，也是自助图书馆存在和发展的技术环境。

比技术问题更为重要的，是树立人文关怀的理念。如前所述，我们理想中的自助图书馆绝不是"机器"的概念，而更像是一位活生生的馆员，慈眉善目，憨态可掬，热情周到，全知全能，除了借书还书，还可以办证、咨询、检索、收取押金、办理预借业务、查检各种数据库；同时，还要体现出现代化图书馆的特征，用先进技术服务市民，通过一台自助机，即可利用深图几百万的资源乃至全市图书馆的几千万资源。这些目标后来都通过各种技术手段实现了。

自助图书馆从来就不是简单的技术产物。在自助图书馆研制初期，我曾写过一篇文章，题目是"大道之行，有器之用"①，借用的是《周易》和《道德经》里面的两句话，试图阐明公共图书馆的人文精神是为"道"，现代科技是为"器"，自助图书馆是"道行器用"的结果。从根本上说，自助图书馆不是为技术而技术、为创新而创新的，不是要"显摆"、"嘚瑟"什么，而是在尽公共图书馆应尽的社会职责，做公共图书馆分内应该做的基本服务，进而彰显公共图书馆人文价值观。

---

① 吴晞：《大道之行，有器之用》，《图书馆论坛》2008 年第 6 期。

深圳图书馆研制开发自助图书馆的进程大致如下：

2006 年底，研制工作启动；

2007 年 3 月，列入"深圳市建设'图书馆之城'（2006 ~ 2010）五年规划"；

2007 年 6 月，列为文化部科研项目和深圳市重点文化建设项目，正式定名为"城市街区 24 小时自助图书馆系统"；

2007 年 12 月，选定深圳市海恒智能技术有限公司为项目合作伙伴；

2008 年 4 月，首台自助图书馆服务机问世，并通过文化部组织的专家验收；

2008 年底，首批 10 台服务机投入运行；

2009 年 4 月，40 台服务机投入运行；

2009 年 10 月，获第三届"中国文化创新奖"，并被列入"国家文化创新工程"；

2009 年 12 月，文化部在深圳召开了宣传推介自助图书馆的全国会议；

2010 年，获文化部第十五届"群星奖"。

现在深圳已投放运营自助图书馆 200 台，计划"十二五"期间再增加 200 台，届时将达到 400 台。在深圳之外的其他城市及海外，据保守估计，已投放运行的自助图书馆应不少于 200 台，分布地区至少有北京、上海、广州、沈阳、鄂尔多斯、西安、郑州、马鞍山、杭州、贵阳、厦门、福州、昆明、台州、三亚，以及港澳、台湾，还有英国、法国、韩国。

这个过程看起来好像一帆风顺，实际上绝非如此。在研制过程中，各种艰难困苦一言难尽，有技术上的，更多是公关上的。我们是 2006 年年底着手研制的，思路已经完备，急需制作一台样机，大约需要 20 万元的资金，却无从解决。外人可能不理解我们的财务预算制度和国库支付制度，打油的钱不能买醋，这笔钱必须要获得专项批准才能使用。要说服有关领导给予支持，不能光凭概念，需要有样机演示；而要有样机，则先要说服有关领导批准制作样机的经费，于是绕在这鸡与蛋的套套中难以自拔。无奈之下，只得通过招标找到一家企业合作，幸好这家企业有眼光，毫不犹豫就投资了。这样的结果，是样机很快做出来了，但研制时间却拖后了近一年，知识产权也成了双方共有的。直到现在，还有人说我们搞自助图书馆是钱多了"烧"的，实乃无知加偏见，要知道为这区区 20 万元，若不是我们另辟蹊径，就险些葬送了整个项目。

不出我们所料，样机面世后，形势即开始改观，市民喝彩，媒体和社会各界也高度关注。业界的专家们首先给予了充分的肯定，中山大学的程焕文教授将之誉为传统图书馆和数字图书馆相结合的"第三代图书馆"，是世界首例的创新成果，这个意见后来写入了专家鉴定书。有关领导也开始关注，文化部首先表示支持，2007 年正式将自助图书馆列为文化部科研项目。2008 年，深圳市领导特批试运行 10 台，2009 年又批准了首批 40 台，自助图书馆步入了发展的正轨。

2009 年，中央主管领导考察深圳文化建设，参观了自助图书馆，看后赞不绝口，高度评价，立即指示大力宣传推广。2011 年，胡锦涛总书记视察了深圳自助图书馆，给与了充分肯定和赞扬。自助图书馆逐渐声名鹊起，被立为深圳市重点文化建设项目。文化部在深圳召开了宣传推介自助图书馆的全国会议，全国各地的参观考察者络绎不绝。2009 年 10 月，项目获第三届"中国文化创新奖"，并被列入"国家文化创新工程"，2010 年获文化部第十五届"群星奖"。

除了赞扬和奖励，自助图书馆也遭受到不少质疑。那些歪曲、无知和盲目的意见就不说了，但是有几个具有代表性的误解或曲解，还是应该予以澄清的。

第一，自助图书馆与基层社区图书馆的关系。用自助图书馆取代社区图书馆是不合理的，这是一个较为多见的说法。

不知道为什么有人一定要将两者对立起来。自助图书馆是公共图书馆事业发展的一部分，从不意味着自助图书馆可以取代实体的图书馆。我们历来主张自助图书馆与深圳市原定的"图书馆之城"建设规划并行不悖，优势互补，而不是谁取代谁。一些人热衷于比较分析分馆建设和自助图书馆的优劣，似乎有了自助图书馆后，传统的阅览室就会消亡了，此乃伪命题，与深圳模式无关。现在深圳市通过评估合格的分馆和社区图书馆已达630余家，是全国基层图书馆事业最为发达的城市之一，从来就不曾有过用自助图书馆取而代之的任何动议。自助图书馆和社区图书馆是相辅相成的，而不是非此即彼的，更不是你死我活的。不能因为社区图书馆好就认定自助图书馆不好，反之也是一样。

自助图书馆自有其短板，如现在普遍强调的公共图书馆作为城市"第三空间"的作用，就是自助图书馆所不具备的。自助图书馆如何与深圳"图书馆之城"建设、与基层图书馆及全市图书馆事业发展有机地结合起来，是我们面临的课题。有人曾建议，今后基层图书馆文献以报刊为主，图书借阅由自助图书馆完成，类似的方法是不妨一试的。不过，即使实行，也是分工，不是取代，大可不必为此而杞忧。

第二，自助图书馆与数字图书馆的关系。建设自助图书馆不符合数字图书馆的发展方向，是另一具有代表性的意见。

数字图书馆和传统图书馆、数字资源与纸质文献的关系，是另外一个大题目，这里且不说它。毫无疑问，图书馆必将要走向数字化，但无法忽视的是，目前的图书馆，尤其是公共图书馆，最主要的服务内容之一，还离不开传统的"借借还还"。不妨看一看各个图书馆的统计数据，馆藏传统纸质文献的借阅量远远大于数字资源的使用量，是普遍的现象。作为图书馆人，总不能无视读者尤其是底层普通民众的真实需求，更不能以数字化为借口把他们拒之门外吧。

不仅如此，还要看到，自助图书馆既是利用高科技手段来完成传统图书馆服务的工具，其本身又是各种高科技也包括数字图书馆技术的集合体。自助图书馆所要做的就是用高科技手段提升传统服务水平，也是在引领普通民众由此而迈进信息化世界，走向现代化。

第三，自助图书馆是节约型的图书馆建设模式。自助图书馆费用昂贵，超乎现有国情，是许多人的质疑和忧虑。

自助图书馆自然是要花钱的。曾有一位西部地区的主管领导来深图考察，得知自助图书馆的价格后说：我们那里的图书馆全年经费也不够买一台自助服务机。我的回答是：这说明你们目前还与自助图书馆无缘。对于相当多的地区财政来说，自助图书馆确实过于昂贵了，购买安装贵，维护费用贵，是千真万确的。

但是，如果指责自助图书馆"烧钱"，却是知其然而不知其所以然。图书馆本身就是要花钱的（或者说是"烧钱"也无妨），各级财政加大对图书馆等文化事业的投入是再正当不过的事情。对于类似深圳这样具备财力物力条件，又明确规划要大力发展图书馆事业的城市来说，自助图书馆肯定是一种节约型的建设模式。

一是节约资金。建设一个图书馆，仅房屋就是一大笔开支，无论是建，是买，还是租，其费用都要远远高于自助图书馆。何况还要有家具、设备、水电、网络等多种开支。

二是节约土地。每台服务机占地大约 7 平方米，实际需要

10 平方米左右，所占用的土地资源远远低于任何类型的图书馆，且多为边角闲置之处，无需规划审批。对于类似深圳这样寸土寸金的大城市来说，这点尤为重要。

三是节约编制。自助图书馆是无人值守的，24 小时自助服务，物流采用外包，无需增加太多的人员编制。对于多数图书馆来说，人力的节约往往都是第一位的，"要人"比"要钱"更难，是业界人所共知的。

展望深圳街头，现有 200 多台自助图书馆在深圳城乡运行，逶逶而有仪，已经成为一道亮丽的城市文化风景线。曾有一位女市民动情地对我们的工作人员说，自己在深圳发展不顺利，正在考虑回老家，但使用了自助图书馆这种便民服务设施——其他地方都没有——就改变主意不走了，决定留下做一个深圳市民。自助图书馆项目问世后得到过多次领导表彰和各种奖项，但这位女市民的夸赞却更令我们感到荣耀，从中切实感受到我们做了图书馆应该做的事情，尽了我们的社会责任，体现了图书馆的社会价值。

（本文原名《勇于创新，敢于超越：深圳图书馆自助图书馆技术牵引创新及其人文理念》，载《图书馆情报工作》2012 年。）

# 文明传承与图书馆藏书

本文旨在跳出图书馆藏书理论、技术和方法的专业框架，力图从文明传承的视角，以社会的即非图书馆专业的眼光，站在一个普通市民、普通读者的立场，来探讨一下公共图书馆藏书的问题。

## 一　先从几个故事说起

我先讲几个故事，看看古今中外的人们是怎样看待这个问题的。

首先讲讲古人的故事。"大汉文章出鲁壁，千秋事业藏名山"，这副楹联是我 2010 年出访台湾汉学研究中心（台湾的"国家图书馆"）时见到的。楹联的书法、立意俱佳，不知作者是何人，但个中的典故是人们熟知的，主要包含了两个故事：一是鲁壁出书之说，出自孔颖达《尚书序》等多部典籍，讲的是西汉景帝年间在孔子旧宅的墙壁中发现儒家典籍的著名故事，这是中国学术史、思想史、文献史上的重大事件；二是名山藏书的典故，名山是司马迁虚构的理想文献典藏之地，即收藏《太史公书》的地方："藏之名山，副在京师，俟后世圣人君子"（《太史公自序》），"藏之名山，传之其人"（《报任安书》）。鲁壁出书，名山藏书，都反映了我国传统文化中对文献收藏的尊崇和景仰，这副楹联悬挂在图书馆是再合适不过了。在中国传统文化中，文献是"载道"的，也是文明的象征，所谓"唯殷先人，有典有册"（《尚书·多士》），其使命是"为天地立心，为生民立命，为往圣继绝学，为万世开太平"（张载"横渠四句"），因此文献要"藏之名山"，流传万代。这就是我们祖先的文献观念。

再讲一个现代的故事，就发生在我曾供职的北大图书馆。我毕业后留校工作，当时是 20 世纪 80 年代初期，北大的"派性"遗存还是很厉害的，人们相互仇视、拆台，缘起就是"文化大革命"时结的怨。可以想见，在"文化大革命"时期，所谓的造反派保皇派、天派地派、这个派那个派，相互"斗争"有多么残酷，伤害又有多么深。可是我在北大图书馆的一些老馆员中多次听到这样的故事："文化大革命"肇始时"破四旧"，红卫兵涌入图书馆要烧掉"封资修"的书刊，而图书馆的藏书按照当时的标准几乎统统都是"封资修"，应该付之一炬的。这时，图书馆正在斗得你死我活的几派就联合起来，不计前嫌，日夜守护，保卫藏书，最后象征性地烧了几本当时正在批判的《燕山夜话》和《三家村札记》了事，图书馆的藏书基本没有受损失。后来听说，类似的"文化大革命"期间保卫藏书的故事上海图书馆也发生过。我曾问过一些北大的老馆员，你们不是"对立面儿"吗，怎么不趁机将对方整掉？老馆员听了似不解：我们干图书馆的呀。不知为什么，这个故事一直让我感动，它体现了图书馆的职业精神和职业道德，甚至是职业本能，即对文献的珍爱、尊崇和馆藏神圣的信仰。这些图书馆员都是些普通人，他们不会先知先觉地对"文化大革命"有什么超出时代的认识，甚至许多人也没有受过正规的专业教育，但我对他们非常敬仰。

再一个故事发生在前不久，我要把它当作反面例证来讲，是图书馆乃至整个社会藏书观念缺失的产物。日前，某地图书馆高调宣布：借书证不再收取押金。该地政府领导放言，为使市民多办证、多借书，借书押金一律免除，由此而造成的图书馆书刊丢失的损失，全部由市财政增拨款项来买单。应该说，免收押金是公共图书馆一项具有重大积极意义的举措，应予提倡推广。香港和许多西方国家的公共图书馆都是不收取借书押金的，居民的诚信本身就是担保。杭州市图书馆实行对本市户籍市民免收押金，非户籍人口出具一定的信用担保也可免收押金，受到了普遍的赞誉。我所供职的深圳图书馆也曾有过这样的打算，终因条件不具备，主要是深圳外来人口数量多且情况复杂，社会上也没有建立起有效的个人信用制度，所以只好先搁置。但该地推出的这一举措，虽然也是用心良苦，却让人感觉有些不大对味儿，因为该地政府和图书馆不是寻求建立可以取代押金的信用担保制度，而是不惜损失图书馆的文献收藏，就如同是在给市民开粥厂、发红包、派利是。在他们眼中，图书馆书刊的损失是可以用金钱来补偿的，馆藏的文献是可以作为福利赠送给市民的。最可笑的是，享受这一"福利"的恰恰是那些品行有亏、需要教育惩戒的"雅贼"，而广大遵纪守法的公民却要蒙受由此带来的损失，如加大财政开支、损失公共文献收藏等。在这件"好事"的背后，我们看到了对图书馆观念的错位、对图书馆藏书认识的缺位，以及对文化遗产和文明传承的漠视。

## 二　应该树立什么样的藏书理念

我们今天应当重申图书馆的藏书观。文献、藏书，是图书馆的核心，既是图书馆学学科研究的核心，也是图书馆业务工作的核心。而图书馆最为重要的社会使命就是要传承文明。国家图书馆百年纪念时向全社会征集的宣传口号是"传承文明，服务社会"，这一口号很好地体现出图书馆的社会责任和历史使命。无论是传承文明还是服务社会，其前提和基础都是馆藏文献。

　　这些关于图书馆藏书的基本观念本是古往今来之通义，历来没有任何疑问的，但近年却变得模糊起来。其表现，一是图书馆理论体系的缺陷，图书馆藏书的重要作用被有意无意地忽视了；二是研究热点和工作重点上的欠缺，图书馆学界和业界近年来鲜见图书馆藏书这一需下大气力又难见成果的研究课题，更少有"皓首穷经"的业务人员。对于图书馆藏书这一重要的带有根本性的课题，业界往往充满了糊涂的认识。如多年来批判"重藏轻用"的所谓"藏书楼观念"，上述的那副对联"大汉文章出鲁壁，千秋事业藏名山"，倘若挂在中国大陆的图书馆，很可能就会有人反对，说是"藏书楼遗毒"。还有上面讲到的那个拿馆藏"派红包"的例子，就是在"服务"、"公益"的幌子下进行的，而且他们真的以为是在做好事，是在让老百姓受益。这是我们图书馆的悲哀，也会带来严重的不良后果。

　　对于文献和藏书，国际思想学术界已经从人类历史和哲理的角度进行了阐述，其中卡尔·波普尔（Karl Popper）的"世界三"理论是许多人熟知的。其大意是："世界一"是客观的世界，"世界二"是人们头脑中的精神世界，"世界三"是文献的世界。卡尔·波普尔因此得出了一个著名的结论：如果世界毁灭了，只要图书馆收藏的客观知识和人类的学习能力还存在，人类社会仍然可以再次运转；但如果图书馆也被毁灭，人类恐怕就要回到洪荒时期了。其实中国人还有个更富于哲理的表述："诗书继世长"，象征着文化传统的诗书，蕴藏着人类知识的文献，以及收藏和传承它们的图书馆，永远不可或缺、不可替代，这一表述和卡尔·波普尔的理论是相通的。

　　我们再来看看国际图书馆界是如何认识和对待这个问题的。国际图联保存保护中心（IFLA－PAC）成立于 1984 年，其目标是：确保各种载体的文献能够尽可能长期保存；提高相关人员对文献保存保护重要性的认识；提供文献保存保护研究和交流平台；促进文献保存保护事业的发展。IFLA - PAC 确立的活动宗旨是：保证各种载体的图书档案资料，无论出版与否，均以易于存取的形式尽可能长久地予以保存。该组织认为，在文化发展和学术研究中，文献的保存保护至关重要，而国际合作是取得文献保护事业成功的关键，各国都必须承担本国出版物保存的责任。多年来，IFLA - PAC 与联合国教科文组织（UNESCO）、文献保护与使用委员会（CPA）、欧洲文献保护与使用委员会（ECPA）、国际档案理事会（ICA）等机构合作，在文献防灾、永久纸推广、数字资源保存等方面做了大量卓有成效的工作。此外国际图联（IFLA）还与其他机构合作，于 1996 年成立了国际蓝盾委员会（The International Committee of the Blue Shield，ICBS），保护文献等文化遗产免受战争和自然灾害的威胁。美国、英国、日本、俄罗斯都有类似的机构从事图书馆文献收藏的保存保护工作。①

　　再讲一个我亲历的事例。2009 年 8 月，我参加了在意大利米兰举办的第 75 届国际图联（IFLA）大会，这次大会的主题是"图书馆创造未来：筑就于文化遗产之上"（Libraries create future：Building on the cultural heritage）。IFLA 主席 Claudia Lux 女士对会议主题的诠释是："现在我们身处一个具有悠久图书馆历史的国家——意大利。……意大利的文艺复兴运动大大发展了世界艺术、建筑和文学，同时也形成了一批著名的图书馆。这一时期，文艺复兴思想家在欧洲教会图书馆中搜寻古代文学、历史和演讲稿，从而开辟新的科学、艺术和文化理论。他们能够自由接

──────────

① 《国外文献保护机构及相关工作实例简介》，《图书馆政策研究参考》（内部资料，国家图书馆研究院编）2011 年第 5 期，第 1～8 页。

触这些书面的文化遗产，在此基础上进行创造——这些文化遗产启迪了他们的研究，激发了新的发明，促进了文明的发展。"①我们参会者身处欧洲文艺复兴的发源地意大利，切身体会到了那里的人们对文献以及一切古老文明传统的热爱和执着。我由此而想到：珍视文献收藏也是中华民族的优秀文化传统，何况历史上中国是文献遗产最为丰富的国度，现在还是世界上文献出版量最多的国家之一。

以上谈到的这些观念和实例，既是普世通识，又是中国的古老文化传统，我们理应予以发扬光大。

## 三　关于馆藏纸质文献

我们要对文献有敬畏之心，要懂得"敬惜字纸"。文献是图书馆的核心收藏和最为重要的社会财富，收集文献并使之得以保存和传承是图书馆的首要任务。我们所守护、敬畏和珍惜的，不仅是字纸，更是先人的文化遗产和人类的文明成果。

这里所说的文献，既包括传统的纸质文献，也包括新媒体文献、数字文献，它们都是文化遗产、文明成果，都是需要图书馆收藏、传播、保存和传承的。但是我这里要强调的是传统纸质文献。

关于数字文献等新媒体文献与传统纸质文献的关系问题，相关的观点很多，分歧也很大，一时难以说清，我这里只讲一下我得出的结论。我坚定地认为，数字文献会是未来阅读的趋势，也是图书馆馆藏发展的趋势，这个趋势不可改变。有人说，在电脑网络上只有"浅阅读"，一卷在手才是读书，实乃无稽之谈。从历史上看，人类使用过几乎一切可以用于记载图文的介质，如

---

① IFLA Express, Issue No 3. August 23, 2009. Milan, Italy.

竹、木、绢、石、草、叶、泥、青铜、陶瓷、兽皮等，直到后来才普遍使用纸张。在使用这些载体的时候，人类的文明都曾辉煌发展，如纸莎草时期的古埃及文明、泥版文书时期的两河流域尼尼微文明、简策时期的商周秦汉文明。而后来之所以选择纸作为文献载体，原因在于其廉价易得。可以肯定，如果有更便捷、更廉价的载体，人们的选择肯定会发生变化，而且这个变化现在已经在发生了。在图书馆现有的各种数字资源中，有各个专业领域的专深论著，有最新的科研学术成果，还有古籍原始文献，这一切都不是"浅阅读"可以解释的。

今后的世界，纸张和纸质文献当然还会继续存在并发挥作用，不会消亡。但是，如同枪械出现了弓箭还会存在、电灯出现了蜡烛还会存在、汽车火车出现了马匹还会存在，只不过其地位和意义是不一样的。美国著名图书馆学家兰卡斯特（F. W. Lancaster）曾于 20 世纪 70 年代提出"无纸社会"（paperless society）的预言。有人认定他的预言失败了，我认为不是，而是他没有准确地预测出具体的时间和方式。至今我们还是不能准确预测今后新技术的发展以及所带来的新媒体文献出现及成型的时间和方式，这点不能苛求前人。

从我个人的体会看，审视自己，近十多年已经极少写传统书信，大都是 email 或手机短信。原来还要给年迈的家父定期寄信，后来老父亲在孙女帮助下也会用 email 了。我的经历其实也是现代多数人的经历。记得在我幼年的时候，我祖父辈的一些老人很看不惯简体横排的书刊，因此断言我们这一代为此将变得没文化，"数典而忘其祖"。时至今天，事实证明，尽管我本人不够争气，但我们这一代人整体上并没有因此而变得比上辈更加没有知识和文化，文明依然以新的形式得到传承。现在每当我听到一些人对年轻人偏爱电子阅读而横加指责时，就会想起幼时的这些杞忧。我相信，即使有一天纸质文献真的消亡，电子文档独步天下，天也塌不下来。

虽然观念如此，但是我毕竟不是个单纯的坐而论道的研究者，我也是图书馆从业者，还是图书馆馆长，为此，我们的观念和我们的工作方针还不能混为一谈。理念是一回事，实际工作该怎么做又是一回事。理想和现实永远有差距，而现实永远是我们工作的出发点。现实工作的情况是：纸质文献目前还不可缺少，还依然是图书馆馆藏建设不可或缺的重要内容，不可忽略，不可轻视，还要"敬惜字纸"。

我们说纸质文献目前依然不可缺少，主要原因有以下几点：

①社会纸质文献资源极为丰富，图书馆必须予以收藏、保存和传承，否则就是失职，就是有负"传承文明"的社会责任。

②目前数字文献和纸质文献在内容上还不能完全互相取代。或者说，纸质文献还没有被数字文献完全取代。

③读者对纸质文献的需求很大，尤其是公共图书馆，我们必须满足这些需要，不能忽略普通读者尤其是底层民众对传统文献的现实需求。

④纸质文献目前还是图书馆独特的、不可取代的资源优势。图书馆与其他信息机构相比，真正的优势就在于纸质文献，因为只有这些传统资源才是图书馆独一无二、不可取代的。这一状况短期内不会改变。

⑤国外主流图书馆从未放弃纸质文献收藏，大多采取的是传统文献和数字资源并重的方针。少数科技图书馆和新兴的高校图书馆会可能有以数字资源为主体的馆藏策略，但现在还没有谁完全放弃纸质文献收藏。

⑥我国文化部、教育部等主管机构关于图书馆评估、考核等一系列官方标准中，均强调纸质文献数量和质量。图书馆必须依

此行事。

缘此，我们无论对数字资源发展持何种观点，都必须顾及现实，采取切合实际的馆藏方针。在当前及可预见的未来，虽然数字文献等新媒体文献的发展趋势不可逆转，但在现实情况下，图书馆必须重视纸质文献的收集、整理、典藏和传承。

## 四　建立完备系统的文献收藏体系

我们要建立起完备的文献资源保障体系，为的是给当代提供有保障的系统的文献服务，也为给后世留一份完整的全面的文化遗产。这是图书馆最为重要的社会功能，目前还没有任何其他社会机构在这一点上可以取代图书馆。

曾有不少人问过我：图书馆和书店有什么不同？这个问题在我曾经供职多年的高校图书馆来说可能是不存在的，但在公共图书馆界，对许多公共图书馆的读者来说，却是确确实实存在的疑惑。在某些人（也包括一些主管官员）眼中，公共图书馆只是茶余饭后的文化休闲场所之一，和书店及影剧院、文化馆、公园广场等，没有什么大的差别。许多城市的图书馆与书店往往建在了一起就是实例。某地一位主管领导甚至推广其"先进经验"：书店与图书馆"联营"，书店给图书馆发奖金，图书馆则把书店卖不出去的垃圾书刊统统买下，于是各得其所，皆大欢喜。

此类举措的荒唐之处在于，图书馆本有着比文化休闲更为重要的社会功能，即为社会的发展提供全面、完备、系统的文献资源保障，并要承担文明传承的使命。这样的功能和使命，书店能否完成呢？不能。书店只能提供当年及近年的新书，甚至只是有销路的新书，而不会系统地按照学科、专题来收集和积累文献，也不会提供卖不出去的书刊。同样一本书，在书店只是商品，到了图书馆就成了馆藏，而馆藏则是人类文化遗产的范畴，亦即波普尔大师所说的"世界三"。馆藏的使命是"为往圣继绝学"，为当代献服务，为后世传文明，永远都不能将馆藏作为"红包"派发。

由此而引发的问题是，凭借个人的收藏能否建立起这样的文献保障体系呢？应该承认，历朝历代的私家藏书曾经起到过非常积极的历史作用，为文化传承、文献保存和文献研究做出过不可替代的重大贡献，许多重要的学术成果也是以此为依托完成的。但毕竟时代不同了。现在有些朋友热衷于"名山事业"，多年来收藏书刊，乐此不疲，我往往坦率地告诉他们："雅好"可以，但不大可能凭此解决重大课题，藏书家的时代已经过去了。远在两千多年前的古代社会，对文献数量最为夸张的形容不过是"学富五车"、"汗牛充栋"。即使当时的文献总量如此有限，孔子还要"问礼"于"周藏室"（周王朝的国家图书馆），亚里士多德还要借助"学园图书馆"。可以说，面对今天的出版量和社会信息量，凭借个人的力量已经不可能建立起完备系统的文献收藏，只能依靠社会化的分工，也就是依靠图书馆及其他社会文献机构。这就如同生病要找医生，上医院，寻求专业帮助，靠个人买些感冒胶囊之类的只能对付一些头疼脑热的小毛病。

所以说，就行使提供文献保障、传承文献遗产的功能而言，目前还没有其他社会机构可以取代图书馆。遗憾的是，如前所述，这一功能在许多图书馆却往往被漠视了。因为被漠视的恰恰是图书馆之所以成为图书馆的最为根本的东西，是图书馆之外其他机构无法替代的社会作用，故曰"舍本"。而"舍本"的后果是严重的，如今一些公共图书馆生存和发展都成了问题，其根源就在于此。道理很简单，倘若公共图书馆只是着眼于提供茶余饭后的"文化生活"，自视为休闲场所，那么社会也会如此认知公共图书馆。这样的结果就是公共图书馆逐渐"边缘化"，游离于主流社会发展之外，有你也行，没你也行，活着也行，死了也行，最好的待遇也只能是"后天下之乐而乐"，享受古来圣贤的境界。

综上所述，我们的结论是：图书馆无可取代；图书馆藏书（包括纸质文献和数字文献）无可取代；图书馆的藏书建设是图书馆之根基所在、功能所在、价值所在，也是图书馆生存和发展的根本大计。

（本文是于2011年5月15日在浙江永康召开的"第五届全民阅读论坛"上的报告摘要，并发表于湖南《图书馆》2011年第5期。）

# 城市需要图书馆的 N 个理由

温州市图书馆建馆九十年了，可喜可贺。

此时此刻，我想到的问题是，一个城市、一个社会，为什么会需要图书馆？如同温州这样，图书馆已经存在了九十年，今后还会存在、还要发展，其中的理由何在？

这个问题并不新鲜，图书馆学界曾就此产生过许多观点、许多学说、许多学派。但我今天不打算向在座的来自社会各界的朋友介绍这些专业性的理论，而是想和各位站在一起，用普通读者、普通市民的视角，来谈谈为什么一个城市会需要图书馆。或者说，我们这些普通的纳税人，为什么要赞同政府出资在城市建立图书馆，并长期支持其运作，我们能够从中得到什么收益和回报。

其一，图书馆是都市人的大书房。

我们常说，当代社会是信息化的社会，而现代信息社会的重要特征之一就是"文献爆炸"或"信息爆炸"。这里有两层意思，一是文献信息的数量空前激增；二是文献信息好坏不分，有益知识和垃圾信息混杂难辨。

远在两千多年前的古代社会，对文献数量最为夸张的形容不过是"学富五车"、"汗牛充栋"。即使当时的文献总量如此有限，孔子还要"问礼"于"周藏室"（周王朝的国家图书馆），亚里士多德还要借助"学园图书馆"。可以说，面对今天的社会出版量和信息量，凭借个人的力量已经不可能建立完备系统的文献收藏，只能依靠社会化的分工，也就是依靠图书馆及其他社会文献机构。

可能有人会讲，我有充足的财力，也有存放的地方，可以自己买书收藏。即使如此，恐怕也不行。因为和当年的私人藏书家不同，我们今天所面对的社会文献状况是庞大而芜杂的，必须要由专业的机构和专业的人员，也就是图书馆和图书馆员，来从事这项工作。这就如同生病要找医生、上医院，寻求专业帮助，靠个人买些感冒胶囊之类的只能对付一些头疼脑热的小毛病。

我长期在图书馆供职，和书打交道，许多人就认定我的私人藏书一定十分丰富。我坦率地告诉大家，我个人藏书的数量很少，平时买的或赠阅的书都定期和旧报刊一起处理掉，只有少量重要的并且需要经常查阅的书才会放到书架上。因为个人藏书增多是个不堪重负和得不偿失的事情，如遇有文献需求，完全可以依靠图书馆等专业社会文献机构来寻求解决。

其二，图书馆是市民的起居室。

这里所说的起居室，指的是教育、科学、文化的中心和平台。

在一些西方发达国家，图书馆往往就是一个社区的中心，人际文化活动很多都是在图书馆进行的。最为常见的是举办各类自发的读书活动，交流读书心得。一些服务周到的图书馆甚至收藏和交流居民自家烹饪的食谱，解答出门乘坐哪路公交车等看似琐碎却是居民十分需要的问题。不像我们城市的社区，多半只设立会馆，而会馆中摆放的大多是麻将桌。

我们的城市是不是需要建立这样的起居室呢？回答是肯定的。因为人们除了生存、繁衍这样的基本需要外，总是要有各种各样的社会文化活动。古人讲：今日多一读书之士，他年多一报国之人。不管三教九流，只要能走进图书馆，就会多一次走近知识和文明，就会少一次接触黄赌毒，就算是为此而少打几圈麻将、少看几次无聊的电视剧，也是好事。因此，搭建起这样一个读书的平台，不敢说"胜造七级浮屠"，至少也是于国、于民、于社会、于读者都功德无量的上善之举。

中华民族自古就有"唯有读书高"、"诗书继世长"的文化传统。我们有必要重建有别于食文化、酒文化、麻将文化、黄段子文化等世俗文化的读书文化，并使其深入人心，蔚成风气。

其三，图书馆是都市人终身教育的场所。

教育的主体是学校，这没有错。但学校教育有两个最大的局限：一是时限，到时毕业；二是专业，没有"百科教育"。而图书馆对所有的市民开放，图书馆收藏的文献汇集了人类的全部知识财富，人们在这里可以活到老、学到老，想学啥就学啥，实现了终身教育、全面教育。

许多人将到图书馆读书称作"充电"，这是个很好很形象的譬喻。但是图书馆所提供给市民的教育功能，绝不仅仅囿于急功近利式的"充电"。进入图书馆，利用图书馆，完全可以抛开各种世俗的功利，徜徉于知识的海洋，享受阅读的快乐。这也是图书馆和学校学历教育的显著不同之处。

现代世界各国都很关注消除"信息鸿沟"的问题，并将公平、平等地获取信息作为实现社会公正、保障公民基本权利的前提。而图书馆是人们获取各种信息，从而减少"信息鸿沟"的最全面、最便捷的场所，而且是各种信息提供机构中唯一公益免费的。图书馆社会教育功能也因此而得到充分体现。

其四，图书馆是都市人的精神家园。

都市人都很忙，忙工作，忙赚钱，忙应酬，忙许许多多说不清道不白的事情。然而，行色匆匆，白驹过隙，许多人都有"四顾心茫然"之惑。这是因为人们的精神需要有一个归属。

　　于是人们就"上穷碧落下黄泉"地寻找精神寄托，有人侃山，有人钓鱼，有的人从事各种各样的文体活动，还有人笃信宗教，不一而足。这些都是无可非议的。但我还是建议大家到图书馆来，因为，在这里可以享受前人留下的巨大的包罗万象的精神财富，在这里可以站在巨人的肩膀上来眺望这个世界，在这里可以结识、对话无数的大师——这里所说的是在人类文明历史上曾指导匡正人们精神灵魂的哲人智者，而不是现在那些到处挂牌、招摇过市、自吹自擂的所谓"大师"。

　　我确信，作为精神家园，图书馆虽然不是唯一的，但肯定是有益的。

　　其五，图书馆是都市文明的收藏者、继承者和传播者。

　　我们的城市，过去曾发生过多少事情，今天还在发生多少事情，由谁来记载下来、传承下去？只有图书馆，只有图书馆收藏的文献。图书馆及其文献存有我们文化和传统的 DNA。当然，这里所说的传承，不仅仅限于本城、本地，也包括整个人类的知识文明。否则，我们岂不是"前不见古人，后不见来者"，唯有"怆然涕下"了。

　　当代哲学大师卡尔·波普尔（Karl Popper）曾提出"世界三"的理论，这一理论被称为 20 世纪最伟大的哲学成就之一。简单地讲，波普尔认为："世界一"是物理的世界，"世界二"是精神的世界，"世界三"是客观知识的世界；"世界三"包括人类思想的各种产品，其主体就是图书馆的文献。波普尔还曾这样形容：一旦"世界一"和"世界二"都被毁灭，只要图书馆收藏的客观知识和人类的学习能力还存在，人类社会就仍然可以再次运转；但如果图书馆也被毁灭，那人类恐怕就要回到洪荒时代了。我们说图书馆在人类文明的传承中具有不可替代的重大作用，这一学说可以成为其哲学诠释。

其六，图书馆是城市可持续发展的资源保障。

城市发展需要资源。在信息社会中，信息成为最为重要的资源之一。图书馆为城市、为社会所提供的就是这样的资源保障，或者叫做文献保障、信息保障。所谓"兵马未动，粮草先行"，图书馆是社会可持续发展的"粮草"，是社会发展、经济发展、科技进步、文化昌盛的先决条件。

曾有不少人问过我：图书馆和书店有什么不同？这个问题在我看来有些莫名其妙，但对许多人来说是确确实实存在的疑惑。其症结就在于对图书馆理解的偏差。如果只是将图书馆视为茶余饭后的文化休闲场所，那么图书馆和书店，以及影剧院、文化馆、公园广场等，确实没有太大的功能差别。但是，比文化休闲阅读更为重要的是，图书馆要为城市的发展提供全面、完备、系统的文献资源保障。

这样的保障，个人收藏能否完成呢？不能，道理前面已经讲过了。书店能否实现呢？也不能。书店只能提供当前及近年的新书，甚至只是有销路的新书，不会按学科或专题系统地收集和积累文献，也不会提供卖不出去的书刊。也许有人还会问：互联网有丰富的资源，能否提供保障呢？恐怕也不行。至少在目前情况下，广域的互联网能够提供的深入系统的资源还远远称不上完备，也无法确立核心文献和权威文献，甚至无法辨别正确信息和垃圾信息（正式出版发行的各种学术数据库不在此列，而是属于图书馆等机构收藏并提供使用的文献资源）。在目前及可以预期的未来，还没有其他社会机构可以取代图书馆来实现社会文献保障的功能。

上面讲了许多，结论只有一个：城市需要图书馆，公民需要图书馆，图书馆是不可替代的。

最后，我想实话实说，坦诚地告诉诸位两点：第一，上述种种，我们的图书馆都做到了吗？很遗憾，没有，仍需继续努力，否则愧对市民的信任；第二，上述种种，我们的市民、读者都意识到了吗？很遗憾，也没有，仍需继续学习，否则就无法充分利用好图书馆，也无法从图书馆中获取更大的利益。

（此文是 2009 年 5 月 21 日在纪念温州市图书馆建馆九十周年举办的"图书馆与城市文化高层论坛"上的演讲稿，并发表于《图书馆论坛》2009 年第 6 期。）

# 文献保障、研究参考与
# 公共图书馆

经常遇到一些烦人的人提出的一个烦人的问题：图书馆与书店有什么区别？或者问：图书馆卖书吗？在多数情况下，我不屑也无法对其"弹琴"，往往答曰：如果你是为了休闲，最好还是到书店买本书看，顺便也拉动一下内需。

后来发现不能再"不屑"了，因为有的领导人物也在持此论，并且还很认真地"告诫"我：图书馆的作用已经被书店替代了，瞧"深圳书城"的人气有多么旺！一次在外省开会，当地的省委宣传负责人竟然公开鼓吹他们的"先进经验"：图书馆与书店"联营"，图书馆员的奖金由书店发放，书店再把积压的垃圾书刊全部卖给图书馆，各得其所，皆大欢喜。

于是我意识到有必要澄清一下。恰逢一家报社的大牌记者采访，我就不厌其烦地讲述了图书馆无可替代的社会作用及其与书店的区别。让人哭笑不得的是，这位"名记"将我的许多套话废话都详尽报导了，唯独省略了这一内容。

说起来，个中的道理其实并不复杂，甚至毋需做专业上的论证。稍有学术常识和研究实践的人都会明白，无论从事任何形式的研究，其前提都是要充分掌握文献，亦即常言所说的"站在巨人肩膀上"。譬如，假设所要研究的学科或专题现有一百篇文献的话，研究者至少要掌握其中的八十篇，还不能遗落核心文献，才能谈得上是起码意义上的科学研究。那么这八十篇文献由谁来提供呢？全社会只能是专门从事文献系统收藏的图书馆。在图书馆学中，将图书馆的这种社会作用称为文献保障，或信息保障、资源保障，并由此产生出研究级文献、核心文献、布拉德福定律、引文分析、文献计量等重要的理论概念和技术方法。上述的一百篇文献中需完备收藏八十篇以上的例证，就是研究级文献的概念。

这样的保障，书店能否完成呢？不能。书店只能提供当年及近年的新书，甚至只是有销路的新书，不会系统地按照学科、专题来收集和积累文献，也不会提供卖不出去的书刊。从事研究的个人能否实现这种保障呢？也不能。个人的文献收藏能力、空间和时间都有限，即使在以"学富五车"为文献数量极致的古代社会，孔子还要"问礼"于"周藏室"（当时的国家图书馆），亚里士多德也需依靠"学园图书馆"，何况我们处在"信息爆炸"的时代。那么，凭借互联网上丰富的资源和完备的检索手段能否解决问题呢？恐怕也不行。至少在目前情况下，广域的互联网能够提供深入进行学术研究的资源还远远称不上完善，也无法确立核心文献和权威文献，甚至无法辨别正确信息和垃圾信息（正式出版并为图书馆等机构收藏的各种学术数据库不在此列）。如是可知，在当前及可以预期的未来，还没有其他社会机构可以取代图书馆，图书馆也要义不容辞地承担起文献的收集、整理、积累、提供和传承的社会责任和历史使命。

既然道理如此浅显易晓，为什么还有这样多的人，包括某些主管领导和那位"名记"，会如此的不开窍呢？我想至少有以下两个不容忽视的因素。

一是社会上浅薄浮躁、急功近利成风。且不说芸芸众生，就是那些标榜为"学者型领导"、"著名大师"、"资深专家"的人，也很少有人具备文献意识。所谓的文献意识，其实就是学问功底和学术基础。如果没有广博的文献做底子，其成果无论怎样吹嘘，含金量也要大打折扣。北京大学陈平原教授曾十分中肯地讲："你用什么资料，花多少力气，下多大功夫，内行人一眼就能看出来。劳动量大的，不一定是好论文；但没有一定的劳动强度，凭小聪明写出来的，不会有大的贡献。"① 想起著名史学大家陈垣先生，为研究《四库全书》，他曾"蛰伏"故宫文渊阁，经年累月地研究，逐篇逐页地核校，其成果至今仍是最为权威的。② 陈垣先生成功的诀窍，就在于做足了"原始文献"和"一手材料"的功夫。相形之下，那些每年几百万字的"学术奇迹"创造者，从天而降的"国际先进水平"科学家，满天飞办讲坛做报告的"著名大师"，不过是些"刘项原来不读书"者流。这样的"学者"，这样的"学问"，自然不需要什么文献保障，用不着光顾图书馆下文献功夫，也就分不清楚图书馆与书店有什么区别。这种浮躁低俗社会现象的形成和蔓延，虽说不是我们造成的，但是作为社会文献收藏及提供机构的图书馆，也有纠正、匡助的责任。

　　二就是图书馆的直接原因了，确切说，仅仅是公共图书馆自身的原因。作为公共图书馆，尤其是省市一级的公共图书馆，在服务上必须要发挥两个作用，即大众阅读和研究参考。前者主要指文化休闲型阅读，属群众文化活动范畴，核心是让社会大众爱读书、多读书、读好书，让各阶层民众能够公正地享有公共文化权益，平等地获取信息资源。公共图书馆多数的日常服务工作、举办的各种读书活动，均属此类。后者指的是专业型阅读，目的是为决策参考、社会发展、经济发展、科学研究、学术研究等服务，并为此建立起相应的文献保障机制，为全社会可持续发展奠

---

①　陈平原：《假如没有文学史》，《读书》2009 年第 1 期。

②　李希泌：《陈垣与〈四库全书〉》，《读书》1981 年第 7 期。

定可靠的信息资源基础。二者相比，孰为轻重？应该说是不分伯仲的。大众型阅读的重要性毋庸置疑，公共图书馆理论和实践的基点即在于此。但研究参考以及对研究型读者服务也同等重要，这一点在许多公共图书馆却常常被掩盖、被忽视。上文提及的图书馆的社会作用不可替代，主要是就图书馆文献保障和研究参考而言，而休闲型文化活动却是可以由书店或其他文化机构完成的。因此这里被忽略的，恰恰是图书馆之所以成为图书馆的最为根本的东西，是图书馆之外其他机构无法替代的社会作用，故曰"舍本"。

令我备感郁闷的是，类似的问题在其他类型图书馆，如高校图书馆、科研图书馆、专业图书馆，是根本不会存在的；只有在公共图书馆，问题不仅存在，而且还相当严重，乃至影响了公共图书馆的生存与发展。我曾长期在高校供职，当时全国各大高校图书馆水平虽然参差不一，但图书馆存在、发展的必要性、重要性，从未受到过任何置疑，也从未有哪位校长提出过以书店取代图书馆的怪论。学校图书馆要为全校师生提供文献保障，支持学校的教学和科研，也是天经地义、理所当然的事情，用不着任何人来说道一番。倘若我去对当年的同事论证图书馆不能等同于书店的道理，他们一定会莫名惊诧，以为我的脑袋进了水。

"舍本"的后果是严重的，甚至使公共图书馆生存和发展的必要性都成了问题。何以至此？我想，恐怕不能只是怨天尤人，归咎于领导、政府或社会，而是许多公共图书馆自身的社会定位就有问题。总不能说校长们的思想水平就高、认识就到位，而省长、市长们都不行。倘若公共图书馆只是着眼于提供茶余饭后的"文化生活"，自视为休闲场所，那么社会也会如此认知公共图书馆。这样的结果就是公共图书馆逐渐"边缘化"，游离于主流社会发展之外，有你也行，没你也行，活着也行，死了也行，只能"后天下之乐而乐"。

　　业界流传有一个未经核实的笑话。某大城市图书馆决定加强高层次参考咨询服务的水平，由几位正副馆长亲自轮番坐台值班，并要求每个读者咨询都要做好记录。一段时间下来，发现数量最多的"咨询"竟是询问洗手间的位置。若是公共图书馆自身长期仅仅定位于文化休闲，而非文献保障和研究参考，那么到馆的读者自然也会这样看，乃至形成思维定式，于是到图书馆就是来闲逛，闲逛之余最为迫切的问题自然就是找洗手间了。

　　讲了许多，就是要说明一个道理：公共图书馆，尤其是省市级的公共图书馆，其资源建设必须着眼于文献保障，其服务工作必须加强研究参考。所谓"兵马未动，粮草先行"，公共图书馆自身的定位，就是社会可持续发展的"粮草"，是社会发展、经济发展、科技进步、文化昌盛的先决条件，是信息社会中不可或缺的重要资源重地。因此，公共图书馆不是可有可无，不是"边缘"，而是社会主流中极为重要的组成部分，要优先发展、重点发展、先行发展。如果我们能够从自身做起，自强不息，不懈努力，从而深入人心，彰显社会功效，就一定会得到社会各界的认可，就不会再有人来提什么书店与图书馆关系之类的愚蠢问题。"君子求诸己"，"君子病无能焉，不病人之不己知也"（《论语·卫灵公》），圣人斯言，当下公共图书馆之谓乎？

　　建立切实的文献保障体系，提高研究参考工作的水平，是一件长期艰苦的工作。要像当年陈垣大师研究《四库全书》那样，下大气力，用真功夫，锲而不舍，跬步千里，日积月累，集腋成裘。图书馆工作的性质即在于此，图书馆的社会价值亦由此而体现。

　　作者补记：图书馆界德高望重的前辈耆宿辛希孟老先生日前

造访深圳图书馆，欣然挥毫，书写下《图书馆铭》一幅。这一条幅现在就张挂在我的办公室。辛老的作品不仅书法淳美、文辞典雅，更以一个老图书馆员的感同身受，诗意地道出了图书馆的历史使命和社会价值，可谓生动形象，精辟入里，远胜小子笔下千言，也是对拙文所持论点的极好诠释。现将这篇《图书馆铭》抄录如下（原文无句读，标点乃笔者所加）。

　　图书馆铭　与深圳图书馆同志共勉

　　图书馆者，知识宝库也，或曰知识喷泉，或曰信息中心。图书馆者，其收藏文献，上至天文，下及地理；研究社会之发展，探索宇宙之精微，无不赖于文献；述千古之谜，记当代之要，凡人之欲立，功之欲成，家之欲兴，国之欲盛，人类远灾，世界和平，无不基于信息。呜呼，图书馆之功力大焉！环顾今日世界，政治经济，科学文教，迅猛发展态势，竞争激烈程度。愿我同仁，守望盛世，自强不息，成就大业，夙夜匪懈，以不辜负人民之所望。

　　戊子年夏于深圳　辛希孟撰文并书

　　（本文原名《文献保障·研究参考·公共图书馆——公共图书馆劄记之二》，载《公共图书馆》2009年第2期。）

# 天条、天职及其误读

21 世纪以来，中国的公共图书馆进入了全面免费的时代。学界的鼓噪呼吁，几家城市图书馆的大胆尝试，很快就嬗变为业界的共识和政府的方针。现在，免费服务在公共图书馆庶几近之"天条"，蔚成一时风气。恰如有的学者指出，这是 21 世纪中国图书馆，尤其是公共图书馆事业发展最为重大的进步和最为丰硕的成果。

真理超越半步，往往就是谬误，就会陷入误区。孔子说"过犹不及"，也是这个意思。当今某些地方公共图书馆推行借书证免收押金，并自诩为"服务创新"，就是一例。

这种"创新"超越了图书馆的底线。各行各业都有自己的底线，而图书馆界的底线之一，就是图书馆的藏书。建设藏书，保护藏书，进而汇聚知识、传承文明，是图书馆最为重要的天职，是图书馆之所以成为图书馆的本质特征。图书馆的这种功用被卡尔·波普尔称为"世界三"，国人也有"诗书继世长"的优良文化传统。图书馆的任何行为，都不能以损害其藏书为代价。

而当今某些公共图书馆实行的借书证免押金政策，恰是以"借书不还"为代价的。某些地方领导甚至明确表态，由此造成的图书馆书刊丢失损失全部由财政增拨款项买单。在他们眼中，这是一项"惠民"的好事，如同是在给市民开粥厂、派红包、发利是，图书馆书刊的损失可以用金钱来补偿，馆藏的文献也是可以作为福利赠送给市民的。这是图书馆办馆方针的错位，也是对文明遗产和知识传承的漠视和无知。

图书馆收取押金来确保藏书免受损失，绝不是唯一的方式，甚至也不是最佳的方式。在高校和其他一些有固定读者群的图书馆，就无需用钱来做抵押。在香港和许多西方国家的公共图书馆，都是不收取借书押金的，居民诚信本身就是担保。在公民信用制度远未建立的我国大多数地方，如果不是寻求建立可以取代押金的担保制度，而是不惜损失图书馆的文献收藏，去搞此类"服务创新"，则于图书馆之宗旨悖之远矣。

图书馆藏书是属于全社会的宝贵文献收藏，但也要以"用"为前提，绝非要束之高阁，也不完全是神圣不可触犯。在一些公共图书馆，尤其是基层图书馆和社区图书馆，把多余的藏书廉价售给居民，甚至免费赠送，都是允许的，这也是西方社区图书馆常见的做法。但是无论如何，不能容忍"借书不还"，不能让那些品行有亏、需要教育惩戒的人享受这一"福利"，而让广大遵纪守法的公民蒙受由此带来的损失，如加大财政开支、损失公共文献收藏。就算是派红包、发利是，也要有个公平合理的发放途径和发放标准，不能混乱无序，更不能恶人先得。

笔者十分赞赏上海图书馆吴健中馆长的说法，图书馆发展是有最低纲领和最高纲领的：最低纲领是实现社会公正包容的使命，确保为每一个公民提供公平的服务；最高纲领是提供知识服务，为各界人士自由交流信息、共享人类知识提供一个信息化环境。这也是当前图书馆发展的两大目标、两大使命。我以为，这两个纲领不是孰先孰后的关系，而是要并行不悖，齐头并进，图书馆方能健康发展。而图书馆藏书的齐备健全、保存完好，则是最基本的条件，尤其是实施知识信息服务这一"最高纲领"的前提和保障。

当前公共图书馆基本做到了开放、平等、免费的服务，尽管还远称不上完善，但已经为实现图书馆发展的"最低纲领"迈出了一大步；而在信息提供、知识服务上却乏善可陈，距离"最高纲领"还遥遥不可期。因此，要不墨守，也不逾矩，既要勇于创新，也要恪守底线，方能厚积薄发，更上一层楼。我想，只要是把这两大使命都纳入发展方针的各级领导和图书馆管理者，就都不会盲目采纳借书证免押金这样的"创新"的。

（此文载《图书馆报》2013 年 5 月 10 日 A02 版，发表时题为"天条、天职及对它的误读"，署名般若。）

# 三
# 全民共读

愿与海内同人共肩斯任，务俾古人著述之可传者，自今日永无散失，以与天下万世共读之。

——（明）周永年《儒藏说》

图书馆努力促进全民阅读。图书馆为公民终身学习提供保障，促进学习型社会的建设。

——《图书馆服务宣言》（2008）

# 我有一个职业梦

我有一个职业梦：让普天下所有的人都有书读，让普天下所有的人都爱上读书。

当今我们进入了一个阅读的时代。在今天的世界上，有各种国际组织在倡导阅读，各国和各地的政府在推动阅读，社会上的有识之士在呼吁阅读，通过全民阅读建立学习型社会已成为全人类共同的追求。新技术为我们带来了时代的进步，随着各种新技术在阅读领域的广泛应用，阅读的概念越来越宽泛，阅读的内涵和外延日益在扩大。现在，可以说阅读无处不在，无时不在，给图书馆乃至整个社会带来了深刻的变化。

与此同时，当下社会阅读中的各种问题也越来越凸显，危机也越来越迫近。我曾经借用英国大文豪、大作家狄更斯的名言来形容当下的阅读：这是最好的时代，这是最坏的时代。此议涉及国民素质、文化传统、社会风气、新技术应用等诸多领域，这里且不说它，仅就读书本身来说，我们不难发现一个极为矛盾的社会现象：读书人总是要阅读，而不读书的人总是不阅读；读书人的阅读热情在不断高涨，而不读书的人数也在持续增加。

如何解决这一社会性难题？我们可以当仁不让地说：要靠图书馆阅读推广。

阅读推广是图书馆的传统工作，也是一项崭新的时代课题。如果说过去图书馆的阅读推广工作是一个附加的业务，可以做也可以不做，可以多做也可以少做，那么现在就是图书馆的主业，成为图书馆服务的重头戏。阅读推广这场戏，不可不演，不可少演，更不可演砸了。我们要通过阅读推广工作，把阅读推向千家万户，把服务送给每个公民。

通过阅读推广，我们要引导那些不爱读书、没有阅读愿望的人，让他们走进书籍的殿堂，感受读书的魅力，享受阅读的乐趣，从而加入读书人的行列；要帮助那些阅读有困难的人，包括少年儿童和阅读障碍者，引领他们顺利走上读书的康庄大道；同时也要向那些原本就热爱读书、热心读书的人送去指引和服务，使他们多读书、会读书、读好书。这就是我们阅读推广人要做的工作、要实现的目标。

在我的职业梦想中，让所有的人都有书读，是保障公民的权利；让所有的人都爱上读书，是实现学习型社会的美好愿景。犹如中国之古训：今日多一读书之士，他年多一报国之人。这个梦，就是我们阅读推广之梦，就是我们图书馆人为之奋斗的宏伟目标。

愿与全体同仁共勉之。

（本文摘自"2013 年中国图书馆学会年会阅读推广主题论坛"上的开幕词，2013 年 11 月 7 日于上海浦东。发表于《公共图书馆》2013 年第 4 期。）

# 全民阅读解析

## 一　全民阅读的形势和潮流

正如我们经常强调的，当今的社会是阅读的时代。随着时代的发展、社会的进步，以及各种新技术在阅读领域的应用，阅读的概念越来越宽泛，阅读的内涵和外延日益在扩大。因之我们可以称此为"大阅读"时代，也就是我们通常所说的"全民阅读时代"。

那么什么是"全民阅读"，什么又是"全民阅读时代"呢？我们平常所说的读书也好，阅读也好，包括个人阅读、图书馆阅读、学校阅读等，都不能等同于全民阅读。我们今天所说的全民阅读是有其特定含义和特定的时代特点的。

一般说来，今天的全民阅读有如下几个特征：

①动用国家和政府的力量，促进社会阅读活动。在国外包括一些有广泛影响力的非政府组织，在中国也包括一些身居高位的领导人的个人号召，都具有这个作用。

②具备制度的保证。在国外主要指制定相关的法律、法规，在中国有政府的红头文件，以及其他公认有效的成文的制度。

③具有社会联动作用。全民阅读不囿于小范围、小团体，或是某个单位、某个行业，而是具有社会整体性的联合行动。

④形成全社会范围的影响力，其效果是长久的、全社会的，而不是一时一地的。

具备这些特征，就大体符合我们今天所说的全民阅读的概念了。

## 二　全民阅读是历史发展的产物

全民阅读不是自古就有的，而是时代的产物。

从历史发展看，人类阅读的历史源远流长，中外文明都是如此。但当代社会的阅读潮流，亦即我们今天所说的"全民阅读"的兴起，则肇始于 20 世纪 90 年代前后，其标志性事件就是联合国教科文组织在 1995 年建立的"世界读书日"（4 月 23 日"世界图书与版权日"）。这一旨在鼓励人们多读书、读好书的日子已演变为世界性的读书盛会。每年这一天，世界上有 100 多个国家都会举办多种多样的阅读促进活动，美、英、法、日、俄、新加坡等国家都设立了全国性的读书节，而举办相应读书节庆活动的城市更是数不胜数。许多国家和城市都把促进阅读上升到法律高度，建立了一系列法律法规，使之成为不折不扣的国家工程、全民工程。这就是当代意义上全民阅读的由来。

国内的全民阅读兴起并蔚成风气，也始于 20 世纪末期，与世界潮流基本同步。其标志就是 1997 年 1 月《关于在全国组织实施"知识工程"的通知》的颁发，这个通知是九个部委联合发出的，包括中宣部、文化部、国家教委、国家科委、广播电影电视部、新闻出版署、全国总工会、共青团中央、全国妇联，可谓声势浩大，各界动员发动了一场以倡导读书、传播知识、推动社会文明与进步为目的的文化系统工程。九部委中牵头的实际上是文化部，具体操作是文化部图书馆司，当时我就在文化部图书馆司任职，自始至终参与了这件事。到 2004 年 4 月 23 日，全国知识工程领导小组和文化部联合主办、中国图书馆学会和国家图书馆承办的以"倡导全民阅读、建设阅读社会"为主题的"世界读书日"宣传活动拉开序幕，算是正式与国际接轨。此后每年的"世界读书日"前后，全国各地都会开展丰富多彩的阅读推广活动。

此后，全国其他部委和各地方政府也积极推行全民阅读，出台了一系列文件、法规和政策。在中央和国家政府层面，已经明确把推动全民阅读列为重要的立国方针，包括党的十七届六中全会决议、党的十八大报告、习近平总书记的讲话、李克强总理的政府工作报告，都明确突出地提倡全民阅读。地方政府的举措就更多了，据不完全统计，现在全国已经有400多个城市开展了读书日、读书节、读书周、读书月、读书季的活动。

另外，原新闻出版总署牵头的"全民阅读促进条例"已经列入立法日程，各地方也在积极促进阅读立法。

再看图书馆业界，开展全民阅读活动已经在国内外图书馆界形成高度共识。《公共图书馆宣言》（1994年版）将开展阅读活动列为图书馆的重要使命，是"公共图书馆服务的核心"之一。国际图联（IFLA）等国际组织的相关宣言、文件，都把全民阅读放到重要和突出的位置。2009年，中图学会出台的《中国图书馆服务宣言》则说得更为明确："图书馆努力促进全民阅读。图书馆为公民终身学习提供保障，促进学习型社会的建设。"

正是在全民阅读的潮流下，2006年中国图书馆学会成立了"科普与阅读指导委员会"，北大王余光教授出任首届主任，我出任副主任。2009年换届时更名为"阅读推广委员会"，我担任主任。多年来我们做了大量的图书馆阅读推广工作，现在已经成为全国图书馆进行阅读推广活动的中坚力量，也是从事有关学术研究的主力军。

## 三　全民阅读的社会意义

说到这里，也许有人会产生疑问，我们为什么要搞全民阅读，我国和世界诸多国家的政府，以及各个国际组织，要下这样大的气力和成本推动全民阅读，其原因何在？

大家都知道，弗兰西斯·培根曾有名言：知识就是力量。而知识是什么？知识最为主要的来源就是阅读，或者说，知识的主要载体是文献，获取知识的主要方式是阅读。阅读是人们接受教育、发展智力、获取信息的根本途径，事关整个社会的文化品质和可持续发展能力。所以我们也可以说：阅读就是力量。一个人阅读的力量，决定个人学习的力量、思考的力量、实践的力量；那么所有人阅读的力量加在一起，就决定国家文化的力量、精神的力量、创造的力量。

全国政协副秘书长、著名阅读倡导人朱永新先生曾经这样概括阅读的社会作用：一个人的精神发育史就是他的阅读史；一个民族的精神境界取决于她的阅读水平；一个没有阅读的学校不可能有真正的教育；一个书香充盈的城市才能成为美丽的精神家园；共读共写共同生活才能拥有共同语言共同价值共同愿景。

这是理想的社会阅读愿景。那么现实的社会阅读状况又如何呢？我曾经这样形容当下的社会阅读："最好的时代，最坏的时代"。这里借用的是英国大文豪、大作家狄更斯的名言。这句名言也适用于今天的阅读。

关于"最好的时代"，我们已经阐述过，现在已经形成了世界范围的阅读潮流。问题在于，现在也是阅读"最坏的时代"。表现是多方面的，诸如：社会阅读风气的萎靡、低落，乃至消失，不读书或是极少读书的人群仍有相当的数量；信息攫取"碎片化"，缺少系统的阅读学习；以治学为主的知识分子急功近利，读书浅尝辄止，热衷于制造学术垃圾。为此有人提出了"伪阅读"的概念，意谓许多人不是真的在读书，而是假读书，尤其是一些大部头书、古文书、外文书，不愿意下功夫，只是走捷径，浅尝辄止，或是看一些零星的二手资料。因此，现在既是

"大阅读"时代，又是"伪阅读"时代。

更深刻的危机，还来自各种新技术的涌现及其在阅读领域的普遍应用。新技术是一把最好的和最坏的双刃剑。新技术拓展了阅读的领域，但也给图书馆以及社会阅读带来了冲击。读者阅读习惯的改变，社会信息渠道日益多样化，读者对图书馆依赖程度的降低甚至流失，致使图书馆面临消亡的危机，也给整个社会的阅读带来了诸多的冲击和困惑。

因此我们可以说，推进全民阅读，既是图书馆界及社会各界的迫切需要，也是全世界各国政府、国际组织和广大民众的共同要求。

## 四　图书馆在全民阅读中的作用

无论阅读的形势、形态如何变化，图书馆依然是全民阅读的主体。

为什么要这样说？如同大家所知，今天的社会阅读是个很大、很宽泛的概念。正襟危坐，"红袖添香"，固然是阅读，但在路边买份报刊翻阅也是阅读，打开手机刷微博、看微信同样是阅读。全民阅读活动并不是图书馆一家的事情。为什么当前还是要强调图书馆要在全民阅读中承担起独有的社会责任，要唱主角，完成他人不可替代的历史使命，道理何在？至少有三个理由。

首先，现代图书馆是社会发展到一定阶段的产物，是社会民主、公民权利、社会平等和信息公正等现代人文意识成熟的结果。我们办图书馆，不仅仅是办一个机构，而且是在尽一种社会责任，完成一个历史使命，图书馆存在的意义超过了图书馆机构本身。因为图书馆的存在，每一个社会成员都具备了自由、平等、免费地获取和利用知识信息的权利，代表了知识信息的公平分配，从而维护了社会的民主和公正，向全社会宣示了现代民主、公民权利和人人平等等重要的价值观念。这也正是全民阅读的基本前提、中心内容与核心目标，与图书馆的核心价值观是一致的。

其次，我们可以从阅读本身来看图书馆的作用。阅读虽然多种多样，但我们还是要提倡深入的、学习型的阅读，通过阅读全面系统地掌握知识，而知识就是力量，穷则丰富人生，达则改造社会。即使是大众型、消遣性阅读，也要提倡多读书、会读书、读好书，通过有计划、有系统地读书，创建健康有益的文化生活。要进行深入系统的阅读，完整全面地掌握知识，图书馆是最好的场所，甚至是唯一的场所。只有图书馆，才具有完备的文献资源保障体系，才能为读书人提供全面系统的文献服务；也只有在图书馆，才能领略到完整的科学知识体系和全部的人类文化遗产，从而站在巨人的肩膀上来看这个世界。所谓"巨人肩膀"，实际上就是前人成果，就是文献，就是图书馆。目前还没有任何社会机构在阅读这一功能上可以取代图书馆。

再次，进入网络化、数字化时代之后，图书馆独特的、不可替代的社会作用非但没有减弱，反而更加强化了。图书馆为我们提供了丰富实用的数字资源。图书馆收藏和提供的各种数据库，如同图书馆的藏书一样，是经过精挑细选和专业化整理的，因此是最重要、最实用、最具价值的信息资源，而且大都是免费提供使用的。在现代社会，无论是普通读书人，还是读书治学者，图书馆数字资源都是基本资源和首要选择。在目前社会上，还没有其他社会机构拥有这样完备的数字资源、这样系统的数字阅读保障、这样全面无偿的服务。

因此，在当今社会，图书馆是社会阅读的主体，也是全民阅读的主要场所。

## 五　图书馆与阅读推广活动

既然全民阅读离不开图书馆，那么图书馆如何推进全民阅读呢？其主要方式就是进行阅读推广。

这种基于全民阅读的阅读推广工作，是图书馆一项根本性的任务，体现了其一贯的指导方针，带有根本精神、宗旨圭臬的性质。

从图书馆历史，尤其是公共图书馆的历史看，阅读推广活动的出现与普及，是图书馆发展到一定层次、一定水平的产物。纵观我国百年来图书馆的发展（也就是近现代图书馆的产生和发展），可以说经历了三个历史阶段：一是从封闭到开放，二是从对部分人开放到对全社会普遍开放，三是从被动的接受服务到主动的推广服务。这个过程进行得漫长而艰难，可以说，直到进入21世纪以后，我国公共图书馆才大体完成了前两个阶段的使命，亦即基本实现了对全社会普遍、均等、免费开放。现在正在迈向第三个阶段，亦即进入了大力开展阅读活动、向全社会主动推送图书馆服务的新时期。因此，今天的图书馆阅读推广工作，在某种程度上也是历史发展之必然，是图书馆发展的历史趋势。

从图书馆服务上看，图书馆专业服务工作可划分为三个主要内容，或者从历史发展的角度看，也可以说经历了三个不同的阶段：一是文献服务，即传统的图书馆服务，如外借、阅览；二是信息服务，如参考咨询、信息检索等；三是阅读推广，表现为开展多种多样的读书活动。阅读推广可以说是集文献服务和信息服务之大成，通过多种多样的活动和手段将文献服务和信息服务送达读者身边。可以说，阅读推广是图书馆服务的新趋势，也是服务工作的新方向。

目前无论是公共图书馆，还是学校图书馆，阅读推广活动已进入迅猛发展的高潮。各种阅读推广活动丰富多彩，遍地开花，包括讲座、展览、读书会、演讲会、朗诵会、报告会、主题论坛、专题陈列、新书推荐、网络竞赛、音乐欣赏、影视观摩、参观考察、学术研讨、技术体验、科普教育，等等。很多图书馆都设立了读者活动部或类似部门，或者由专人负责阅读推广活动。如果说从前图书馆的类似工作是可有可无、可多可少的话，那么当前这一工作已经成为核心的工作任务了。

有专家指出，从图书馆业务工作的发展趋势看，"融合趋势"或是"综合发展趋势"（Development of Metropolitan Libraries）是今后图书馆发展的主流。什么是"综合趋势"或"融合趋势"？通俗地解释，就是今后的图书馆不可能再按照老模式运作，满足于每日借借还还，看摊守点，而必须全方位、多方面地开展工作，必须要做那些不是传统图书馆工作的事情，做那些似乎是其他部门做的事情，使图书馆既是图书馆，又是信息资源集散地（ICP），还是学校、展览馆、博物馆、音乐厅、文化讲坛、影视观摩厅、新书推介中心、学术交流场所、新技术体验中心，等等。只有这样，才能丰富和拓展图书馆的服务内容，提升和强化图书馆的服务品质，增强和扩大图书馆的服务影响。这种"融合趋势"或是"综合发展趋势"，主要就是通过阅读推广工作来实现的。

## 六　图书馆阅读推广的内容和目标

根据范并思教授的归纳，图书馆在阅读推广工作中要做的主要有以下内容，或者说是实现如下目标：

①引导。对于缺乏阅读意愿的人，公共图书馆通过生动有趣的阅读推广活动，引导他们感受阅读的魅力，享受阅读的乐趣，并逐步形成阅读的意愿。

②训练。公共图书馆的服务对象中存在许多有阅读意愿而不善于阅读的人，包括尚未学会阅读的人，如少年儿童、青年学生，还有因各种原因成人后失去继续学习机会的人。图书馆阅读推广可以训练他们，使他们学会阅读。

③帮助。公共图书馆的服务对象中还存在阅读困难人群，也称图书馆服务的特殊人群。对公共图书馆来说，此类特殊人群包括残障人士、阅读障碍症患者等；对学校图书馆来说，主要是那些缺乏阅读知识和辨别能力的低年级学生。图书馆需要对他们提供阅读帮助，阅读推广服务是最好的帮助。

④服务。传统图书馆服务目标人群的主体是具有较好阅读能力的人，即所谓高层次读者。图书馆阅读推广活动为他们提供阅读的便利，丰富了为他们服务的方式。对于学校图书馆来说，除了专业阅读之外，还要引导他们了解和学习专业之外的知识，丰富他们的阅读视野，拓展他们的知识范畴。

（本文是在"2014华夏阅读论坛"上的报告摘要，2014年10月23日于江苏省无锡市无锡科技职业学院。）

# 且唱新翻杨柳枝

## ——数字阅读随笔

　　数字阅读的倩影，早已翩然而至，但我们的社会、公众和业界似乎还不曾为此做好准备。

　　2012年11月在东莞召开的"2012中国图书馆年会"，可谓盛况空前，其中的重头戏是王蒙先生在闭幕式上所做的题为《现代性文化与阅读》的演讲。小子躬逢其盛，当场受教。王蒙先生这篇演讲的结论性意见是："读书是不能替代的，不能用上网替代，不能用看VCD替代，不能用看DVD替代，不能用敲键替代，甚至也不能用手机和电子书来替代。……正是最普通的纸质的书，它表达了思想，表达了思想的魅力，表达了思想的安宁，表达了思想的专注，表达了思想的一贯。因此图书馆是一个产生思想的地方，是一个交流思想的地方，是一个深化思想的地方。"①

　　同样的意思，才华横溢的易中天先生表达得更为妙趣横生。当谈到数字媒体是否会代替传统出版物的时候，易先生激动地说："完全替代是不可能的。那种用手触摸精装书籍的美好触感，电子阅读永远无法代替。经典作品还是要靠纸质媒介呈现，就像满汉全席，能用塑料盘子装吗？"②

　　尽管亦庄亦谐，譬喻新颖，不过我依旧觉得两位大师的论调似曾相识。在我幼时，家中有位学养深厚的长辈，对当时出版的

---

① http：//www.sun0769.com/subject/2012/2012tsgnh/.

② http：//www.chinanews.com/cul/2011/06－05/3091141.shtml.

书刊深恶痛绝，在他眼中，中文用简体字从左至右横排出版，乃岂有此理之事，简直就是亵渎文化。据说（我无缘亲见），还有一位长辈的长辈，从不读西式装帧的书籍，只看线装书。他们的观念实际上与上述两位大师是相通的，无非是只有繁体竖排本或是旧式线装书，才能"表达思想"，才有资格上"满汉全席"。

再往远了说，早在东汉年间，其时恰逢纸张初兴，有个叫崔瑗的官员送给朋友《许子》一书，因为是用纸抄写的，而不是用当时上层社会使用的缣帛（素），就写信致歉。《全汉文》记载了这封信的全文："今遣奉书，钱千为资。并送《许子》十卷，贫不及素，但以纸耳。"① 崔瑗写此信时应在蔡伦造纸成功之后的二三十年，当时社会主流还看不上纸张这个"新媒体"，大概崔瑗本人也对这个"塑料盘子"感到不好意思，以致要为"贫不及素，但以纸耳"道歉。当时的士大夫没有料到的是，因为"简重而帛贵"，就在其后不久，至迟在魏晋南北朝时期，纸张就成为社会通行的主要书写材料了。

个中的道理，还是程焕文教授讲得生动明白："阅读不过是一个行为，坐着读、站着读、走着读、躺着读、读书、读网、白天读、夜晚读、精读、泛读、系统地读、碎片地读、读经典、读网文，无论怎么读，无论读什么，不过是形式或者方法不同而已，没有本质的差别，在知识的学习与获取上都是一样的。"② 问题的实质正是如此。借用易中天先生的比喻，关键在于吃的是满汉全席还是垃圾食品，至于用什么样的器皿，则是随着时代的变化、技术的进步而与时俱进、常变常新的：可以是缣帛，也可以是纸张；可以是线装书，也可以是精装书、平装书；可以繁体

---

① 崔瑗：《与葛元甫书》，见《全后汉文》卷四十五，亦见《北堂书钞》卷一百零四，《艺文类聚》卷三十一。

② http://blog.sina.com.cn/s/blog_4978019f0102e0kw.html.

竖版，也可以简体横排。而在当前，数字阅读成为时代潮流，则是毋庸置疑的。

然而程焕文教授只说对了一半，还有必要做一补正。对于普通读者和一般阅读来说，传统阅读和数字阅读确实如程教授所说"都是一样的"，只要读的是好书或有用的知识信息，喜好或习惯用什么方式，均无可厚非。但是，对于治学之人，推而广之到一切利用文献为学的读书人，则一定要学会利用数字文献，其中主要是图书馆收藏的各种数字资源。作为一名现代学者，这是必不可少的学术功力。

笔者曾在各种场合多次表述这样的观点：我们之所以坚信当今已经进入数字阅读的时代，数字阅读会取代传统阅读成为社会阅读的主体（不是全部），最为重要的依据，就是今天的图书馆已经初步建立起系统完备的数字资源体系。[①]与支离破碎的网络信息不同，图书馆收藏和提供的各种数据库，如同图书馆的藏书一样，是经过精挑细选和专业化整理的，因此是最重要、最全面、最实用、最具价值的信息资源，是最为优质的数字资源集合，而且大多是全面开放、免费提供使用的。在目前社会上，还没有其他社会机构拥有这样完备的数字资源、这样系统的数字阅读保障、这样全面无偿的服务。图书馆之所以能够如王蒙先生所说，是产生思想、交流思想、深化思想的地方，不仅仅是因为有传统的纸质藏书，当今还要有赖于这些足不出户即可坐拥天下资源的数据库集合。

很难想象当今社会的治学者能够脱离图书馆的数字资源来搞科研、做学问，就是追求全面系统阅读的普通读书人，也不应忽

---

① 吴晞：《数字阅读·纸本阅读·图书馆阅读》，载褚树青主编《城市图书馆研究》，国家图书馆出版社，2012。

略这一高效便捷、人皆可用的途径。不管阅读习惯如何，都没有理由说图书馆的数字资源不能"表达思想"，都不能否认这些数据库集合是无比丰盛的"满汉全席"，更不可无视或拒绝利用这些全体公民都有权利享用的公共资源。

　　20世纪80年代笔者在大学读书时，曾师从一位中文系的老师学习古汉语，后来毕业留校在图书馆工作，这位老师就经常找我协助他查找文献。记得他研究文言中一个助动词的用法，要逐一查阅所有先秦文献，做成卡片，归纳比对。如遇有本校图书馆没有收藏的，还要到其他图书馆去查。这样前后花了有一年多的工夫，才写成了一篇万把字的论文发表。我很是敬佩这位老师为学的严谨，也由此看到了文献查检的艰辛。其实当时的学者大都是要下这种"笨"功夫的，许多教授家中都堆满卡片、文摘和剪报。我们所学习的"专业技能"，也是如何通过各种书目和工具书查检线索，进而掌握文献。后来，图书馆各类数据库逐渐完善，我发现，只要花上不太长的时间，就可以完成那位老师的一年之功，而且还会更全更好，更少差误。因而想到，不知道这位可敬的古汉语老师，以及王蒙先生、易中天先生，现在是按照老谱逐页翻检文献过日子，还是已经跻身数字浪潮之中了呢？图书馆数字资源对于他们来说，显然不是像"躺着读"还是"坐着读"那样无关紧要，而应该成为读书治学的基本资源和首要手段。

　　这些道理并不深奥，也不生僻，图书馆的数字资源"就在那里"，自始至终全面无偿提供社会使用。但为什么我们的社会公众却对此知之甚少，而误解甚多，就连王蒙先生、易中天先生这样深孚众望的精英翘楚都会有这样那样的曲解呢？我以为，其中一个重要原因就是图书馆缺乏积极有效的宣传推广，没能让社会各界和广大公众知晓图书馆的数字资源宝藏，进而利用它们、喜爱它们、习惯它们、依赖它们。现在国内数字资源丰富的图书馆为数不少，即使数据库不够齐备，使用者另有需求，也大都可以通过各种图书馆协作关系和资源共享平台，利用世界上各大图书馆的数据库。现在图书馆数据库的使用率还是普遍偏低，熟练掌握使用的人更是少而又少，不免令人扼腕。

"请君莫奏前朝曲，听唱新翻杨柳枝"，这是唐代大诗人刘禹锡的传世名句。然而，若要有人听，先要有人唱，若要社会接受，先要鼓吹宣传。因此，有必要在业界疾呼：杨柳枝，唱起来！

（本文原载于《图书馆杂志》2013 年第 3 期。）

# 阅读：最好的时代，最坏的时代

"最好的时代，最坏的时代"，这是英国大文豪、大作家狄更斯的名言。在《双城记》里，狄更斯这样写道："这是最好的时代，也是最坏的时代；这是智慧的年代，也是愚蠢的年代；这是信仰的时期，也是怀疑的时期；这是光明的季节，也是黑暗的季节；这是希望之春，也是绝望之冬；我们可能拥有一切，也可能一无所有；我们正走向天堂，也正走下地狱……"狄更斯所处的维多利亚时代，正是这样一个社会急剧发展、各种矛盾突出爆发的时代，与我们今天的社会颇有些相似。

这句名言也适用于今天的阅读，尤其是图书馆阅读。

为什么说是最好的时代？套用一句陈词滥调：国内外形势一片大好。

从国际上看，建立阅读社会是世界性的潮流。联合国教科文组织在 1995 年创建了"世界阅读日"，也叫"世界图书与版权日"，现在已成为世界性节日，在中国也是重要节庆。国际图联（IFLA）的相关宣言、文件（如《突尼斯宣言》），还有各国及地区的相关法规（如英国的"阅读起步"、美国的"大阅读"、中国台湾的"儿童阅读年"等），都对阅读做出很高的期许和很多的要求。

从国内看，全民阅读已经蔚成风气。党的十八大报告发出"开展全民阅读活动"的号召。习近平总书记提出"爱读书，读好书，善读书"，并倡建"学习型人生"。"全民阅读促进条例"已经列入立法日程。各种政府为主导的读书节庆活动精彩纷呈，据不完全统计，全国已经有四百多个城市开展了读书日、读书节、读书周、读书月、读书季的活动。

再看看图书馆界，开展各种阅读活动已经在国内外业界形成了高度共识。《公共图书馆宣言》将开展阅读活动列为图书馆的重要使命，是"公共图书馆服务的核心"。《中国图书馆服务宣言》则说得更为明确："图书馆努力促进全民阅读。图书馆为公民终身学习提供保障，促进学习型社会的建设。"本次（2013年）图书馆年会主题就是"书香中国——阅读引领未来"，表明业界对此的高度认同。

阅读的"最好时代"更为重要的表现是：各种新技术涌现，并在阅读中迅速得到应用，极大地扩大了阅读的领域，资源极大丰富，获取极大方便，检索、利用手段日新月异。这一趋势发展迅速，势不可挡，给图书馆乃至整个社会带来了深刻变化。这是我们的前辈图书馆人不曾遇有的大好形势和发展机遇。

然而现在也是阅读"最坏的时代"。危机是多方面的，如：社会阅读风气的萎靡、低落，乃至消失；阅读娱乐，或曰娱乐至死、不娱乐毋宁死；为应试而苦读，考罢就恨不得焚书泄愤；以治学为生的知识分子也急功近利，读书浅尝辄止，热衷于制造学术垃圾。

更深刻的危机同样来自各种新技术的涌现并在阅读领域普遍得到应用。可以说，新技术是一把最好的和最坏的双刃剑。

这并不是新问题。早在20世纪七八十年代，美国著名的图书馆学家兰卡斯特（F. W. Lancaster）就提出了一个"无纸社会"（paperless society）的著名预言："我们正在迅速地不可避免地走向无纸社会"，"图书馆主要是处理机读文献资源，读者几乎没有必要再去图书馆"，"再过20年，现在的图书馆可能完全消失"。[①]

---

① 〔美〕兰卡斯特：《电子时代的图书馆和图书馆员》，北京科技出版社，1985。

这位令人尊敬的学者近日刚刚去世。曾有一位崇拜者当面询问兰卡斯特，为什么他的这一预言没有如期实现，这位大牌教授的回答是：我的预言本没有错，是这个社会发展错了。典型的美国式幽默。

虽然兰卡斯特教授的预言没有如期实现，然而新技术给图书馆以及社会阅读带来的冲击是确实存在的，而且日渐明显、急迫。新技术的冲击造成读者阅读习惯的改变，社会信息渠道日益多样化，读者对图书馆依赖程度的降低甚至流失，使图书馆面临消亡的危机。近来业界出现过许多悲观的论点，甚至提出为图书馆做"尸检"（尸体解剖）。

如果说"尸检"之类的说法显得有些危言耸听，还不那么迫在眉睫的话，那么一些十分迫切的问题，如纸本资源收藏与否，传统文献与数字文献的关系、比例问题，就很现实地摆在图书馆面前，使我们不得不面对，不得不拿出解决的思路、方案。

在这个问题上，国内图书馆界有着截然不同的看法，并出现了一南一北两大大腕级的代表人物。一位是北京国家科学图书馆张晓林馆长，他多年大力倡导"电子文献先行"（e-first）、"网络先行"（i-first），有人开玩笑说他恨不能将所有纸质文献请出图书馆；另一位是广东中山大学的程焕文馆长，他的宗旨是"保留一切有价值的纸片"，严格恪守纸质文献的核心地位。

那么，图书馆工作者应该如何面对这个"最好的时代"和"最坏的时代"呢？或者说，张晓林和程焕文这两位大腕儿，我们到底应该听谁的呢？我历来主张两点：一是思想要激进，认识要超前；二是行动要保守，尤其是涉及采取到破坏现有资源和模式的措施，一定要缓行、慢行、三思而后行。

我个人一直是图书馆现代化技术的鼓吹者，我所供职的深圳图书馆也一直走在图书馆现代化的前列。但是遇到具体问题，就一定要采取慎重的态度。例如前面所述的选择数字阅读还是纸本阅读，在个人来说是各有所好、见仁见智的事，但对图书馆就不一样了，因为涉及图书馆的馆藏模式和服务方针这样的根本大计，必须要有清醒认识和正确对策。对此，我们采取的对策是：图书馆数字化的发展方向是明确的，但目前图书馆的纸本文献仍然是不可缺少的。

关于图书馆数字文献和纸本文献的关系，现在有许多理论学说，可以说连篇累牍，涉及方方面面。而我们说目前图书馆的纸本文献还不可缺少，主要是基于以下两个很现实的因素，或曰非学理的因素：

①社会纸质文献资源极为丰富，还没有被数字文献完全取代。图书馆有"传承文明"的社会责任，要为后人留下完整全面的文化遗产，因此不能舍弃纸本资源。

②读者对纸质文献的需求很大，尤其是公共图书馆，我们不能忽略普通读者尤其是底层民众对传统文献的现实需求。

后者涉及图书馆的人文关怀，因此必须强调。这里且举一个我个人经历的例子。在20世纪90年代初期，我在北大图书馆供职，当时北大图书馆宣布取消原有的卡片目录，全部采用机读目录（MARC）。这在全国高校图书馆是首家，我们都很以为荣耀，当时在图书馆界也是一件重大的事情。不久后我到美国出访，得知了另外一个故事：在美国的一家大学，当时也曾计划取消卡片目录，但是因为有几位教授从不肯使用电脑，图书馆最后决定卡片目录依然保留。两种做法，反映了两种态度、两种考量。且不说事情本身的是非对错，毕竟现在大多数图书馆已经不再使用卡片目录了，但无疑美国这家大学的做法更具有人文关怀的精神，而不是技术至上主义，不是为技术而技术、为现代化而现代化。这正是我们所缺乏的。

正是基于这种考量，我供职的深圳图书馆研制开发了"城市街区 24 小时自助图书馆"。对于这个项目的研制和使用，业界也有不少争议，有人认为我们采用最先进的技术手段，却用于最传统的纸本书刊借阅，不能体现图书馆的发展方向。对此我不能苟同。请看两组数字：2012 年，全市自助图书馆借还书各有 100 余万册，预借 14 万册，服务读者 13 余万人；2013 年 5 月仅 1 个月，借书就达 9 万册，还书 10 万余册，预借 1.3 万册，服务读者 12 万人次。内行的同仁都能看出，这样的服务量相当于一个中等以上规模的图书馆。利用效益就是最好的说明，社会有需要，民众有需求，就是我们的服务方向。

曾有一位女市民动情地对我们的工作人员说，她曾因工作不顺利而产生过离开深圳回老家的想法，但最终是深圳街头的自助图书馆将她留在了这座城市。她的话让我从中切实感受到我们做了图书馆应该做的事情，尽了我们的社会责任，体现了图书馆的社会价值。

对于阅读，对于图书馆，最好的时代和最坏的时代还会继续下去。不管是好时代还是坏时代，我们这一代图书馆人要做的，是怎样才能无愧于这个时代，不负时代的重托，完成时代的使命。

（本文是在"2013 中国图书馆学会年会数字阅读论坛"上的演讲摘要，2013 年 11 月 7 日于上海浦东。文稿发表于《图书馆论坛》2014 年第 8 期。）

# 阅读，请到图书馆

　　阅读是最为重要的人类文明活动之一。从整体看，阅读贯穿人类文明的始终；从个体看，阅读贯穿每个读书人生命的始终。人之所以为人，阅读能力和阅读活动无疑是其至关重要的本质特征。

　　缘此，对于阅读这一社会现象，我虽然也算熟识，且略有浅见，却始终充满着敬畏之心，不敢轻率置喙，尽管身为图书馆从业者，又供职公共图书馆，宣传和推广阅读属于在其位谋其政的本职工作。于今，中国阅读学研究会会长徐雁教授领衔，带领其门生同道组成的编撰团队，编写出《全民阅读推广手册》，由深圳海天出版社出版，实现业界夙愿，嘉惠天下士林，其善也大焉，其功也高焉。

　　当今的图书馆，尤其是公共图书馆，人称市民的"大书房"，城市的"第三空间"。在推动全民阅读、建设学习型社会的大潮中，图书馆有着极其重要的社会作用。图书馆丰富的藏书、优雅的环境，以及举办的各种公益读书活动，会使人们爱读书、会读书、读好书，实现终身教育，享有文化权益，提高全民素质，消灭信息鸿沟。

　　从全社会的角度看，图书馆是最好的阅读场所。只有图书馆，才具有完备的文献资源保障体系，才能为读书人提供全面系统的文献服务；也只有在图书馆，才能领略到完整的科学知识体系和全部的人类文化遗产，从而站在巨人的肩膀上来看这个世界。目前还没有任何其他社会机构在这一功能上可以取代图书馆。

我曾多次以图书馆与书店的异同为例来说明这个问题。在某些人（也包括一些政府主管官员）眼中，图书馆只是茶余饭后的文化休闲场所之一，和书店及影剧院、文化馆、公园广场等没有什么大的差别。许多城市的公共图书馆与书店往往建在了一起就是实例。实际上，图书馆有着比文化休闲更为重要的社会功能，即为社会的发展提供全面、完备、系统的文献资源保障，并要承担文明传承的历史使命。这样的功能和使命，书店能否完成呢？不能。书店只能提供当年及近年的新书，甚至只是有销路的新书，不会系统地按照学科、专题来收集和积累文献。要想全面阅读某一学科的文献，系统掌握一门知识，应该选择到图书馆。

那么，凭借个人的收藏能否实现这样的功能呢？应该承认，历朝历代的私家藏书曾经起到过非常积极的历史作用，为文化传承、文献保存和文献研究做出过不可替代的重大贡献，许多重要的学术成果也是以此为依托完成的。但毕竟时代不同了。现在有些朋友热衷于"名山事业"，多年来收藏书刊，乐此不疲，我往往坦率地告诉他们："雅好"可以，但不大可能凭此解决重大课题。可以说，面对今天的出版量和社会信息量，凭借个人的力量已经不可能建立起完备系统的文献收藏，只能依靠社会化的分工，也就是依靠图书馆及其他社会文献机构。当然，这里是指一般读书人利用文献而言的，藏书爱好者、私人藏书家等不在此列。

对于众多的读书人来说，还有一个会用图书馆、善用图书馆的问题。首先，要清楚到图书馆读书和逛书店是不同的。譬如，你要研究一个课题，或了解某一门类的知识，如果相关的文献有一百篇，你至少要阅读其中的八十篇，且不能遗漏重要的核心文献，才算是基本入门。这八十篇文献只有图书馆才能提供，因此这种情况需要到图书馆。如果只是一般的休闲阅读，见什么好就读什么，若是囊中允许的话，最好还是去书店，顺带拉动内需，因为图书馆新书上架时间要滞后，而且见到心仪的书刊还不能据为己有。其次，还要学会利用各种工具，如馆藏目录、联合目录、检索平台等，当前尤其要强调掌握各种文献资源的远程利用。在很多情况下，读者不需要舟车劳顿到图书馆翻检，现在各大图书馆大多提供数字资源的远程检索和传送，只要安坐家中，就可坐拥书城，享用整个图书馆乃至世界各地的文献资源，关键在于掌握技巧、方法和资源状况。

为此，要利用好图书馆，就要重视、了解并善于利用各种数字化资源。关于数字文献等新媒体文献与传统纸质文献的关系问题，相关的观点很多，分歧也很大，一言难尽，我这里只讲一下自己的结论。我坚定地认为，数字文献会是未来阅读的趋势，也是图书馆馆藏发展的趋势，这个趋势不可改变。有人说，在电脑网络上只有"浅阅读"，一卷在手才算读书，实乃无稽之谈。从历史上看，人类使用过几乎一切可以用于记载图文的介质，如竹、木、绢、石、草、叶、泥、青铜、陶瓷、兽皮等，直到后来才普遍使用纸张。在使用这些载体的时候，人类的文明都曾有过辉煌发展，如纸莎草时期的古埃及文明、泥版文书时期的两河流域尼尼微文明、简策时期的中国先秦两汉文明。而人们后来之所以选择纸张作为文献载体，原因在于其廉价易得。可以肯定，如果有更便捷、更廉价的载体，人们的选择肯定会发生变化，而且这个变化现在已经在发生了。在现有的各种数字资源中，有各个专业的专深论著，有最新的科研学术成果，还有《四库全书》等原始文献，这一切都不是"浅阅读"可以解释的。

今后的世界，纸张和纸质文献当然还会继续存在并发挥作用，不会消亡。如同枪械出现了弓箭还会存在，电灯出现了蜡烛还会存在，汽车火车出现了马匹还会存在，但其地位和意义却是不一样的。美国著名图书馆学家兰卡斯特曾于 20 世纪 70 年代提出"无纸社会"的预言。有人认定他的预言失败了，我认为不是，而是他没有准确地预测出具体的时间和方式。至今我们还是不能准确预测今后新技术的发展以及所带来的新媒体文献出现及成熟的时间和方式，这点不能苛求前人。

与此同时，依然不可忽略和轻视传统纸质文献的作用。现实情况是，当前社会上纸质文献资源还极为丰富，如果忽视这些文献，就会造成文献的缺失。在多数情况下，数字文献和纸质文献在内容上还不能完全互相取代，或者说纸质文献还没有被数字文献完全取代。从图书馆文献使用情况看，读者对纸质文献的需求还很大，且有不断增多的趋势，对此国内外多数图书馆采取的是传统文献和数字资源并重的方针。因此，在当前及可预见的未来，虽然数字文献等新媒体文献的发展趋势不可逆转，但纸质文献的作用目前仍然不可低估，更不能轻言放弃。

阅读之学，见仁见智；读书之道，合而不同。但是，只要是读书人，无论从事什么职业，持有何种读书观念，有哪些阅读习惯，走进图书馆、利用图书馆，都会是最好的选择。

（本文是为《全民阅读推广手册》一书撰写的序言。载徐雁主编《全民阅读推广手册》，深圳海天出版社，2011。）

# 阅读，指导还是不指导

这个题目，听起来像是"to be or not to be"，哈姆莱特式的"天问"。然而我对此的答案却是简单明了、不带有啥子哲理思辨的：阅读需要指导，图书馆需要阅读指导工作，图书馆工作者要有指导阅读的基本业务素质。

中国图书馆学会科普与阅读指导委员会成立于 2005 年，2009 年换届时改名为阅读推广委员会。名称中取消了"指导"的字眼，其初衷之一，就在于要消除凌驾于普通读者之上、高人一等的误解，强调阅读推广是图书馆分内的本职工作。但若是依此而得出结论，认为图书馆在读者阅读中可以摒弃"指导"，则无疑是一种误读，也背离了委员会更名的本意。

关键在于有些人混淆了"阅读指导"和"平等服务"的概念，似乎两者是矛盾的、非此即彼的。人生而平等，没有高低贵贱之分；对到图书馆来的读者，更要一视同仁，没有三六九等之别，这是图书馆的基本宗旨。曾经有人举例说，一个哲学家寻求哲学著作和一个厨师看烹调技术的书，在图书馆里都是平等的，都应该得到周到的服务，而不该像某些世俗的理解，把哲学家列为重点服务对象却罔顾厨师的要求，或者把前者视为"深阅读"却把后者视为"浅阅读"。诚哉此言。

然而，无论是哲学家还是厨师，都是需要阅读指导的。首先，图书馆应该系统采买并整理出哲学和烹调方面的核心论著，符合读者需求，不要有重要的文献缺失；其次，要帮助他们全面正确地检索所需要的哲学和烹调方面的文献，并有效提供给他们；最后，如果读者提出咨询，图书馆员要完整准确地答复哲学和烹调文献的有关问题，解决他们使用文献中遇到的困难。这一切都是阅读指导工作的范畴。至于对未成年人、残疾人、初涉图书馆的读者等群体，阅读指导的任务就更加具体繁多了。这类工作属专业性的指导，如同生病看医生、问路找交警一样，本不存在什么高下之分，更不意味着居高临下，轻视读者，有碍平等服务。

孔子曾说过，自己是"学而知之"的，并不属于"生而知之者上也"的层次。实际上没有谁能够"生而知之"，因此孔子才倡导"教化"，人类文明的发展也从来不曾离开教育、教育学和教育机构。而教化民众，或曰全民教育、终身教育，恰恰是图书馆特有的无可取代的重要社会职能之一。既然如此，阅读指导如何可以或缺？

具体到图书馆阅读工作来说，无论任何类型的图书馆，都不仅要让民众多读书，还有职责让他们会读书、读好书。一个图书馆，如果以"热读"为名，将馆藏都变为武侠言情小说，肯定是极其荒唐的，事实上也没有哪家图书馆会这样做。读者需求并不都是"天然合理"的，图书馆对读者阅读现象也不能完全听之任之。这些浅显的道理，本无需多加论证。

问题不在于图书馆阅读指导工作本身，而是以往的阅读指导方式大成问题。有的图书馆根本没有树立起指导阅读的观念，又缺少专业的方法，读者对此也不认可。曾有一家大型城市图书馆要求服务台详细记录读者问询的内容，结果最多的"咨询"竟然是询问洗手间的位置。

对于许多图书馆来说，阅读指导不是该不该舍弃的问题，而是太少、太贫乏、水平太低，远远跟不上读者的需要。就拿最为基本的工具"指导书目"来说，我一直认为，自张之洞《书目答问》以来，就不曾再有全面的、得到各界认可的、经得起历史检验的书目指导工具。我也曾应邀参加过几部面对社会普通读者的大型指导书目编制，发现参加编撰的所谓专家多是"刘项原来不读书"之辈，只会以揣摩跟风为事，以其昏昏，岂能使人昭昭？于是只有退出了事。

　　阅读指导，要做的事情太多，应尽的社会责任太大，凡我同仁均不可轻慢之。

　　（本文载于《图书馆报》2011 年 11 月 11 日，署名般若。）

# 小小桔灯照书香

半个多世纪之前，一个寒冷漆黑的夜晚，女作家冰心眼含泪水，手擎着那位顽强小姑娘制作的小小桔灯，借助这自强不息的微弱光芒，划破黑夜，走过严冬。若干年后，她写出了影响了几代读者的散文名作《小桔灯》。

2007年4月，这盏小小桔灯又在深圳沙头角重新点燃，至今已历经五年，这就是沙头角图书馆制订并实施的"'小桔灯'阅读推广计划"。五年来，"小桔灯"以阅读为媒，为数以千计的少年儿童点燃生命之火，赋予智慧之光，给他们的童年增光添彩。同时，"小桔灯"也闪烁着图书人的职业精神，燃烧自己，照亮他人，恪尽职守，服务社会，以微弱却顽强恒久的闪闪火焰，为孩子们未来的人生送上点点光明。

图书馆是读书的场所，图书馆员的职业就是为天下读书人服务，广聚文献，传承文明，推广读书，倡导阅读。对于广大青少年来说，我们的责任就更加重大，所谓"春种一粒粟，秋收万颗子"，今天播撒下读书种子，日后就会盛开文明之花，此乃裨益世道人心、泽及子孙后代的大功德。

回想我的孩提时代，和千千万万同龄人一样，是在身体和精神的双重饥饿中度过的。当时我的一大快乐，就是用吃早餐的钱去一个半地下的书摊租书来看，以肚皮的饥饿为代价来填补精神的饥饿。说起来我还算是幸运的，当时并不是每个同龄的孩子都能有机会到书摊租书读。"文化大革命"开始后，这个小小的快乐也告终结了。后来我虽然受了高等教育，也曾竭尽所能地努力弥补早年失学失读带来的种种缺憾，但仍不过是亡羊补牢、聊胜于无而已。以至于每当我倍感愚钝，为无法突破的上限而苦恼之时，总要归咎于早期教育的缺失和时代的局限。

现在，作为图书馆从业者，我的一个职业理想，就是要让天下读书人都有书可读，无论城或乡、富或贫、贵或贱。尤其是孩子们，再不让他们为没有书读而苦恼，也不会像我当年那样因早期教育缺失而致终身的遗憾。盼能以此拳拳之心，追随古代圣贤的情怀，虽然茅屋已为秋风所破，但仍然寄希望于广厦千万间。

所幸的是，我的这个追求现在已是图书馆行业的职业共识，也成为许多地方政府的既定政策和有力措施。"'小桔灯'阅读推广计划"的成功实施，就是沙头角图书馆的同仁们在政府主管部门的大力支持下多年辛勤耕耘的成果，也是全国图书馆阅读推广，尤其是少年儿童读书活动的一个成功范例。

由衷期冀当年冰心女士手中的这盏小小桔灯，作为读书的火炬，继续在沙头角图书馆燃放，并能够推而广之，为普天下读书的孩子送上一片光明。


（本文写于 2012 年 10 月，是为深圳沙头角图书馆《"小桔灯"阅读推广计划》宣传册撰写的前言。）

# 读书的目的就是读书本身

今天，我们相逢在一个阅读的季节——深圳读书月；相聚在一个读书的场所——深圳图书馆；大家济济一堂，以书结缘，以文会友——都是爱好读书的朋友。

读书，是在座各位朋友的共同爱好、共同语言、共同追求。但是，我们为什么要读书，社会上却有着不同的答案。"小二郎，背起书包上学堂，……只因做人要争气，不受人欺辱，不做牛和羊"，是要出人头地；"工欲善其事，必先利其器"，是出于功利需要；"书中自有黄金屋，书中自有颜如玉"，则是贪财好色的翻版。而我这里要说的是，我们首先要为快乐而阅读，为人生而阅读，或者说读书的目的就是读书本身。一卷在手，抛却功名利禄，忘记世间烦扰，书山寻径，学海觅舟，人生之乐，莫过于此。那种学以致用、急用先学、立竿见影的功利式读书，是不得其真谛的。在这点上，我的观点与各位民间阅读组织的宗旨是相通的。

对于普通民众来说，公共图书馆是最好的读书场所。我们深圳市有着全国最好的公共图书馆系统，我们称之为"图书馆之城"。至2009年底，深圳市通过正式评估达标的公共图书馆已经有628个，近期还会再增建；此外还有140台"城市街区24小时自助图书馆"，遍布全市街头巷尾，这个数字明年将会达到200台。也就是说，我们会有一千多座各种形态的公共图书馆为全市民众服务。这样的规模，这样的现代化程度，都是全国其他城市所没有的，在世界上也属先进水平。尤其是"城市街区24

小时自助图书馆",是我们深圳的首创,也是大规模应用的首例,世界上没有任何城市的市民可以享受到如此广泛、周到和现代化的服务。我们所有公共图书馆的各项服务全部免费,大门向所有人敞开,不管你身份如何,有无官位、钱财、户口,都会受到一视同仁的服务。这在全国也是开先河的。

然而,我们的政府兴办了如此规模的读书机构、读书设施和读书活动,是不是就足够了呢?是不是就可以包揽一切了呢?显然不行。因为阅读是个很个性化的事情,是全民的事情,政府以及图书馆这样的专门机构只能倡导阅读、创造阅读条件,不可能也不应该在一面大旗下云集所有族群,在一个模式下规范所有读书活动。这就需要民间阅读,需要民间的阅读组织和阅读活动。书刊的传播、文化的守望,历来都不仅仅是官方的事情。古人曾这样形容民间的文化薪火传承:"大汉文章出鲁壁,千秋事业藏名山。"在中国传统文化中,"群贤毕至,少长咸集",是读书人雅聚的常见方式。今天光临的各位,包括公益阅读推广组织、专业阅读推广人、民间读书会和沙龙、志愿者团体、书评人、独立阅读推广人等,都是这一优秀民族文化传统的传承者和守望人。

我作为市图书馆馆长,平时对我市的民间阅读组织和阅读活动了解不多,联系沟通更少,很是惭愧。我愿借此机会,虚心向各位求教,共同探讨,并做好服务。

我愿意以西方启蒙先驱马丁·路德的名言作为我本篇发言的结语:"一个国家的繁荣,不取决于它城堡之坚固,也不取决于它设施之华丽;而是在于它的公民的文化修养,即在于人民所受的教育,人们的远见卓识与品格的高下,这才是利害所在,真正的力量所在。"

（本文是 2010 年 11 月 12 日在"深圳读书月"期间举办的"民间阅读文化沙龙"上的致辞。）

# 公民阅读与公共图书馆

公共图书馆在公民阅读上有着不可替代的作用。

在深圳图书馆新馆开馆之初，我曾编撰了一副对联悬挂在图书馆大厅："书山有径斯为径，学海无舟是乃舟"。这是依据唐代大文豪韩愈的治学名联"书山有路勤为径，学海无涯苦作舟"改写的。其中的"斯"、"是"就是指代图书馆，其用意就是要强调到图书馆读书的重要性，以及图书馆在阅读上不可替代的社会作用。为让外籍人士和港澳人士读懂，我还特意将此联译成了英文：Just like a road on a mountain，a ship in the sea，library is the helpful tool for learning。

如我们所知，阅读是存在不同层次的，人们通常称之为深阅读和浅阅读——尽管我个人并不赞同这样的提法，但这里仍姑且从俗，以便于阐述。所谓的深阅读，应该是学习型的阅读，是指深入、系统、以全面掌握某一学科或门类知识为目的的阅读；所谓的浅阅读，属于快餐式的阅读，是指浮光掠影、浅尝辄止、碎片化的阅读。

当然，读书无高下，开卷总有益，不应简单贬低或完全排斥浅阅读。但是，我们作为文化教育工作者和图书馆专业人士，在指导读者，尤其是青少年读者阅读的问题上，还是要提倡深入阅读，引导他们多读书、会读书、读好书，通过阅读全面系统地掌握知识。人们常说，知识就是力量，而知识是要通过系统深入的阅读才能得来的。对于青少年读者来说，还有个如何学会利用文献、培养自学能力和研究能力的问题，为此倡导系统深入阅读就显得尤其重要。

那么，要怎样阅读，尤其是怎样才能深入阅读？回答是，要到图书馆。

要进行深入系统的阅读，完整全面地掌握知识，图书馆是最好的场所。只有图书馆，才具有完备的文献资源保障体系，才能为读书人提供全面系统的文献服务；也只有在图书馆，才能领略到完整的科学知识体系和全部的人类文化遗产，从而站在巨人的肩膀上来看这个世界。所谓"站在巨人肩膀上"，实际上就是掌握文献。譬如，你要研究一个课题，或了解某一门类的知识，如果相关的文献有一百篇，你至少要阅读其中的八十篇，还不能遗漏重要的核心文献，才算是基本入门。这八十篇文献哪里有、哪里找？只有图书馆这样的专业文献机构才能提供。古人所言"克昌厥后，斯文在兹"，恰是图书馆之谓。

目前还没有任何社会机构在这一功能上可以取代图书馆。书店，显然不行，它只能提供当年及近年的新书，甚至只是有销路的新书，不会系统地按照学科、专题来收集和积累文献。即使你有足够的资金买书，又有足够的空间存放这些书，依靠书店恐怕也是不行的。个人收藏，恐怕也不行，尽管历朝历代的私家藏书曾经为文化传承做出过重大贡献，但毕竟时代不同了。面对今天的出版量和社会信息量，凭借个人的力量已经不可能建立起完备系统的文献收藏，只能依靠社会化的分工，也就是依靠图书馆及其他社会文献机构。这就如同生病要找医生、上医院，寻求专业帮助，靠个人买些感冒胶囊之类的只能对付一些头疼脑热的小毛病。到书店买书也好，个人收藏也好，充其量不过是感冒胶囊者流。

当下社会上许多人，尤其是许多年轻人可能会有这样的疑问：现在已经进入网络化、数字化时代，阅读的途径大大拓展，资源大大丰富，还有必要再到图书馆吗？对于这个问题，我想回答应该是这样的：要读书，可以不"到"图书馆来，但一定要学会利用图书馆的数字资源。我们之所以这样讲，是因为现在的图书馆拥有最为优质的数字资源集合，而且是面向读者免费提供的。图书馆的这些数字资源也是其他机构所不能代替的。

如同我们所知，当今世界，海量信息，林林总总，铺天盖地，几乎要把每个人都淹没在信息的海洋里。这些信息把我们搞得很忙碌，却无法让我们深入阅读，无法系统学习掌握一门知识。其中还有政治因素、利益因素和商业因素等对信息检索利用的影响，更是大家熟知的。

而图书馆收藏和提供的各种数据库，如同图书馆的藏书一样，是经过精挑细选和专业化整理的，因此是最重要、最实用、最具价值的信息资源，还是全面开放、免费提供使用的。如果熟悉并掌握了图书馆收藏的各种数据库，足不出户，就可坐拥书城，享用整个图书馆乃至世界各地的文献资源。即使所在的图书馆数据库不够齐备，使用者另有需求，现在图书馆也大都可以通过各种图书馆协作关系和资源共享平台，利用其他图书馆的数据资源，这些服务也大都是无偿提供的。从数字资源的角度看，在目前社会上，还没有其他社会机构拥有这样完备的资源、这样系统的数字阅读保障、这样全面的无偿服务。

顺便说到，有些人认为阅读传统纸质图书才是正式的阅读，而数字文献、电子图书统统都是不入流的，算不上读书，这是以偏概全、不合时宜的。倘若在十年前，这样说还算靠点儿谱儿，五年前还算沾点儿边儿，但今天则明显是不对的。为什么？其中一个重要原因，就是今天的图书馆已经建立起系统完备的数字资源体系，为深入阅读创造了良好条件。无论是最新出版的图书、期刊、各类论文，还是古籍、手稿、书画等原始文献，都可以在图书馆的数字资源中迅速、便捷地获取。学会选择和利用图书馆优质的数字资源，才是我们今天应该提倡的。

讲了许多，结论只有一个：社会需要图书馆，公民需要图书馆，图书馆是不可替代的。这些论点，也许都是老生常谈 ABC，但我发觉，在我们的社会上，不具备、不了解这些ABC 的还大有人在，其中有青少年读者，也有德高望重的大家。甚至就在我们图书馆从业者之中，也有不少模糊认识。因此，我们有必要不厌其烦地反复宣讲：阅读，要到图书馆；天下读书人，要学会利用图书馆；作为现代社会的合格公民，要了解图书馆，利用图书馆的良好条件和丰富资源，汲取知识的力量，实现人生的目标。这是我们图书馆人的责任和使命。

最后，我要用两段话结束我的发言：

一是名言，是联合国前秘书长、诺贝尔和平奖获得者科菲·安南（Kofi Annan）讲的"Knowledge is power. Information is liberating. Education is the premise of progress in every society, in every family"。（知识是力量，信息即解放，教育是每个社会和每个家庭发展的前提。）我想这也是国际社会对现代公共图书馆的最好诠释。

另一段话不是名言，是我为 2012 年在东莞举办的中国图书馆年会"深圳图书馆之城"展览的题词，与大家分享：

文明沃土，知识津梁。

琳琅册府，锦绣缥缃。

裨益黎众，普惠城乡。

斯文鼎盛，都市书香。

卿云璀璨，日月华光。

（本文摘自在"广东省立中山图书馆百年馆庆和第二届粤港澳地区图书馆高峰论坛"上所做的主旨报告，2012 年 12 月 18 日于广州。全文见：http：//blog. sina. com. cn/u/ 2361794862。）

# 三个故事 一条宗旨

—— 阅读自由漫谈

## 一　奥巴马的故事

2005 年 6 月，伊利诺伊州参议员奥巴马，后来的美国总统，在芝加哥召开的美国图书馆协会年会上，发布了以"隐私与自由"为主题的著名演讲。

奥巴马在演讲中指出，每当科学和真理不断遭到政治议程、意识形态和伪科学的挑战时，"总是图书馆在提醒我们，真理并非就是最响亮的声音，而应该是最正确的信息"。他倾情呼吁："让我们的图书馆永远都是知识的殿堂。在这里，人们可以自由自在地阅读，随心所欲地思考。"

以一位杰出政治家的眼光和雄辩，奥巴马充满感情地说道：

> 多年来，是图书馆管理员们一直奋战在争取隐私与自由的前线。……当政治机构审查优秀文学著作时，是你们将《哈克·费恩历险记》和《麦田里的守望者》重新放回书架，保障了我们自由思考和接受外界信息的权利。每次我们不得不担忧，我们的政府是不是也会在图书馆里掠过我们的肩头窥视着我们，这时，依旧是你们勇敢地站出来，呼吁保护个人隐私。你们是美国这一最根本自由权利的全职捍卫者，仅凭这一点，你们就应受到全国人民最深切的感激。①

---

① 〔美〕戴维·奥利弗：《通向白宫之路：奥巴马赢得大选的 20 场演讲》，刘琳红译，中国青年出版社，2009。

　　这篇演讲广受赞誉，被誉为奥巴马在通往白宫之路上最终赢得大选的 20 篇最为重要的演讲之一。不得不承认，对于公民权利、阅读自由和图书馆的社会责任、历史使命等，奥巴马讲得既到位又精彩。尤其是将图书馆员誉为"这一最根本自由权利的全职捍卫者"，精辟道出了图书馆的职业价值。

## 二　程焕文的故事

　　时隔八年，中国出了个"竹帛斋主"程焕文，又高调将阅读自由的论题抛了出来。

　　2013 年 3 月，程焕文在他的"竹帛斋主博客"中接连发了《人有好恶，书无好坏》和《勿左勿右，客观中立》两篇博文，祭出了图书馆信息自由的大旗，明确提出："图书馆在藏书建设上必须保持客观中立，不受任何思想意识和社会势力的干扰和影响，不越俎代庖地替任何意识形态、团体和个人判断藏书的优劣好坏或者收藏与剔除。这是纯粹的图书馆精神，这种精神会受到来自意识形态的各种压力，但是作为图书馆人必须尽最大的努力予以坚持和抗争。"这一论点和当年奥巴马参议员如出一辙，所见略同。

　　然而竹帛斋主却没有奥巴马的幸运，由此文而踏上"通往 XX 之路"，而是遭遇到一片质疑之声，引发了大量争论。竹帛斋主没有因此而示弱，依然"顽固"坚持其立场："凡是认为书有好坏的，不是左就是右，都对图书馆有害。图书馆在藏书建设和服务上必须持有的是客观中立。你的观点貌似正确，其实就是审查制度赖以生存的粪土，如果你哪一天做了很大的官，特别是管新闻出版的官，言论自由、出版自由、藏书自由、阅读自由就都会被你消灭了。"① 迄今为止，图书馆界对于程焕文论点的争

---

　　① 竹帛斋主博客：http://blog.sina.com.cn/u/1232601503。

执仍未停息。

笔者旗帜鲜明、毫不含糊地支持竹帛斋主的论点，并很欣喜能够从图书馆的角度讨论阅读自由的问题。

## 三　《金瓶梅》的故事

早在奥巴马和程焕文抛出上述高论之前，我就曾多次在不同场合声明：坚决不看删节版的《金瓶梅》。

这一说法曾引来不少讪笑，谓我专好那些被删节的文字。一位仁兄还赠送我一本小册子，刊载的是《金瓶梅》中被删节部分，曰只读此书即可，令人忍俊不禁。

我的本意是，我是个成年人，又自诩为高层次读者，凭什么要由别人来决定我该看什么、不该看什么，而且一定要接受"少儿不宜"的标准？简直岂有此理！至今我阅读海外学者撰写的人文社科著作或译作，都尽量购买海外版，尽管费钱费力，也不愿读那些妄加删改又不肯像洁本《金瓶梅》那样注明删节多少字的出版物。

后来我结识了策划出版"洁本"《金瓶梅》的专家，一位令人尊重的老先生。他多年研究《金瓶梅》，认为此书是不可多得的伟大文学作品，其水平不在《红楼梦》之下，但却背上了"淫书"之名，难以面世。为此，他们几经周折，上下奔走，终获批准出版删节版，让天下读者得以一窥其概貌。得知其原委，我深为其拳拳之心而感慨，却依然无法苟同其论点，依然不愿由他人代替我做出阅读的抉择，尽管这个"他人"是一位充满爱心、学养深厚的长者。

由此想到那些热心于区分"好书"与"坏书"的图书馆员们。他们虽然也是一片"好心"，但学识较这位老先生还差得远，却在干着连一流专家学者都无法做好的事情，正所谓"嗟尔远道之人胡为乎来哉"！

## 四　阅读自由是宗旨

三个故事带给我们一个结论：阅读自由是图书馆乃至整个现代社会文明的宗旨圭臬。

笔者之所以赞赏奥巴马的精神，支持程焕文的论点，并且坚决不看"洁本"《金瓶梅》，正是基于这一宗旨。其理由，除却竹帛斋主和各位方家已经提到的，尚可续貂者有三：

其一，阅读自由，以及与其相关的藏书自由、信息自由，是图书馆根本的职业价值观。恰如《公共图书馆宣言》开宗明义所说：自由、繁荣以及社会与个人的发展是人类根本价值的体现。实际上，这个论题已经超越了图书馆学、图书馆界的范畴，涉及社会的公平正义、公民权利等重大问题。图书馆员作为阅读自由的"全职捍卫者"（奥巴马语），有必要尽全力为此"坚持和抗争"（程焕文语）。

其二，正因为阅读自由是大道理，是"上位类"，所以其他一切小道理都要服从阅读自由这个宗旨。那些对程焕文论点发出不同声音的人，大多并不反对藏书自由、阅读自由和信息自由，而是从专业角度和图书馆工作出发，对不加选择地收藏文献提出质疑。毫无疑问，没有哪家图书馆能够尽收天下文献，总要有所选择、有所扬弃，因此才有了藏书建设、文献资源建设、信息资源建设的专业领域，有了相关的理论、方法和技术。这些图书馆业务层面的事情，与阅读自由的图书馆精神、图书馆价值观并不相悖，而是不同层面的论题。一个合格的图书馆员，应该既是阅读自由的坚定捍卫者，又是精通图书馆藏书建设理论、方法和技术的业务人员。其他图书馆业务工作，诸如阅读推广、经典推介、新书宣传等，亦作如是观。

其三，阅读自由问题与其他诸多事关公平正义的问题一样，在现阶段全社会范围本是很难企及的目标，但在图书馆却是可以率先实现的。阅读自由，知难行更难，在图书馆却是可行的，可望而又可及的。若干年前，国内公共图书馆倡行开放、平等、免费，落实公民的公民权、平等权、文化权和信息权，并使之终成业界共识和政府方针，就是在其他领域难以实现的。须知，我们所说的图书馆阅读自由，实际上是打了折扣的，因为出版物在出版环节就业已经过了严格的审查过滤。若是我们再去区分什么好书坏书，岂非又在层层加码，为阅读自由设置更多的障碍？至少在图书馆，阅读是自由的，这点我们可以做到，也应该做到。

（本文应中山大学潘燕桃教授和《图书馆建设》之约，为该杂志专题笔谈而撰写。该笔谈是围绕中山大学图书馆馆长程焕文教授的博客文章《人有好恶，书无好坏》和《勿左勿右，客观中立》而开展的讨论。原载于《图书馆建设》2013 年第 9 期。）

# 深浅阅读谈

我不认为阅读的"深"与"浅"与文献的载体有什么直接联系。从历史上看，人类使用过几乎一切可以用于记载图文的介质，如竹、木、绢、石、草、叶、泥、青铜、陶瓷、兽皮等，直到后来才普遍使用纸张。在这些演变的过程中，人类的文明不断发展繁荣，曾谱写过光辉的篇章。而后来之所以选择纸作为主要的文献载体，原因在于其廉价易得，而不是因为使用它就会有多么"深"。

在我幼年的时候，我祖父辈的一些老人很看不惯简体横排的书刊，因此断言我们这一代为此将变得没文化，"数典而忘其祖"。时至今天，尽管我不够争气，无法光耀门庭，但我们这一代人整体上并没有因此而变得比上辈更加没有知识和文化，文明依然以新的形式得到传承，还是可以面对祖宗的。现在每当我听到一些人对年轻人偏爱电子阅读而横加指责时，就会想起幼时的这些杞忧。我相信，即使有一天纸质文献真的消亡，电子文档独步天下，天也塌不下来。

但是，当今社会上肤浅、浮躁的阅读之风是确实存在的，这确实令人担忧。匡正学风，引导阅读，也是图书馆人的社会责任。

什么是阅读的"深"与"浅"？这个问题恐怕十个人会有二十个答案，不仅因人而异，而且每个人看法也因时因地会有变化。我们且撇开个性化的或囿于某个学科的阅读观，从图书馆或文献集合的角度，可以这样看：全面、系统、整体地掌握文献，就是深入阅读。这里姑且不够严谨地将之称为"文献意义上的深入阅读"吧。

稍具常识的人都会明白，无论从事何种形式的系统学习或专门研究，其前提都是要充分掌握文献，亦即常言所说的"站在巨人肩膀上"，概莫能外。人们至今还在传颂著名史学大家陈垣先生的故事。当年老先生为研究《四库全书》，数年"蛰伏"在故宫文渊阁，逐篇逐页地将浩瀚的《四库全书》通篇过手核校，其成果至今仍是最为权威的。其成功的诀窍，就在于做足了"原始文献"和"一手材料"的功夫。相形之下，那些不具备文献意识和文献功力的浮躁之徒，包括每年几百万字的"学术奇迹"创造者、从天而降的"国际先进水平"科学家、满天飞办讲坛做报告的"著名大师"，不过是些"刘项原来不读书"者流。

在当今社会，有谁会提供这种文献意义上的深入阅读呢？只有从事文献系统收藏和文献专业提供的图书馆。或者说，只有在图书馆里，才能真正实现文献意义上的深入阅读。其他途径，如书店、私人收藏、互联网等，都难以完全履行这一社会职能。当然，今天的图书馆，不再仅仅是《四库全书》之类的传统文献收藏场所，也不再应用陈垣先生式的文献利用方法，各种数字资源已日渐成为馆藏主流，电子文献检索和电子阅读、移动阅读等越来越多地成为图书馆读者的选择。但是，图书馆作为社会文献收藏和利用机构这一基本性质没有变化。在当前及可以预期的未来，还没有其他社会机构可以取代图书馆，来满足全社会深入阅读的需求。图书馆要义不容辞地承担起这一社会责任和历史使命。

作为图书馆，尤其是公共图书馆，不应排斥任何阅读方式和任何读书人。深读浅阅，儒者丐者，都要一视同仁，一向是我们的宗旨。但是，这样做并不意味着图书馆应该对社会所有的阅读行为都采取听之任之的态度。对于需要全面系统利用文献的深入阅读者，图书馆应提供充分的文献资源保障和便利的文献检索及利用途径；对于一般性阅读者，图书馆也应想方设法让他们多读书，引导他们读好书，不断提高他们的阅读水平和文献利用能力。我们这样做，小到实现图书馆自身的社会价值，大到裨益社会发展、经济繁荣、科技进步、文化昌盛，从而提高全民族的文化素养，都是功德无量的。

（本文原载《图书馆报》2011 年 4 月 22 日。）

# 阅读立法的本质是
# 监督政府尽责

在 2015 年"世界读书日"之际，深圳公布已启动全民阅读立法，条例初定名为"深圳经济特区全民阅读条例"（下称"深圳阅读条例"），有望于 2015 年 11 月出台。阅读条例由深圳市特区文化研究中心负责起草，深圳图书情报学会理事长、中国图书馆学会阅读推广委员会主任吴晞为立法顾问。前日，吴晞接受《南方都市报》（以下简称南都）记者专访时表示，深圳阅读条例将主要给各级政府和主管部门规定责任，本质是监督政府尽责。

南都：阅读是个人化的行为，立法有何必要？

吴晞：阅读就像吃饭一样，大家会觉得，人家吃什么饭，还要立法保证、政府规定必须吃好饭吗？但从阅读立法讲，并非给个人阅读做规定，不是规定你应该读什么、不该读什么，其本质是给各级政府和主管部门规定责任。比如，政府有必要为阅读创造必要条件，为读书人，尤其那些比较弱势的、困难的群体创造读书的条件，必须提供相关场地、相关文献，否则就是失职。深圳阅读立法的本质是这样的。

前段时间新闻出版总署曾有个《全民阅读促进条例》草稿，本来是好事，不触犯谁的利益，但出台后却遭到许多质疑。一些知识分子也称，阅读是自由的，不是官方应该管的。其实这是曲解。阅读立法的出发点是监督政府担负起推动和促进阅读的责任。类似的法律法规在西方国家非常普遍。

南都：深圳为阅读立法有何优势？

吴晞：目前来看，全民阅读在深圳发展得比较充分，立法条件充足。我也提出，希望深圳能第一个出台。据我了解，全国有四五个省在搞，国家新闻出版广电总局也在搞。国家层面搞可能更麻烦点，他们要通过全国人大的立法程序，要经过相当长的过程。在这方面深圳有优势。

南都：阅读立法应坚持什么样的原则？

吴晞：记得有这么一个故事，去美国移民，有一个问题问：法律是针对谁的？中国人的说法是针对老百姓的，但正确答案是"针对政府的"。法律主要管谁呢？主要管政府，不是主要管老百姓的。4月25日开专家论证会，特区文化研究中心起了个草稿让大家提意见。深圳的这部阅读条例很明确，是促进、监督政府，不是限制人们的阅读自由。但草稿文辞上还是有些官方语言，比如"政府主导"等。我也提了些意见，认为这不是政府主导的问题，政府的责任是推广和促进，是提供条件和资源，而非主导。在这部阅读条例中不该突出这样的思想。

不光是阅读法，其他所有的法律都该是这样的出发点，政府应尽到责任却没尽到，就要受到监督问责。比如，深圳的阅读立法提到必须有相应阅读设施，要有图书馆，图书馆要设电子阅览室；阅读设施分布要有一定密度，要有阅读内容和资源，包括传统图书、期刊以及新的数据资源。这些都是政府应该做的事。

南都：这部阅读条例有何侧重点？

吴晞：这部阅读条例强调的是对特殊人群在阅读上的扶持和帮助。尤其是未成年人，这是阅读立法促进的重点，让他们养成读书的习惯，学会读书、读好书。另外就是对那些阅读有困难和障碍的人，比如说他生活很困难买不起书，他残疾、生病或者年老出不了门，要对这些特殊的弱势群体、需要特殊帮助的群体进行帮助。

南都：起草过程中有哪些争议？

吴晞：就是到底政府在阅读方面提供的财政帮助是否应该明确写出来，大家有不少争论。对于法律执行机构来说，肯定希望政府的责任越清楚越好。但这样一来，会给立法的出台带来障碍，甚至可能会卡壳。因为要经过财政委、发改委等多个部门的审核，他们肯定不愿把这些硬性规定写在里面。我倒是主张，政府只要尽力支持，条件好支持力度大点，条件不好支持力度可能就没那么大，这不是特别重要的问题。

南都：阅读立法如何避免成为摆设？

吴晞：阅读立法对政府来说有强制性的一面，而对广大读者来说不像交通规则那样具有强制性。你说它软它就软、说它硬它就硬，对拥护它的人来说，它就会起到很大促进作用。如果有人说"我就是不读书"，那这个法律对他当然没什么用。对政府来说，要提供阅读设施、阅读资源，而且这些服务必须免费，必须是平等、不带歧视性的。同样是读者，不能因为本地户口或外地户口以及三无人员而区别对待。对一些设施，譬如图书馆这样的机构，每个月要开门多少小时、要提供多长时间的服务等，也有强制性规定。立法草稿中规定，违反责任者将面临行政处罚。

（本文原载《南方都市报》2014年4月29日，南都记者王烨采写。）

# 四

# 读书撷趣

斯文在兹

——曲阜孔庙牌匾，典出《论语·子罕》

数百年旧家无非积德
第一件好事还是读书

——张元济撰联

# 闲读书，读闲书

人云：不做无聊事，怎遣有涯生。闲来读书，读读闲书，不知算不算无聊之事，反正我是用这种方式打发有涯之生的。

人生在世，首先要做"正事"，为谋生也好，为事业也好；还得务"正业"，为专业造诣也好，为个人发展也好。这些都属功利之事。虽说圣人有言"君子寓于义，小人寓于利"，但功利本身并不是什么坏事情，实际上我们几乎每天都在做功利之事、读功利之书，如为考试而攻读参考书、为写工作报告而查阅资料，等等。但这些都不是真正意义上的"读书"，只能称之为学习或工作。所以说，许多有着很高学位或职称的所谓"读书人"，其实是"刘项原来不读书"之辈，亦即人们常说的"有知识没文化"。读书的境界，应该不带有任何功利目的，"无事乱翻书"，或者像五柳先生那样，"好读书，不求甚解，每有会意，便欣然忘食"。这就是读闲书了，不图什么黄金屋、颜如玉，但求欣然忘食。

闲书，也有品位、格调的问题，也有好与歹的区别。人生苦短，读书有限，开卷并非总是有益。尤其在今天垃圾书刊成灾的年头儿，要"众里寻它千百度"，才可能多读上几本好书。这就如同进食，我们的肚子是有限的，一生进餐次数多少也是有数的，要是只嗜好垃圾快餐，而不知美食名菜为何物，虽然也可以填饱肚皮，但终究是口腹的遗憾和欠缺，而且注定营养不良。

读了闲书，会不会误了正事、正业呢？我笃信陆放翁的名句："汝果欲学诗，功夫在诗外。"知识在本质上都是相通的。闲来读书，虽说也是休闲，但毕竟与聚餐、飙车、卡拉 OK 不同，而是从另外的角度丰富知识、健全人格。各学科称得起是大家的，都是知识广博、融会贯通的饱学之士。尤其我们从事图书馆工作的，如果除了图书馆学、信息学及 IT 技术之外一无所知，整日板着一副枯燥乏味的面孔，让读者看着也不舒服。

记得曾和朋友谈起什么是最好的美容之术，我的观点是读书。听来似乎匪夷所思，实际上一个人读不读书、读些什么书，都写在她的脸上，体现在她的一颦一笑、一言一行、一举手一投足之中，浓妆艳抹不能掩，岁月消蚀磨不去。嘴脸是天生父母给的，气质却是可以雕琢的。一个人是雍容、高雅、魅力四射、光彩照人，还是粗鄙、浅陋、龇牙咧嘴、俗不可耐，虽说不完全是读书决定的，但肯定和读不读书、读什么书有关联。

还要讲一句多余的话。我也算得上是个努力研习业务的专业工作者，也一贯提倡大家研读专业文献、提高业务水平。但是这些问题，还是留待今后作为业务讲座和学术研讨会的内容为好。这里我愿意讨论各类闲书，说些闲话，品味闲趣。

（本文写于 2008 年 8 月 1 日。）

# "十批"是否好文章

　　知晓及阅读郭沫若的名著《十批判书》，是源于"文化大革命"后期流传的"最高"的那句名言："十批"不是好文章。我一直不大相信此句出自的那首律诗真的是"最高"的手笔，因为此诗直白浅陋，且不合韵律平仄，不类作者其他有旧学功底的诗词。但诗中表达的批贬孔子、肯定秦始皇等思想，则毫无疑问是当时的"主旋律"。

　　在这种形势下能读到《十批判书》，恰如古人所言"雪夜闭门读禁书"，颇有快哉之感。作者大气磅礴，才气逼人，两千多年前的历史事件和人物在笔下纵横驰骋，指点评说，收放自如。当时我只有十几岁年纪，"文化大革命"失学，本不知学问为何物，甚至不清楚先秦、春秋、战国的历史概念，但却从中懵懵懂懂地感受到了史学、史家的无穷魅力。由此，我又陆续读了《甲申三百年祭》、《青铜时代》、《中国古代社会研究》等郭沫若的史论著作。我曾幻想，有朝一日能够有这样的学问，写出这样的文章。回想起来有点儿"自恋"的是，早在思想解放之前多年，我就率先冲出了"两个凡是"樊篱，认定："十批"，乃是好文章！

　　《十批判书》于我，如同初恋令人难忘，尽管时过境迁已渐渐淡忘了书中的内容，尽管日后又读过许多名家名著，但当年该书给我带来的吸引、震撼、折服之感，却每每不能忘怀。后来我逐渐知道，郭沫若其人其文有着诸多不光彩的一面，如吹捧

"最高"："难怪阳光是加倍地明亮，机内和机外有着两个太阳！"吹捧斯大林："永恒的太阳，亲爱的钢！"着实令人无法恭维。但我依然认为，郭沫若的史学论著，至少早期出版的史学著作，其学术价值还是无法抹煞的。

大约在 20 世纪 90 年代，我偶然读到海外学者余英时的《〈十批判书〉与〈先秦诸子系年〉互校记》，大为吃惊，原来一代名著《十批判书》竟是剽窃抄袭之作！初看似乎令人难以置信，但读后却不得不信服余氏经过严谨互校后得出的结论：《十批判书》对《先秦诸子系年》的抄袭，"不仅是资料的，而且还是见解的；不仅是部分的、偶然的，而且还是全面的、根本的"。据余氏自述，此文原题《郭沫若抄袭钱穆先生著作考》，1954 年发表于香港，1991 年改为此名重新发表。修改稿删改了一些轻佻、刻薄的语句，归于平实，为的是要表明："我这篇文字有没有学术价值是另一回事，但绝不是政治宣传。"读毕信然。这样一来，我的感觉好像是又重新回到"两个凡是"的樊笼之中了："十批"，确实不是好文章！

令余氏不解的是，郭沫若的《十批判书》和钱穆的《先秦诸子系年》是性质完全不同的著作，前者本可以坦坦荡荡地引用后者，而不是攘窃。余氏对此的看法是，郭氏是一个完全没有学术诚实的人，因此可以对他的一切学术著作持怀疑态度。我却以为不尽然。20 世纪三四十年代，在郭沫若等"马克思主义史学家"们看来，钱穆是个食古不化的旧式史家和前朝遗老。翻检《十批判书》，章太炎、梁启超、冯友兰，甚至胡适，都曾被作者赞扬、引证或驳斥，这些人虽分属不同政治阵营，但均属作者认可的"新派"学者。唯独"主流"之外的钱穆，不屑与之为伍，因而虽引用其大量成果，却只字也不能提。学术界虽无此说，但我确信我的推论更接近他当时的想法。

一代名著，一桩公案，都值得我们读一读《十批判书》。同时，诸君如果阅读钱穆《先秦诸子系年》有难度的话，不妨看看余英时的《〈十批判书〉与〈先秦诸子系年〉互校记》。前者现行的版本很多，在郭沫若的全集、选集中也多有收录；后者在内地出版物中刊载的不多，我手边的是余英时著《钱穆与现代中国学术》，广西师范大学出版社，2006年版，上文中的引述亦出于此。

读读这些书，为的不是孰是孰非，而是因为读书的乐趣就在于此。

（本文原载《深图通讯》2008年第3期。）

# "读书表格"二则

案：2013年7月，深圳少年儿童图书馆为举办"深圳读书月"活动，发起了"百人百书——100个深圳人的100本书"活动，我也有幸收到一份表格，成为"百人"中的一员。少儿馆同仁殷勤叮嘱，自然不敢怠慢，如期交卷。其中"表2"为"我的阅读故事"，共有如下两栏。（1）我的阅读与人生：请简要说说您的阅读与人生关系的故事；（2）影响我人生的一本书：选出您最喜欢或最想推荐的一本书，说说您与这本书的故事。于是有了这两篇填写在读书表格上的文字。

## 一 我与《红楼梦》（我的阅读与人生）

说起我的"阅读与人生"，就不得不提到《红楼梦》。但我并非是指《红楼梦》就是我的最爱、真爱，或"人生影响最大"，甚至读这本书也不是出于我自己的意愿，而是那个扭曲的时代带给我的人生烙印。

在我初能读书之时，爆发了"史无前例"，家中的存书全部损毁，整个社会也进入了"书荒"的年代。17岁那年，下放到河北省广宗县做知识青年，饱尝了肚皮与精神双重饥饿之苦。我们一伙精力旺盛的少年人，就像是到处觅食的老鼠，把当时能找到的有文字的东西全部啃遍了。其中一本发烂又缺页的县志，现在想来大概是清代同光年间的雕版刻本，我们多次翻阅，以致清楚无误地了解到本县自古以来一共出了多少几十年誓不改嫁的贞节烈女。

突然间天降甘霖，传来"最高指示"：《红楼梦》要读五遍。为此县知青办给我们知青点发了一套《红楼梦》，记得是人民文学版，繁体竖排，四卷本，李希凡写下的长长序言。我们如获至宝，用当时最好的牛皮纸包上了书皮，放在知青队长的抽屉里，大家轮着看，谁也不能私下占有。

后来才了解到，"最高"在"文化大革命"期间曾与一位大军区的黑脸庞司令谈话，要他读五遍《红楼梦》，以免"随陆无武，绛灌无文"。一想到这位赳赳武夫的司令，捧着缠绵悱恻的才子佳人书啃读的情景，堪比张飞绣花，就忍俊不禁，当为绝好的漫画题材。

不知道这位黑脸司令到底读了几遍《红楼梦》，反正我读了绝不止五遍，大为解渴。对书中的人物、情节，乃至诗词歌赋，至今都记得清清楚楚，耳熟能详，出口成诵。尤其是诗词，堪称是我旧体诗词的启蒙者。我不仅可以轻松背诵《金陵十二钗》、《好了歌》、《葬花词》、《芙蓉女儿诔》等名篇，还能通篇默诵七十六回黛玉湘云的联句，七十回群芳填写的《柳絮词》等。当时除了一本已经翻烂的《新华字典》，没有别的参考书，难免读出不少错别字，以致后来还要下很大功夫纠错，至今也不知道是否把错误全部都改正了。

很久之后才明白，人生少年是最佳的读书时期，那个时候读过的东西可以铭记终生。拜"最高"和黑脸司令所赐，熟读了《红楼梦》，算是对文化修养有裨益的好事吧。《红楼梦》也确实是部好书，莫说五遍，百读也不厌的。后来读过的许多书，包括下功夫仔细研读的，均不及《红楼梦》这样，有着刻骨铭心、潜移默化的作用。

与人谈论《红楼梦》时，总有人夸赞我的"学问"，偷着乐之余，也不免苦涩。在本该书山览胜、学海泛舟的年纪，我却捧着一本《红楼梦》过日子，奉旨读五遍，无异是一场悲剧。我们这一代知识分子，大多有"上限"难以突破的苦恼，其根源盖出于少年教育的缺失。

对少儿读者，本该讲些读书励志、因阅读某一本佳作而走向成功的人生故事，很遗憾，我真的没有这样的经历，不能对孩子们打诳语。作为图书馆从业者，少年时的阅读经历造就了我的职业理想，就是毕生追求"天下万世共读之"，企盼永远不再有"书荒"的黑暗年代，让普天下的读书人都有书可读，让普天下所有的人都爱上读书，尤其是孩子们，让他们在阅读中快乐成长。

## 二 "珍珠翡翠白玉汤"与"半部论语治天下"（影响我人生的一本书）

对于这个题目，我迟迟未能交卷，非是懈怠，实乃无词以对。

这世上真的会有如此不可或缺、对人之一生一世影响至关重大的书吗？我对此持置疑态度。如果确有人推出这样的书，恐怕也是阅读者平日不大读书，或是涉猎甚少的缘故。

这就如同进食，小孩子会毫不犹疑地说出最喜欢吃的是什么，但我们这些曾遍尝各种食物的成年人会很难说出自己的最爱。实际上，这个世界上恐怕没有"最好吃"、"最爱吃"之类的东西。对于一个人来说，印象最深、没齿难忘的食物也许会有，但那往往是幼年时或饥饿时的错觉。

刘宝瑞先生有个脍炙人口的相声段子，说的是朱元璋打天下时，曾受赠于几个叫花子的一顿饭，乃是糊饭粒、烂菜叶和馊豆腐，煮在一起号称"珍珠翡翠白玉汤"，朱元璋吃了，感觉香甜无比。后来他成了洪武皇帝，再烹来吃，就不是滋味了。如果我们拿这道"珍珠翡翠白玉汤"作为美味佳肴推荐，岂不成了笑话？

在 20 世纪 50 年代和 60 年代，很受推崇的一本书是奥茨特洛夫斯基的《钢铁是怎样炼成的》。我读后也确曾深受感动，至今还能背诵其中的名句：人的一生应该这样度过……为全人类的解放而斗争。记得"文化大革命"后参加高考，有一个题目就是"你最喜爱的一本书"，我毫不犹疑地选择了《钢铁是怎样炼成的》，并大加渲染铺陈，结果得分还不低。但现在想来，此书实在乏善可陈，除了保尔和冬妮娅的爱情描写还有些许真情之外，通篇都是非理性的狂热和愚忠，对时代的描述也多有歪曲篡改，只要读一读《日瓦戈医生》、《古拉格群岛》、《静静的顿河》等同时代的作品就会清楚。当初喜爱它，是发自真心的；现在唾弃它，也是应该的，因为它不过是一道"珍珠翡翠白玉汤"。

无可否认，历久不衰、令人终身受益的经典著作还是大量存在的，人类文明即赖此留存和传承。然而，即使是这些经典，我们也不应该执此一端，偏听偏信，囿于其中，作茧自缚，还是要提倡博览群书，广收博采，因为尺有所短，寸有所长，任何一家学说都有其优势和短板。举例讲，《论语》无疑是公认的伟大传世经典，历经百世而不衰，但若是相信当年北宋赵普宰相"半部论语治天下"的传说，难免就会谬以千里。

这世上没有什么"影响最大的书"，让你这辈子吃它就足够了。读书的真谛，就在于不断思考，不断扬弃，不断开掘，不断收获。这就如同我们旅行，其乐趣在于观赏那些未曾见过的新景观，山山水水，无穷匮也，而不是止步在一座"最美丽"的山头上赞叹不已，即使它真的就是货真价实的峻美高峰。读万卷书，行万里路，其理同一。我们只需要记住，无论是"珍珠翡翠白玉汤"，还是"半部"即可"治天下"的伟大经典，其实都是靠不住的，都要对之持置疑、批判的态度。

（本文原载《高校图书馆工作》2013 年第 6 期。）

# 联趣无穷

## ——读《闲话写对联》

年前，邻居自书春联一副，得意之余，邀我观赏。我笑道：对联还可以，但上下联却贴反了。于是注意了一下深圳街头的春联，发现几乎都是贴反的，包括一些大机构、大商家。这说明多数人均属这位芳邻者流，因为若是随机乱贴的话，正确的概率应该在百分之五十左右。由是而质疑某些"大师"，若是人们连起码的传统文化常识都不具备，就高谈阔论什么中华文明伟大复兴云云，岂非痴人说梦？莫如切切实实地做些传统文化的研究和普及工作，就像白化文先生撰写的这本小书《闲话写对联》（中华书局，2006）。

白化文先生是我负笈北京大学时的业师，也是广受尊崇的国学大家。对联非其业所专攻，实乃"玩票"。展卷《闲话写对联》，如同又回到当年课堂，听白先生将那些艰深的学问化作无穷的魅趣，娓娓道来。"大学者，小文章，大小兼济；雅性情，俗风物，雅俗共宜"，这是我读此书的心得，也勉强算得一副对联。

书中列举的妙联比比皆是。开篇的是邓小平当年写列宁的一副对联：列为无产者，宁不革命乎！对联雅而工，联首冠"列宁"二字，联尾对以文言虚字，内容切合列宁作为无产阶级革命家的特点，且巧将外国人译名嵌入这一传统文化形式，着实令人拍案叫绝。

该书的价值并不仅仅在于这些佳联绝对。古今对联鉴赏的著作不在少数，著名的有清代章钜父子撰《楹联丛话》、香港梁羽生编《名联趣谈》，以及商务印书馆编《名联鉴赏辞典》等。而《闲话写对联》则着眼于"写"，在介绍对联知识的基础上，深入浅出地讲述了如何学习、练习撰写对联，包括对仗、平仄等基本规则，以及寿联、喜联、挽联、春联、装饰性对联、宗教楹联等各种形式对联的特点和写法。入门再试笔，就会少犯低级错误，至少不会贴反了上下联。

从古至今，"联趣"无穷。其实我与那位芳邻一样，痴迷于此而又不深谙其道，乃至不时会耍一些"猴拳加醉拳"（白先生在该书《后记》里就是这样自嘲的）。现择几例献丑：

　　一统阁中成一统
　　皇城根下见皇城

20 世纪 80 年代末期，位于北京东皇城根的旧宅就地拆迁盖新楼，舍下就在顶层，窗外故宫在目。适逢时局多变，迁居后患病在家，休长假著书。想起迅翁句："躲进小楼成一统，管他冬夏与春秋"，乃刻"一统阁"印章一方，并书此联，自娱耳。

　　东窗旭日西窗海
　　左壁河图右壁书

21 世纪初年搬入安居房，位于深圳前海月亮湾，地远且偏，还有西晒车喧之苦。乃作是联，解嘲也。下联典故出自"河出图洛出书圣人则之"（《易·系辞》）之说。

　　高山仰止，堪比岱峰，大哉寿诞有七秩；
　　小子逢师，忝居门下，愧乎位列第三千。

　　时逢恩师吴慰慈教授七十华诞，海内外弟子相约为先生寿，来电话要马上交货，乃于手机短信中急就是联。上联借用的是太史公称颂孔子之语，下联虽属谦辞，但其意是赞扬先生如同孔子弟子三千，且个个都比我强。

　　　书山有径斯为径
　　　学海无舟是乃舟

　　韩昌黎治学名联"书山有路勤为径，学海无涯苦作舟"脍炙人口。2006年深圳图书馆新馆开馆，乃改写此联张挂，为的是彰显图书馆的作用。联中"斯"、"是"皆指深圳图书馆。

　　　龙藏海，鹤藏云，自古斯文藏鲁壁；
　　　图出河，书出洛，从来大雅出名山。

　　大约作于2010年，应邀为某图书馆建馆××周年而作。不过此联最后并没有派上用场。人家建馆大庆，是要捧场凑趣助兴的，总以皆大欢喜为要。于是做了修改，首字嵌入该馆名称，内容尽量体现其重大业绩。修改后正式递交的文字，现在反而找不到了。

　　这等花拳绣腿、附庸风雅之作是不敢入白化文先生法眼的，只能悄悄地显摆。"显摆"读如"显拍"，乃京俚之语，多说"臭显摆"，东北方言称这等勾当为"嘚瑟"，常用"瞎嘚瑟"，两个词恰可凑成一对句——哎呀使不得，《闲话写对联》中说得明白，此谓"合掌对"，对联之大忌也。

　　　　　　　　　　（本文写于2008年，2015年元月修改。）

# "知堂"话不尽

## ——读《知堂回想录》

师尊曾有训：读经典一定要读原著。师训一直恪守，且受益终生，但个中的道理是后来逐渐明白的：那些连篇累牍诠释经典的所谓研究著作、参考资料，大多是当代人为了混饭吃、混学位、混职称、混稿费而炮制出来的货色，人称学术垃圾是也。因此，要知道共产主义就读《共产党宣言》，要了解基督教就读《圣经》，要明白孔子就读《论语》——尽管《〈论语〉心得》貌似精彩，但这精彩是于丹的，不是孔子的，而于丹风行的原因恰是时下的人们不肯下功夫攻读原著的快餐文化心理。

如是，自20世纪末"发现"周作人以来（周氏兄弟乃现代思想文化丰碑，"发现"云云不过是炒卖者的招幌），我阅读了周作人除译作外的大部分著作，基本不看那些"吃周作人饭"的作品。而我以为最为令人难忘的，却是周作人晚年写就的《知堂回想录》。这一观点似乎离经叛道。也许是看多了文人们自夸自负加自恋的自传作品，包括一些大家名作，如郭沫若的《洪波曲》等系列自传、老舍的《正红旗下》、现在风行的王蒙自传三部曲，也包括鲁迅的《朝花夕拾》。相比之下，周作人的回忆录显得平实、隽永、不做作，甚至有些絮叨，淡淡的如同作者喜爱的苦茶。在我所涉猎的类似作品中，唯有张中行的《流年碎影》堪与媲美，但张老先生的阅历与周作人相比毕竟还有相当的距离。

这部五十万字的大书尽写作者近一个世纪的沧桑。这里只以两桩著名的历史公案为例，让我们从熟识的史事中感受阅读的收获和乐趣。

一是周氏兄弟"失和"。关于此事，官方的说法是无法置信的，原因是鲁迅曾被抬到吓人的地位，周作人却顶着"汉奸文人"的帽子。而坊间的流传，总是带有绯闻色彩。周作人自己的态度是"不辩解"，将那几天的日记也剪掉了，而且感念鲁迅主持公论、不存芥蒂的大度。颇为新奇的是，作者在回忆录中指出：鲁迅的《伤逝》实际上写的是兄弟失和之痛（在《鲁迅小说里的人物》中作者也持此论）。如此诠释一个著名的男女爱情悲剧作品，令人匪夷所思。但此话出自兄弟、当事人、与鲁迅同为一代文豪的周作人之口，自有其不可忽视的分量。

二是"失节"任伪职。我曾听一位对周作人颇有研究的专家讲，有证据表明，周作人当时是受北大校长蒋梦麟的正式指派留下的，因此可视为"地下抗日工作者"。但周作人似不持此论，仍主张"不辩解主义"，只是略略谈到，没有随校南迁的原因是年老体弱且家累太多，于是蒋校长要他和其他几位教授留守保管北大校产，并每月寄津贴五十元以作生计。也是因为生计，"出门托钵募化些米面"，开始尽量谋些与敌伪政权无关的差事，如兼职教会主办的燕京大学等，却又莫名其妙地遇刺，军警把门，"连出门的自由也剥夺了"。于是"下水"，先后接受了北京大学图书馆馆长和文学院院长的头衔，"不上班领干薪"。那么在家做什么呢？据周作人讲，自己冒着被日本人抓去坐牢的危险，写了一些"多是积极的有意义的文章"，因此日本军部的御用文人称他为"反动老作家"，自以为很是光荣。从书中的记述看，作者确实不是007、杨子荣那样的卧底英雄，但似乎也没有做什么助纣为虐的坏事。怎样定论，只能任由后人评说了。

《知堂回想录》的后序写于1966年1月，当是作者生前发表的最后文章。在此文中，周作人感叹"寿则多辱"，谁想一语成谶。当年 8 月 23 日，红卫兵闯入八道湾周宅，对这位 81 岁的老人辱之以皮鞭，周作人只好哀求家属索要安眠药自尽。然而上苍连这点最后的恩赐都没有，一直拖到 1967 年 5 月，周作人才在痛苦中辞世。这些惨剧，知堂老人自己无缘记述了，我的引述来自《周作人传》，作者是我与之相识并充分信任他绝不是靠"吃周作人饭"混日子的北大钱理群教授。

只能让后人哀之叹之。

（本文写于 2008 年 8 月。）

# 推介几本文史新作

平生嗜好，唯闲书耳，尤喜文史著述，然皆囫囵吞枣，不求甚解，所知所获有限，鲜有体会可言。友人约稿，因之将近日所读几本文史新作，择善列出，荐之同好。妄加之评论，皆个人所见，不作数也。

## 一 《宅兹中国》，葛兆光著，中华书局，2011 年

葛兆光与我同届，是"文化大革命"后恢复高考时入北大读书的。在他读金开诚教授的研究生时，就小有文名，才气逼人。后来遇有挫折，被发配回原籍师院教书。但金子总会闪光，不久后他的《禅宗与中国文化》、《道教与中国文化》问世，名动天下。葛兆光后来到清华大学文学院任教，现在是复旦大学文史研究院院长。

书名"宅兹中国"取自西周青铜器"何尊"的铭文，是"中国"一词的最早记载。"宅"在这里是动词，意思是"定居"，与现在流行语中的"宅"颇为相似，由此可见潮语也是"其来有自"、契合古意的。但"中国"一词就大不同了，西周时所说的"中国"是"天下之中"，大体是指洛阳一带，后来泛指中原王朝。

《宅兹中国》就是辨析中国、亚洲、世界这样一些观念的渊源、发展和演变的。该书的副标题"重建关于'中国'的历史论述"较好地体现了这一主题。古老的中华帝国如何从"天下"

走出来，进入"万国"，究竟什么是"中国"，"中国"又如何面对"世界"，在作者看来，这些看似平常的常识背后，潜伏着一个又一个悬而未决的问题。

书中引用了大量的域外资料，使全书更为厚重、丰富、翔实，不囿于"中国"，从而具有国际视野。这也是本书超越作者此前《禅宗与中国文化》等著述之处。

## 二 《统一与分裂》,葛剑雄著,商务印书馆,2013 年

葛剑雄是一代史学宗师谭其骧教授的入室弟子，他本人也是卓然大家，还是颇有影响的公众人物，"官拜"全国政协常委。自从执掌复旦大学图书馆，葛教授成了同仁葛馆长，遂逐渐熟识起来。给人印象最深的，是他的口才、辩才，无论是聚会还是饭桌，只要有他在场，别人说话的机会就不多了。有人说此乃"气场"，但我觉得归根结底还是葛老师的学问大、见识广、底气足，黄钟大吕一敲响，我等瓦缶之辈自然就无处发声了。

作者此前曾作《普天之下》一书，问世后曾广博海内外赞誉，也饱受争议。《统一与分裂》就是在此基础上增订而成的，内容更为丰富完整，但书名却不似前版有气势有内涵。依照我的理解，这本《统一与分裂》和葛兆光《宅兹中国》实际上是同一范畴的课题，亦即"中国"的历史演变。不过《宅兹中国》主要说的是观念和学理，而《统一与分裂》更多注重史实，着眼于政权分合和疆域变化，因而显得更"实"一些。

长期以来，中国的"疆域"就是个敏感话题，也是禁区。我们自小受到的教育是：中国历来就是统一的国家，分裂自古都不能长久；即使历史上有过政权分治，也是暂时的、非主流的，天下一统才是历史趋势。这也是国内史学界的主流认识。

　　然而葛剑雄却不这样看。在他看来，"分久必合，合久必分"才是历史规律，应该在历史的时间和空间上看待统一与分裂，看待昔日之"天下"。实际上"中国"即中原王朝的概念是不断变化的，范围是不固定的，所以始终是模糊、不确切的。"对中国而言，分裂、分治的时间是主要的，统一的时间是短暂的。"作者还排出了"历史统一"的时间表，精确计算出，以历史上中国最大疆域为范围，统一的时间是 81 年；以基本维持中原地区的安定和平为标准，统一的时间是 950 年（该书第二章）。因此，"统一是主流"之说大可置疑。

　　全书纵横中国历史几千年，内容博大，却条理清晰，且鞭辟入里，语言生动，丝丝入扣，不肯随波逐流，不屑人云亦云，均为该书的难能可贵之处。

## 三　《晚清七十年》，唐德刚著，香港远流出版公司，1998 年

　　该书 1998 年即已出版，但对我来说仍是新作，因为半年前刚从海外"淘"到，而且煌煌五大卷巨作，至今还没有读完。

　　一直很喜爱唐德刚的著作。最初接触到的是国内刊行的《袁氏当国》，读之爱不释手。几年前曾淘到港版的唐德刚口述历史代表作《李宗仁回忆录》，因为其人其事均非我兴趣所在，本想翻阅一下即可，谁知开卷后欲罢不能，一口气就读完了。

　　《晚清七十年》是唐德刚晚年最负盛名的著作之一，实际上是一部"唐氏中国近代史"。作者在美国哥伦比亚大学和纽约大学从事中国近代史教学与研究数十年，退休后整理资料和旧稿，陆续投寄台湾《传记文学》发表，"数年来，竟至百余万言，日积月累，浸成巨帙"（该书第一卷《自序》）。

　　本书既有历史震撼，又具可读性，因此极具魅力。作者曾经

自嘲是"三不要两不行"：大陆不要，台湾不要，美国也不要；中文不行，英文也不行。其实恰恰是超脱了两岸政治形态的羁绊，作者才有了过人的史识、史胆、史笔，于众人皆知的史事中洞察出他人看不到的真谛。他文白相间的"唐氏风格"也意趣无穷，间以嬉笑怒骂，读之连呼"过瘾"。

这套《晚清七十年》是海外版。原曾读过国内版的唐著《袁氏当国》，是一部只有十万余字的小册子，后来淘到港版的，篇幅竟达三百余页。如此大幅删削，竟不做任何说明，连"洁本"《金瓶梅》"此处删××字"的学术底线都无存了。海外淘书自然要费时费力费钱，然而想到人生苦短，读书有限，就不能马虎从事了。这使我感觉颇似那些费尽千辛万苦到国外及港澳购买婴幼儿奶粉的可怜家长们。

## 四 《易中天中华史》，易中天著，浙江文艺出版社、北京出版社，2013 年

推介这本书，感到十分矛盾，恰如我阅读此书时的心情一样。易中天为一代文化名人，号称"学术超男"，是有其理由的。他的学识渊博，才华横溢，谈吐幽默，行文峭厉，自然受到众多文史爱好者的追捧。易氏的走红还有另一原因，就是人们厌倦了学术八股，以及各种故作高深、故弄玄虚的文字，喜见想象丰富、清新活泼、妙趣横生，而又不失学术品位的作品。以至于张鸣教授赌咒说："让现在的我板起面孔，正襟危坐，写一些特别学术的文字，如果没有人拿枪逼着，我肯定是不干的。"（《北洋裂变·前言》）

得知《易中天中华史》行将出版，我即充满期待。在我的心目中，历史本来就是鲜活的、灵动的，充满魅力。天降斯任，舍易氏，其谁也。

　　我手中现有《易中天中华史》六卷，大体上是先秦史的阶段。一如易氏的一贯风格，历史的长卷生动地在其笔下展现。人物、事件，甚至名物，都不再是抽象刻板的符号，而是活生生的画面。该书的腰封上所说"易中天开讲轻松好读的中华历史"，大体还不离谱儿。

　　然而，"超男"此次"超"得太远，发挥过了界。虽然世称"文史不分家"，但两者还是有区别的，"文"不等于"史"，更不能代替"史"。《太史公书》尽管文采飞扬，"无韵之《离骚》"，但仍有别于《离骚》。窃以为，如果书名更改为"品史"，一如当年易氏的"品三国"，就会名实相符了。品史与著史，毕竟不同。

　　书中各种不曾加以"小心求证"的"大胆假设"也令人瞠目。如果说黄帝是熊、鲧是鱼、禹是虫，尽管也难以成立，但还有些前人之说为旁证，那么女娲是蛙、伏羲是羊（或是披着羊皮的蛇，身上还有一股烤羊肉的味道）、炎帝是牛、蚩尤是蛇，就基本上是牵强附会再加想象推理，使古史成了牛鬼蛇神百兽率舞，令人匪夷所思。甚至作者还把域外鬼佬也列入百兽名录，说夏娃实际上是裸猿（大概由于此女的形象历来是一丝不挂），并且是女娲的娘亲。

　　据称《易中天中华史》要出三十六卷，现在下任何结论恐怕都为时过早。由衷期待余下的各卷多些精彩。

（本文写于 2014 年 8 月。）

# 又有花香，又有树高

多日前即在网络上拜读了焕文兄的高论："用户永远都是正确的"。当时就曾想到了赞成和反对的 N 多理由，本欲撰文商榷，却又因俗务缠身搁下了。而这"俗务"，恰是我的一大人生烦恼，因为与"超凡脱俗之务"相比，"俗务"虽说不是"永远正确"，却永远更重要、更急迫，永远都要优先。然而，也正是这"俗务"，又让我有了些许得益之处，讲得牛×一点，可以说成了我的"优势"，或曰"实践经验丰富"，尽管这种腔调听起来像是自嘲。

例如用户的问题，在我来说就不仅仅是个学术命题，而是每天都要面对的"俗务"。从实际操作的角度看，像我这样的图书馆管理者是无法接受"用户永远都是正确的"这一定理的，毋需引经据典，只消看看图书馆门前的防盗设备就足够了。但我感受到了"程氏定理"给业界带来的震撼。近年来图书馆行业在服务理念上除弊兴利，取得长足进步，不能不说与理论界的疾呼与论争有着极大的关联。我和我所供职的深圳图书馆，祭起了"天下之公器"的大旗，提出了"开放、平等、免费"的口号，搞得风生水起，表面上看是我们的风光无限，背后推动我们的却是这些影响广泛的理论、理念。

这样看来，"程氏定理"是否正确、是否欠缺、是否严谨，就显得不那么重要了。诚如一位网友所说：这一定理是"图林旅途中必须正视的一座高山"。对此，可以有"高山仰止"的赞叹，也难免有"穷山恶水"的斥责，但无论如何都不能无视它的存在。难得焕文兄肚里撑船，将赞誉、争鸣连同口水、板砖一同录入书中，让我们能够读到这样一本结构奇特、谐趣横生的书，功莫大焉。

其实，搭建起这样一座网络交流平台，忽悠得业界千万眼球凝聚，创造出"群贤毕至、少长咸集"的局面，引来了这样多的争论和反响，本身就是一个奇迹。从"用户永远都是正确的"广泛讨论中，彰显出了网络新媒体的巨大力量。至于"程氏定理"今后的命运，不管是彪炳史册，还是惨遭遗弃，焕文兄可无憾矣，可"偷着乐"矣。

焕文兄将书中论述归结为"普世草根"的成果，我并不敢完全苟同。所收文章、言论，异彩纷呈，洋洋大观，且妙语连珠，高见迭出，不亚于任何一本高水平的论文集。无论如何，它也不像一片默默无闻的草场，而更像是一座矗立在图林的"又有花香、又有树高"的绚丽园林。

（本文是为《竹帛斋图书馆学论剑》一书所写的序言。参见程焕文、王蕾编《竹帛斋图书馆学论剑——用户永远都是正确的》，广东人民出版社，2008。）

# 万物无涯

## ——读《万物简史》

　　"吾生也有涯，而知也无涯，以有涯随无涯，殆已。"这是两千多年前庄子的喟叹。以现在的眼光看，他老人家似乎夸张了，因为那时所谓无涯的"知"，至多不过"学富五车"而已。以竹木简策为载体的五车书能有多少？肯定不及我们的一部"城市街区自助图书馆"。

　　时代虽然不同了，但我们面对广袤万物和浩瀚学海的好奇、求知之心，以及无门、无助之感，却依然与古人无异。于是，就有了"为万物写史、为宇宙立传"的作家，就有了《万物简史》[①]这样讲述从宇宙大爆炸到人类文明发展的书。

　　对于宇宙万物，我们这些不曾具备现代物理学系统学识的人也不能说一无所知。《淮南子》云：上下四方谓之宇，古往今来谓之宙。哲学老师也告诉我们：宇宙在空间上无边无际，时间上无始无终。这些哲理似乎没有错，却仍然让我们觉得不着边际。而《万物简史》给了我们具体清晰的描绘。例如人类生活其间的太阳系，作者告诉我们，现在我们所见到的所有图例其实都是谬误的，按比例制作的话，如果将地球的直径缩小为一粒豆子，土星就会在 300 米之外，冥王星会在 2.5 千米外而且只能是肉眼看不见的细菌大小，而距离太阳最近的恒星会在 1.6 万千米外。这就是切切实实的"空间"概念。类似的妙喻，书中比比皆是，

---

　　① 〔美〕比尔·布莱森：《万物简史》，严维明、陈邕译，接力出版社，2005。

使这部 40 余万字的大部头书读来让人难以释卷。

深入者方能浅出，深入浅出者方为好书，那些故作高深的文章，多半作者自己就是不明不白的"半瓶醋"。《万物简史》在卷首讲述了一个故事：物理学家西德拉写日记，说不想发表，只供上帝参考。朋友听了感到惊异，难道上帝不知道吗？西德拉回答，上帝当然知道，但他不知道这样描述。这也是本书的宗旨：宇宙万物的奥秘，上帝知道，专业科学家也部分地知道，而《万物简史》的作者将其清晰明了、幽默风趣地描述出来了。

天地万物，奥妙无穷，现代科学也不可能一一解答，书中并没有隐晦这一点。例如，人们经常存疑，在宇宙大爆炸之前是怎样的情景？作者的回答是，在大约 130 亿年前的那个时刻，科学家称之为 t = 0，时间、空间都是不存在的；再如，我们所在的宇宙之外是什么？作者形象地譬喻，如果你想来到宇宙的边缘并把头伸到外面看看，是永远不可能的，因为空间是弯曲的，你沿着一条直线走下去最终只能回到起始的地方。这样一来，我们似乎是在空间弯曲的宇宙走了一圈，只能又重新回到哲学意义上的宇宙：上下四方，古往今来，无边无际，无始无终。何去何从呢？

言有尽，而意无穷、趣无穷；文有终结，而思考无限。臻于此境，是谓好书。

（本文写于 2008 年 7 月。）

# 豆汁的挽歌

## ——读《豆汁记》

　　人到中年，就逐渐丧失了对虚构作品的兴趣，再没有当年搜求全套《福尔摩斯探案》的那股狂热劲头儿。毕竟读书为的是得真相、求真知，而不是欣赏作者编故事的手腕儿。但朋友向我推荐了叶广芩的作品《豆汁记》①，我读后也很愿意向大家推荐这篇京味儿十足的中篇小说。

　　北京的土著，其主体实际上是满族人，也就是旗人。北京的文化、民俗、风情，很大程度上都是那些因几百年吃皇粮而有闲的八旗子弟创建的。我父家定居北京已经三代，但家中长辈一直固执地自认为"山东蓬莱人氏"，现在我的户口簿上还是这样写的。母家也世居北京，却自称是"通州人"，亦即京东通县，现在早已融为市区了。除了根深蒂固的乡土宗族观念外，我想也和他们不像满族人那样对北京有强烈的归属感有关。

　　京味儿文学大家老舍就是旗人，但老舍的父亲只是正红旗的护军，而《豆汁记》的作者叶广芩祖姓叶赫那拉，是隆裕皇后的亲侄女、慈禧太后的亲侄孙女，家庭地位和生活方式显然与城市贫民出身的老舍大不同。《豆汁记》讲的就是一家满清贵族遗老和一位清廷宫女的故事，读来不似小说，而像是作者亲身经历的历史纪实。也许这正是作品的高明之处，不是史实，胜似史实，以至能打动我这样多年不屑再读小说的冥顽之徒。

① 《十月》2008 年第 2 期。

　　旧京风情千头万绪，而《豆汁记》的故事则围绕着"吃"展开：有我熟悉的豆汁、麻豆腐、芸豆卷、豌豆黄、螺蛳转儿、马蹄烧饼、核桃酥，也有我从未品尝过的奶酥六品、八珍鸭舌荷叶粥、甲鱼汤嫩羊肝什锦粥、满汉全席的134道热菜48道冷荤。当然故事的主体还是享用和烹调这些吃食的一干人等以及他们的悲欢离合：饮食考究的前朝遗老，"厨子托生的"馋嘴憨小姐，曾伺奉太妃膳食的宫女，堕落的御膳房大厨，以及沦落为烤烧饼的正黄旗爱新觉罗后人，还有钉驴掌的"皇上三大爷"。

　　前朝遗老遗少及其钟爱的美食佳肴，而今俱往矣。现在的北京城，国际现代，美轮美奂，岂惜落木萧萧下，唯见大潮滚滚来。我的感受也正是作者慨叹的：当下在北京想喝一碗地道的豆汁已不可得。传统食品登堂入室，身着华美包装，标着令人咋舌的价钱，然而除名称外全都不一样了，还是北京亲友说的一语中的：还不是唬弄老外的。面对今天的北京，不知是赞之誉之，还是哀之叹之，抑或两者兼而有之。虽然深知此类情结乃九斤老太之谬种，我还是由衷地同情作者笔下淡淡的惆怅，赞赏《豆汁记》这曲哀怨的挽歌。

　　顺便说一句门外文谈，京味儿文学不仅仅属于北京，如同沈从文作品不限于湘西，鲁迅小说不囿于绍兴一样。当然这是指《豆汁记》这样具有深刻历史文化内涵的优秀文学，而不是时下一些作家写的自以为俏皮却只学得皮毛、北京人称之为"贫嘴淡舌"的烂货色。

（本文写于 2008 年 8 月。）

# 五

# 书林絮语

书山有径斯为径

学海无舟是乃舟

——笔者为深圳图书馆撰，据韩昌黎治学名联改之

我心里一直都在暗暗设想，

天堂应该是图书馆的模样，

我昏昏然缓缓将空幽勘察，

凭借着那迟疑无定的手杖。

——（阿根廷）博尔赫斯《关于天赐的诗》

# 错开一扇门

　　曾有一次与大学同班的老大姐聊起当年报考北大图书馆学系的情景，她半开玩笑地对我说："那时我老大不小了，又是女的，这才报了图书馆学系，你怎么也学了图书馆？"我们是"文化大革命"后恢复高考时入学的，同班同学的年龄差距很大，这位大姐上大学时已经年届三十了。

　　此前我还真的没有认真思考过这个问题。当年报考北大图书馆学系，后来又当了图书馆员，纯属误打误撞，懵懵懂懂，犹如错误地推开了一扇门，然而却将错就错，还由此喜爱上了门后的风景，为此流连忘返，徜徉一生，痴迷一生。

　　"文化大革命"后恢复高考，我鬼使神差第一志愿报了北大图书馆学系，其他志愿都是我向往的文史专业。待到入学报到，才知道北大图书馆学系还是三年制的专科（本科制似乎是入学后第二年才获批的），不由顿生悔意。课程也多是技术性的，除了分类、编目等专业技术，还要学习计算机技术，当时图书馆学系在北大是计算机专业之外此类课程最多最重的。尽管这些基础的学习训练使我日后终生受益，但当时都不是我所喜爱的。在我刚刚跨入图书馆之门时，并没有"之子于归"的感受，反而认定自己是入错了门。

　　门后的风景是日后逐渐被发现且日渐清晰起来的。从事图书馆工作之后，才渐渐开始树立"专业思想"，意识到图书馆学所独有的魅力。个中缘由很多，回想起来，最为重要的有两条：一是埋头，通过研究加深对学科的理解和认识；二是举目，通过实际工作体会到图书馆的社会责任和历史使命。之所以强调这两条，也是想要借此向青年馆员阐明一个道理：要树立专业思想、敬业意识，就要深究其理，高屋建瓴，努力发现我们这个行业、事业存在和发展的合理性、重要性及独到之处。如果只是着眼于挣钱多寡等琐事，则与引车卖浆者流何异？

毕业后留校在北大工作，有幸师从吴慰慈、肖自立、李修宇等老师从事文献资源建设的研究。还曾野心勃勃，想要"开山立派"，出版了《藏书组织学概要》一书（北京大学出版社，1987），后来理所当然地因其不成熟而自生自灭了。此外，我还对图书馆的历史特别是近现代历史下过一番功夫，发表了不少论文（这些论文散见于各刊物，后择其要者编入《天下之公器》，国家图书馆出版社，2010），参加了任继愈、肖东发两位先生主编的《中国藏书楼》（辽宁人民出版社，2001）一书的编撰，继而撰写了《从藏书楼到图书馆》（书目文献出版社，1996）、《北京大学图书馆九十年纪略》（北京大学出版社，1992）等专著，与李庆聪先生合著《北京大学孑民图书室记实》（北京大学出版社，1992），还翻译了哈里斯的名著《西方图书馆史》（书目文献出版社，1989）。现在我依然固执地认为，要想入门某一学科并加深对它的理解，最好的方式就是"辨章学术，考镜源流"，深究其历史脉络。

在搞清图书馆的历史发展和来龙去脉的基础上，我对图书馆学的一些重大基础理论问题做了一番探究，从而得出了自己的理解和结论。这与学习这些理论时的感受是不同的，不是为了应付考试，而是自得其乐，释疑解惑。譬如，在"图书馆学是什么"这个众说纷纭的理论问题上，我特别服膺张晓林先生的说法："没有一门真正的科学仅仅产生而且局限于某一种社会机构。……所以只有医学，没有医院学；只有法律学，没有法院学；只有教育学，没有学校学；只有情报学，没有情报所学！"但是张晓林先生只说清了图书馆学"不是"什么，依然没有说清它"是"什么。我的看法是：图书馆学应回归其本义，文献、读者以及居于其间的馆员（或图书馆）共同构成了图书馆学；文献、读者就像图书馆学的两翼，居于其间驾驭的是图书馆员（或图书馆）。文献千姿百态，却万变不离其宗，读书人有同有异，却在阅读文献上殊途同归，因此图书馆作为两者的津梁，必然博大精深，既寿永昌，会与文献和读者同在，会与人类文明共始终。我自信这个理解有其道理，但觉得有些"下里巴人"，缺少学理，所以在阐述时总是引述王子舟教授的"知识集合论"，即图书馆的本质是"知识集合"，图书馆学所研究的是客观知识（各种文本知识）、知识集合（图书馆）和知识受众（使用各类知识集合的读者）——所见略同。

这种历史研究和纯学理式的探讨，可以使从业者对自己所从事的专业及其来龙去脉、发展方向有入木三分的了解，而绝不像有些人所认为的那样空洞无用。为此，我多年来奉"研究先行"为圭臬，并倡导成立"公共图书馆研究院"。这里且举个例子说明上述基础理论的指导作用。日前"图书馆消亡"论再次泛起，提出要为图书馆做"尸检"（Autopsy），仅仅是因为几项新技术的出现就惶惶不已，且言之凿凿。其实这是一个哗众取宠的伪命题。只要文献（客观知识）还存在，读者（知识受众）还存在，不管二者的形态发生何等重大的变化，图书馆作为知识集合体就会继续存在，并居于二者之间发挥作用。图书馆的历史证明了这一点，早在20世纪70年代国际图书馆界就在美国兰卡斯特教授的带动下展开了充分的研究讨论。当然，图书馆也要依据文献形态和读者需求的变化做出相应的调整和变革，不可抱残守缺，这也是史有明鉴的。

图书馆不仅仅是一个普通的社会机构，还有其特殊的历史责任和社会使命。在我从文化部调入深圳图书馆，由此进入公共图书馆界之后，对此体会尤深尤切。这一命题既带有理论探讨性质，更是公共图书馆要努力践行的工作方针。

我多次谈到青少年时的精神饥饿及其对我职业生涯的影响。直至今日，每当我痛感"上限"难以突破，如同黔驴"技止此耳"之时，都要对早期教育的缺失产生刻骨铭心之痛。因而我愿意追随古代圣贤的情怀，虽然茅屋已被秋风所破，仍要寄希望于广厦千万间。为此，作为公共图书馆从业者，我的职业梦想是：让普天下所有的人都有书读，让普天下所有的人都爱上读书。

"让普天下所有的人都有书读"就是公共图书馆的社会使命，也是其基本精神与核心价值。要通过公共图书馆这一载体，实现每个公民应有的文化权利，这也是图书馆不同于其他机构的独特的历史责任。我所供职的深圳图书馆在全国最早提出了"开放、平等、免费"的服务方针，对所有人打开图书馆的大门，宣称"到图书馆来是不用带钱包的"，算是开风气之先。现在这一方针作为21世纪公共图书馆发展的标志性成果，已经正式成为国家的既定政策，让多年来国内学界、业界诸多为之不懈鼓吹、奋斗和力行的同仁们倍感欣慰，被誉为21世纪中国图书馆事业发展的最大成果，也令我颇有成就感。

实现"让普天下所有的人都爱上读书"似乎更为艰难，这也是我就任中国图书馆学会阅读推广委员会主任后更为关注的问题。有专家曾尖锐指出：深圳市通过十多年的努力，建设了"图书馆之城"，但还远远不是"阅读之城"；建设"图书馆之城"相对容易，建设"阅读之城"更难。其原因就在于很多市民没有阅读习惯，也没有阅读意愿。这是个在全国带有普遍性的社会现象，既不是图书馆造成的，也不是图书馆自身可以解决的，但图书馆对此负有不可推卸的社会责任。我和中国图书馆学会阅读推广委员会的同仁们多年来为之殚精竭虑，使尽浑身解数，在全国各地开展丰富多彩的阅读推广活动，目的就是让图书馆在全民阅读活动中成为主角，并努力使阅读推广工作从附属的、可有可无的活动成为图书馆学和图书馆工作的主流领域、热门课题。2013 年我领衔承接了国家社科基金课题"公共图书馆开展全民阅读活动与建设学习型社会研究"，其志即在集历年研究和工作成果之大成，为今后发展奠定坚实的基础。

要实现以上的目标，离不开新技术的应用，并在应用的基础上有所创新。我所供职的深圳图书馆在图书馆自动化、数字化方面有着优良的传统和深厚的基础，早在 20 世纪 80 年代就开发研制了"图书馆自动化集成系统"（ILAS）。21 世纪以来，我和深圳图书馆团队完成了国家高技术产业发展项目"数字图书馆体系结构研究与应用平台开发"，牵头创建"联合采编协作网"（CRLNet），在全国率先研究和引进了无线射频识别（RFID）技术，并在 RFID 的基础上成功研制"城市街区 24 小时自助图书馆"，实现了由科技创新到服务创新的大转身。现在已有 240 台自助图书馆在深圳城乡运行，逐逐而有仪，成为一道亮丽的城市文化风景线。在科技应用和创新的过程中，我们可以感受到挑战的激情和收获的喜悦，享受从业的乐趣，从而乐此不疲，发奋忘忧，不知老之将至。

打开图书馆这扇大门，除了我亲历并择要描述的以上诸般风景之外，远方的风景更加诱人。我十分赞赏上海图书馆吴健中馆长的"梦中"镜像：公共图书馆发展是有最低纲领和最高纲领的，最低纲领是实现社会公正包容的使命，确保为每一个公民提供公平的服务；最高纲领是提供知识服务，为各界人士自由交流信息、共享人类知识提供一个信息化环境。此"梦"不虚，现在有了数字图书馆的平台，又有云计算、大数据等新技术做支撑，就连中小型图书馆实现信息化环境下的知识服务都是指日可待的事。切盼这并不遥远的远景早日实现。

多年前我在北戴河海滨度假，在海边捡到了一块鹅卵石，煞是可爱，就带回家中当作"镇书石"，玩赏之余，颇有感触。时过境迁，多次搬徙，这块顽石早已不知去向，但当时题写在镇书石上那首咏物自喻的"歪诗"却还一直记得：

> 有志出海底，无才补苍天。
> 官拜镇书将，风流十万年。

（本文原载《图书馆论坛》2014 年第 4 期。）

# 何来天尺测春风

## ——小议图书馆资金的 "绩效评价"

在彰扬图书馆的社会作用时,我经常用"春风化雨,润物无声"来加以形容,自以为形象生动,切中要旨,颇有几分自鸣得意。

然而近来却有人要测一测这"春风"有几许,"润物"有几分。部署此项工作的是有关部门——据悉,这世上最让人摸不到头脑而且找不到衙门门口儿的就是"有关部门",但这个"有关部门"却不是子虚乌有的,因为它下发了"有关文件",要大力推行预算资金的"绩效评价管理"。施行之目的冠冕堂皇,无可挑剔:"加强财政支出管理,强化支出责任,建立科学、合理的财政支出绩效评价体系,提高财政资金使用效益。"依据文件,所谓的"绩效评价"就是:"针对具体支出及其产出绩效进行评价,结果应清晰反映支出和产出绩效之间的紧密对应关系";还要"从数量、质量、成本和时效等方面进行细化,尽量进行定量表述,不能以量化形式表述的,可以采用定性的分级分档形式表述"。文件还列举了成本效益分析法、比较法、因素分析法、最低成本法、公众评判法等具体方法,充分体现了"有关部门"高深的专业水准和深入细致的工作作风。

但是如此高明正确的理论和方法运用到图书馆,就变得大有问题。日前我所供职的图书馆接到上级通知,对"图书购置费"以及其他一些专项资金进行绩效评价,检查组随即进驻,采编、典藏、财务、人事、行政等部门及馆领导班子全力投入。然而却没有谁能说明白，图书购置资金如何"反映支出和产出绩效之间的紧密对应关系"，更不知如何"从数量、质量、成本和时效等方面进行细化，尽量进行定量表述"，至于那些专深的"成本效益分析法、比较法、因素分析法、最低成本法、公众评判法"也不知怎样才能派上用场。自然，这点困难和问题在中国人民的聪明才智面前算不了什么，于是绩效评估随即"演变"成了财务工作检查，对照财务制度、纪律和有关规定，图书馆写出了"图书购置费"等项目的自评报告，主管部门写出了检查报告书，肯定成绩，指出错误并提出整改措施，于是此项工作就算胜利收场了。

这样的"绩效"，这样的"评价"，本身就是文不对题的。每个人都可以自问，倘若花一百元钱买了两本书，又用了一周的时间读了，还将其保存在了书架上，如何能计算出其中的成本和效益呢？如果没有带来相应的"绩效"，也就是无法因此而赚回一百元以上的回报，抵不过一周的读书时间和图书保存的成本，是不是就可以不买书、不读书，也不再保留图书了？何况图书馆面对的是成千上万不同群体的读者，要考虑到知识体系和文献体系的整体建设，文明成果的保护与传承，且不仅要顾及当下，还有未来发展的种种需要，因此运用这种逻辑来检查评估图书馆就更加显得荒诞无稽。不知这样的剧目，有多少图书馆曾经上演、正在上演或即将上演。

问题的关键恐怕还在于长期以来"以经济效益为核心"的方针。不管是图书馆业界，还是有关领导部门，图书馆的"经济效益"、图书馆"产业化"等指导思想都是根深蒂固的。就在不久前，业界还有人提倡将图书馆事业纳入"市场经济轨道"，要理顺"投资者、经办者和受益者之间的经济关系"，云云。这个弯子不转过来，不能旗帜鲜明地把图书馆的公益效果放在第一位，不能成功地将"以经济效益为核心"转变为"以社会效益为核心"，类似的剧目就会不断上演，而且随着政府大一统财政制度的不断完善和强力推行，还会越来越频繁，越来越荒腔走板。

虽然我们反对"投入—产出"的评价逻辑，但无论如何，图书馆的"绩效"还是存在的，对其进行评估也是完全必要的。这样的评估在国内外都有先例可循。大英图书馆 2004 年对外公布了一份题为《衡量我们的价值》（Measuring Our Value）的报告，报告表明，每年大英图书馆产生的经济效益总量为 3.63 亿英镑，其中 3.04 亿英镑为直接效益，5900 万英镑为间接效益。也就是说，国家对大英图书馆每投入 1 个英镑，就会对英国经济带来 4.4 英镑的效益；假设大英图书馆不存在的话，英国每年就会损失 2.8 亿英镑。从国内情况看，近年出台的国家标准或部颁标准就有《公共图书馆服务标准》、《公共图书馆建设标准》和《公共图书馆建设用地标准》等。文化部从 20 世纪 90 年代开始，先后进行了四次全国范围的公共图书馆评估，2009 年第四次评估共评出一级图书馆 480 家，二级图书馆 410 家，三级图书馆 894 家。上海图书馆承接的国家社科基金项目"国际大都市图书馆指标体系"，选取了 5 个大都市图书馆进行综合评估分析。深圳市创建了"图书馆之城建设指标体系"，杭州市也开展了"杭州图书馆绩效评估"的专门项目，这两个城市都努力尝试从自身的实践中归纳建立起科学合理的公共图书馆评估指标体系。这些研究、探索和实践涉及图书馆建筑、设备、藏书、服务等方方面面，为图书馆的专业评估打下了良好的基础。

遗憾的是，虽然几经努力，我国图书馆界至今还没有建立起一个全面、科学、得到全行业公认的专业绩效评估体系，当然也就不可能得到社会和政府的认可，更无法成为国家的既定政策。

没有专业的标尺，政府部门就只能用统一的标准、一刀切的方式来衡量评价图书馆。业界自身的短板，没有打造出这把行业的"天尺"，才是本文前述荒唐故事一再发生的根本原因。

诗曰：

知时好雨本无声，默化潜移沃土中。
天尺安得三百丈，功德测罢测春风。

（本文原载《图书馆报》2011 年 12 月 2 日，署名般若。）

# 图书馆要慎收捐书

　　《图书馆报》发表了特约评论员一文的社评《图书馆要善待捐书》（以下简称"文文"）。我于此却要唱个反调，呼吁：图书馆要少收、慎收捐赠的图书。

　　作为一个具有文献收藏、保存、传承职能的正规图书馆，所接收的社会性文献捐赠，其类型主要有三：

　　一是善本、珍本、孤本及其他稀见文献，属正常渠道无法获得的，一般多属老旧文献和非正式出版物。对于这类文献，图书馆不仅要大力争取社会捐赠，甚至还要有偿购买。

　　二是作者签名赠送的图书。这类文献也属稀缺资源，尤其是本地、本校和特定团体的作者，可以彰显特藏，年代久远后尤为珍贵，图书馆理应注意收集。

　　三是具有学术集合价值的文献。举例讲，我原来供职北大图书馆时，就曾亲手整理过向达先生遗赠的中西交通史文献。这些文献大多不是珍善版本，但向达先生作为中西交通史研究的大家，搜集这些资料必有深意存焉，必有其无可取代的价值，因此要予以珍藏。许多名家大师藏书的意义也在于此。

　　舍此之外的捐书，图书馆就要慎之又慎了。尤其是"文文"中所说的："家里的藏书放不下了，或者由于某种原因不能再带上自己心爱的图书了，……就把它捐给图书馆吧！"恕我直言，这样的捐书，图书馆是无论如何也不该收、不能收，至少不能全盘皆收。其理由也主要有三：

一是任何一家图书馆都有自己的藏书建设方针，没有谁会将所有的书刊不分好歹统统照单全收。

二是图书馆理应珍惜馆藏的所有藏书，却不可能格外"善待"那些珍善本之外某些特定书刊——除非束之高阁不予正常利用，而这样又违背了图书馆藏书和捐赠者的初衷。

三是图书馆藏书破损报废、剔旧下架都是正常的业务工作，甚至丢失也是不可避免的事。如果为了"善待"捐赠图书就将它们另案处理，既不应该，也做不到。

岂止是读者随意捐赠的图书，就是一些名人或机构的捐赠，图书馆也要慎重考虑，不可轻言收藏。多年前有一位香港出版商S老先生，大行善举，向全国各个公共图书馆捐赠港版图书，于是多家图书馆为此设立了专门阅览室或专架，大大"善待"了一番。其实稍稍留心就不难看出，他捐赠的大多是滞销书，且复本众多，实在不明白这些藏书还能发挥什么特殊作用，除了在全社会铺天盖地大肆宣传。虽然曾与S老先生多有交往，但我仍婉言告知，对于其善举我十分赞赏，但我所供职的图书馆港台书收藏不少，还是关照其他图书馆吧。不知道现在有多少图书馆还把这些滞销无用的港版书不尴不尬地继续供奉着，反正我私下庆幸敝馆免除了安放祭台的麻烦。

当前某些出版发行商似也热衷向图书馆及其他一些机构捐书，那些连一二折都卖不出的，却要按码洋价计算，似乎做出了天文数字般的贡献，其实这些图书大都是毋需分编直接剔除即可的货色。还记得那位泪腺发达的著名"大师"，号称向四川地震灾区捐建了一座图书馆，结果出手的却都是出版社转赠的图书，捐赠额的码洋价号称高达几十万，但明眼人一看就知晓是咋回事，这才闹出了一场全国皆知的"诈捐"风波。

当然，读者要将自己心爱的图书捐赠给图书馆，拳拳之心，诚为可嘉，我由衷相信他们是丝毫没有此位"大师"那样的欺世盗名之心的。即使如此，图书馆也不应来者不拒，而是要耐心细致地讲清图书馆不能全盘接收的道理，或者协助读者将图书转送到更能发挥作用的地方。否则，"文文"中一再提起的"让读者寒心"，几乎是无可避免的。

以上所言，主要针对政府兴办的正规图书馆。一些乡村图书馆、民营图书馆、读者自发组织的互助性图书馆，均不在此列。

（本文原载《图书馆报》2011 年 10 月 14 日，署名般若。）

# 自助图书馆·匏瓜·拉菲酒

"城市街区 24 小时自助图书馆"在深圳问世以来，仅仅数年，俨然已成气候，现深圳全市的自助图书馆已经发展到 240 台，各地引进安装自助图书馆也正在形成一个小小的热潮。同仁们当年为了这一发明创新而到处奔走呼号、寻求支持的情景犹在眼前，而这一页却已经被历史轻轻翻过。

一个好货色，尤其是作为新生事物的好货色，遇到冷遇时理应炒热它，而当其急剧发热时就需要降降温，并要理性地看待它。现在确实有些地方存在"一哄而上"现象。这使我们联想起当年为了实现"数字图书馆"而大批量扫描馆藏图书的陈年旧事。自助图书馆的确需要"冷观"，否则一台好戏会演砸，一本好经会念歪。

究其"一哄而上"现象的原委，恐怕还是一些地方的领导和图书馆没有真正搞清楚自助图书馆的初衷、原理和作用，以及使用这一设备后可能带来的问题，就盲目上马。在许多领导眼里，引进自助图书馆就像是买台洗衣机，回去接上水电就可以用了。他们所需要的只不过是图书馆事业发展的"点缀"而已。想起当年孔子也曾被人视为点缀和摆设，怄老人家为此还愤愤不平地抱怨："吾岂匏瓜也哉，焉能系而不食？"（《论语·阳货》）这里说的"匏瓜"是一种苦味的葫芦，挂起来好看，却不中吃，所以孔夫子要急扯白脸地口出怨言：难道我中看不中用吗？难道我只能给各级领导做点缀吗？

　　然而，"一哄而上"固然不好，但并不等于说自助图书馆本身就不好；把孔二先生当"鲍瓜"来用是不对的，可恁老人家还是确有真才实学的。我担心的是，如果将各地在建设自助图书馆中出现的问题算在自助图书馆自身的账上，或者把本不属于自助图书馆的所谓"缺陷"强加于它，就会造成曲解和工作上的失误。毕竟，自助图书馆的初衷在于利用一切先进技术手段最大程度地为公众服务，其问世是国内图书馆行业的一个发明创新，而建设发展自助图书馆也是文化惠民的好事情。

　　一个较为多见的说法是用自助图书馆取代社区图书馆是不合理的。不知道为什么有人一定要将两者对立起来。我们这些自助图书馆的首创者就从来不曾考虑要用自助图书馆来取代社区图书馆。在自助图书馆建设走在最前列的深圳，"图书馆之城"建设同样如火如荼，是国内基层图书馆的数量最多、质量最好的城市之一。自助图书馆和社区图书馆是相辅相成的，而不是非此即彼的，不能因为社区图书馆好就认定自助图书馆不好，反之也是一样。这就如同银行门市和 ATM 机不能互相取代一样，顾客自会根据需要选择不同的服务。

　　另有一种意见认为建设自助图书馆不符合数字图书馆的发展方向。实际上，自助图书馆既是各种高科技手段也包括数字图书馆技术的集合体，又是完成传统图书馆服务的工具。毫无疑问，图书馆必将要走向数字化，但无法忽视的是，目前的图书馆，尤其是公共图书馆，最主要的服务内容之一还是传统的"借借还还"。作为图书馆人，总不能无视读者尤其是底层普通民众的真实需求，更不能以数字化为借口把他们拒之门外吧。自助图书馆所要做的就是用高科技手段提升传统服务水平，也是在引领普通民众迈进信息化世界，走向现代化。

对自助图书馆最大的曲解，恐怕就是说它的价格昂贵，脱离了现有的国情，甚至斥为"烧钱"之举。这种说法貌似合理，实际上却是知其然而不知其所以然。图书馆本身就是要花钱的（或者说是"烧钱"也无妨），各级财政加大对图书馆的投入是再正当不过的事情。对于一些具备相应经济实力的城市来说，发展建设自助图书馆实际上是一种节约型的图书馆建设模式。仅就资金而言，要建设任何一种类型的图书馆，都需要一个场所，也就是房子，无论是建、是买、是租，其费用都要远远高于自助图书馆，何况还要有家具、设备、水电、网络等多种开支。至于维护开馆的费用，由于自助图书馆无人值守，不需人员编制，物流外包，其开支也是更低的。其他的如土地，每台自助服务机占地大约 6 平方米，实际需要 10 平方米左右，所占用的土地资源远远低于任何类型的图书馆，且多为边角闲置之处，无需规划审批。对于寸土寸金的大城市来说，这种节约比资金还要重要。

当然，建设自助图书馆毕竟是需要一大笔款项的，这笔开支对相当多的地区来说还是负担过重了，"节约型"只是针对具有相当经济实力地区的图书馆发展而言的。曾有一位西部地区的主管领导在询问自助图书馆价格后对我说：我们那里的图书馆全年经费也不够买一台自助机。我的回答是：这说明你们目前还与自助图书馆无缘。这正是本文重点强调的，不要一哄而起，不要将自助图书馆当作点缀的饱瓜。

有位朋友曾用拉菲酒来比喻自助图书馆，窃以为确有相通之处。其实，只要酒不是假货，买酒的钱不是"三公"消费，享受一番拉菲酒的美味没有什么不好，毕竟拉菲酒是个美好的东西，喝拉菲酒是一种美好的享受。倘若你喝不起拉菲，没关系，这说明你和我一样，尚不属于"先富起来"的族群，我们再努力就是了，面包会有的，美酒也会有的。与此同时，也别忘了对喝拉菲酒的朋友道一声：Enjoy your life！

（本文原载《图书馆报》2011 年 12 月 23 日，署名般若。）

# 理论的魅力、使命与担当

　　图书馆学基础理论是什么？可以说一百位方家就会有一百二十个说法，因为许多人会有不止一个观点。我个人倾向于简单直白、生动鲜明的理解：基础理论是我们整个图书馆行业的灵魂、精神和价值核心。如果说我们事业发展是人体躯干的话，那么基础理论就是人的大脑和神经中枢。一项事业或是一个行业，如果失去了其作为核心体系的精神和灵魂，就如同一个人没有了健全的头脑，只有躯干在运动，即使四肢发达，也只是盲动、蠢动而已，其结果必然会南辕北辙，迷途而不知返。

　　不知为什么总是有人将图书馆的理论研究和实际工作对立起来，似乎两者形同水火，互不相容，是分灶吃饭的两拨人、各行其是的两码事。我无法苟同这样的看法。按照世俗的看法，我似乎应该被划入"实际工作者"或"图书馆管理者"的行列，是在另一个不同的锅里吃饭的。确实，由于受到工作范畴的影响，以及我本人水平能力的限制，我的理论造诣不高，也没有机会深入进行理论上的研究探讨，但是，我一直对图书馆基础理论研究和发展十分关注，也十分热衷，甚至有时也参与其中。审视我从业以来的种种得与失，如果说有所成就、有所发展，都离不开正确理论的武装和引导；如果说还有各种缺失和不足，往往也是理论水平不高、观念认识不到位的结果。举例讲，21 世纪初年，我供职的深圳图书馆在全国率先实行全公益性服务，打起了"开放、平等、免费"的大旗，此举就是在图书馆核心价值观、公共图书馆理念、公民文化权益等理论的指导下推行的。当时遇到了重重阻力和各种非难，而现在我们的理念和做法已经正式成为国家政策在全国普遍推行了。这样的事例还有很多，实际上，每当我们遇有重大转型或业务、技术决策，我总是提醒自己和所在的团队，不要在具体的业务、技术里面打转，要跳出问题本身，做更深层次的思考。我想，优秀理论的价值正在于此，它使人超越眼前的种种迷障，高屋建瓴地认识事物的本质，处理问题时不受各种世俗意见的羁绊。往往出彩是在工作上，却是理论铺的路、搭的桥、奠定的基础。因此，我对优秀的基础理论研究者以及他们的优秀成果充满敬意和谢意。也正因为如此，我们这些图书馆实际工作者、管理者热切希望图书馆基础理论有高水平的大发展，突破以往窠臼，适应目前中国图书馆发展、繁荣的形势，从而推动其进一步发展、繁荣，在诸多重大问题上做出理论上独有的、不可取代的贡献。

然而我要表达的还不仅于此。在我这个"非理论工作者"看来，基础理论不仅仅是有用的，更是深具魅力的，因此我才对其"情有独钟"。

各种能够自成体系的理论，当然也包括图书馆学基础理论，都有其自身的魅力。这里所说的魅力，是理论所自有的，它不仅仅是实践工作的总结和提高，也不是对某个具体问题的概括和结论，甚至也不包括某些经验和具体做法的推而广之。理论就是理论，理论的魅力来自其自身，而不是其他什么外在的东西。这种魅力是什么呢？似乎难以一言蔽之，因为图书馆学基础理论面临的问题不同，体系不同，方式方法不同，没有一定之规，不存在既定的模式，但它一定是鲜活的、充满生命力的、能够让人为之心动并由衷服膺的，而且是经得起时间考验的。这种魅力，或来自其价值观念，或来自其自身的逻辑力量，或来自令人信服的各种依据，或是来自其他学科及外域的他山之石。总之，理论之魅力在于理论本身，出自理论本身，一个没有自身魅力的理论是没有生命的，也是难以广泛令人接受的。

我这里反复强调理论自身、自有、独具之价值，是实有所指的。从事基础理论研究，方法有不同，水平有高低，成果有得失，这些都是正常的。不能容忍的是流俗甚至是媚俗的现象。现今基础理论界有"两大俗"：一是图解政策，甘做当权者的附庸，而不是采取批判、中立的立场，丧失了学术的尊严，我对此称为"跟风"式的研究，此为"媚俗"；二是在所谓"理论联系实际"的幌子下，放弃理论本身的使命与担当，跟在现实的后面跑，我对此称为"事后诸葛亮"式的研究，此为"流俗"。前者"媚俗"，道理自明，毋需多说；后者"流俗"，却有着貌似合理的外衣，因此需要多做些辨析。

图书馆是一门实践性很强的学科，但这并不意味着其基础理论就一定要跟在实际工作的屁股后面跑。恰恰相反，我们今天特别要强调图书馆学基础理论要有"形而上"研究和成果。古人讲，"形而上者谓之道，形而下者谓之器"，也就是传统文化中的道、器之辨。图书馆学基础理论一定要有"形而上"的追求，也就是在"道"的层面取得成果，追求的是"大道之行也"的境界，而不能总是停留在"器"的层面。实际上，缺乏"道"的含量，很少有超脱出实际工作层面的理论体系和理论成果，恰恰是当今图书馆基础理论研究的短板。

多年来总是在强调图书馆基础理论与图书馆工作实践相结合，这本身并没有错，但今天恐怕更要强调的是基础理论研究要和实际工作适当"分离"，或者说是"有意疏离"，不要陷入具体工作、具体事务、具体结论、具体数据之中。如果不和各种"实务"拉开距离，不能从实际工作之外的角度看待问题，不能高屋建瓴地提出"形而上"的学说和学理，还要理论研究做什么？基础理论存在的依据和理由又是什么？当年"五四"新文化运动兴起时，曾经有过一场"问题与主义"之争。这桩公案的是是非非，有着太多的政治背景，我们且不去管它，但无论如何，不管"问题"有多么重要，"主义"总是需要的，总要有人研究阐述，总会有它自身的使命和价值。今天的基础理论研究，就如同"主义"，不能说它比"问题"更重要，也不能说它一定要优先，但它一定是不可或缺的、无法代替的，也是不能和"问题"混为一谈的。

应该承认，现在行业内有人对图书馆基础理论存有不少的偏见，觉得理论研究没有用，讲空话。究其原委，我觉得不在于理论脱离了实际，而恰恰是结合得太多、太紧，没有距离。大家不妨想一想，我们的行业，或者说我们这些图书馆从业者，对理论研究的要求和期望是什么呢？难道就是像现在一些研究者那样，将图书馆工作中的一些事务分门别类，归纳出个子丑寅卯，然后再举一反三？这不是什么理论研究，只能算是工作总结，再加上经验推广，而做好这类事情恰恰是我们这些从业者的长项，理论研究者反而显得越俎代庖，甚至显得多此一举。如果一定要强调联系实际的话，理论建树也应该是走在实际工作的前面、站在实际工作的上面，而不是跟在后面跑，做现实的附庸。

这就如同医学。医学的终极目的是临床，是治病救人，但医学理论和医生处方是有区别的。医生的临床处方针对一种病、一个患者，而医学理论是要"治百病"的，至少是针对多种病患、多个病人的。一个合格的医生不能离开基础医学理论的武装，就是旧时的郎中也要学会诸如金木水火土之类的阴阳五行学说作为"基础理论"。但医生对医学理论的要求绝不是具体的什么处方，而是一种超乎具体处方之上的"形而上"的"道"，这种"道"

是自成体系，且独具魅力、独有价值的，可以脱离具体的临床处方而存在并发展的。医学理论可能无法直接治病，但它在医学上的作用是无可取代的。这就是理论的价值与魅力，多数学科皆如此，图书馆学、图书馆工作亦应作如是观。

这次会议的主题是"图书馆学基础理论的使命与担当"，应该说非常好，有高度，有层次，切中要旨。我作为一个图书馆实际工作者、管理者，对"使命与担当"的理解和期望，就是希望图书馆学基础理论能够成就其独有的成果与价值，不依附于什么，不盲从于什么，也不要被类似"理论联系实际"这种貌似正确的说法所迷惑、所干扰，从而焕发出其本身的魅力。

这里，我要斗胆呼吁一声：理论，请离"实际"远一些！

（本文是在"中国图书馆学会第六次全国图书馆学基础理论研讨会"上的演讲，2011 年 11 月于深圳，并摘要刊发于《图书馆》2012 年第 2 期。）

# 《金刚经》侧记

2010年11月在台北市召开的"第八次中文文献资源共建共享合作会议"上，台湾汉学研究中心的顾敏馆长向深圳图书馆赠送了元刊本《金刚经》的复制本。一卷在手，感想多多。

《金刚经》全称《金刚般若波罗蜜经》，是首屈一指的佛教经典，在文献版本学上也有着特殊的意义。目前通行的版本是鸠摩罗什所译，此版即是，唐玄奘也有译本，名为《能断金刚般若波罗蜜经》，其他就不多见了。1900年，在敦煌莫高窟发现了一卷印刷精美并带有绘图的《金刚经》，经卷最后题有"咸通九年四月十五日"字样。唐咸通九年是公元868年，因此这本《金刚经》是公认的中国及世界现存最早的雕版印刷品，现藏英国伦敦大英博物馆。大约在二十年前，我曾经徜徉在大英博物馆的这件展品前良久不去，大概是显得过于贪婪，引起一位印度裔警卫的警觉，乃至寸步不离地盯在我身旁。

台湾汉学研究中心所藏的这本《金刚经》虽然没有大英博物馆的珍贵，但也非同小可。此本为元代至正元年（1341）刊刻，为存世独一无二者，亦即所谓的海内孤本。双色木刻朱墨套印，经折装，中兴路（湖北江陵）资福寺刊印。卷首卷末有精美彩图，朱光墨印相映成趣，观之不忍释卷。据台湾同仁考证，此本为世界现存最早的木刻套色印本。这样的话，不仅比欧洲第一部带色印刷的德国《梅因兹圣经诗篇》早了156年，也比中国学术界关于雕版套色印刷成熟于明代万历年间之说提早了两个多世纪。

　　此版《金刚经》的再造仿真复制本，台湾"教育部"严格限定为 100 部，对外发送均须得到"教育部"批准。参加会议的来自世界各地的图书馆代表虽多，但得到这一珍贵馈赠的只有深圳图书馆和首都图书馆。顾敏馆长悄悄告诉我和首图的倪馆长，这样做是因为他们认定我们是位处中国大陆一南一北的两所最好的公共图书馆。闻之欣欣然，亦愧受之。

　　　　　　　　　　（本文刊发于 2010 年 11 月《深图周报》。）

# 文化的身边与身边的文化

岁末年初，春桃换旧符，不管是机关、商铺，还是寻常百姓家，都在门前贴对联。于是深圳又出现了每年一度的别样景观：绝大多数的对联，上下联都是贴反了的，下至小户民居，大到煌煌商城、公共场所，莫不如此。这也算是深圳的地方文化特色。稍稍分析了一下，如果各家都是胡乱贴的，其错误概率应该是50%左右，而几乎所有对联全都上下联颠倒，则肯定不是马虎，而是对文化常识的错误认定。至于对联文辞之低俗、编撰之谬误，这里且不说它。

深圳曾经有"文化沙漠"的雅号，特区人，尤其是文化人，深以为耻，立志争气。近年来开始有了些底气，说起话来豪气干云：特区人民已经把"文化沙漠"的帽子抛进了南海！此说当然有道理，深圳的文化教育设施近年大量兴建，水平超前，我所供职的图书馆即可号称一流。但是也不尽然，譬如贴对联，我原来居住的北京，市井上贴的对联就绝不会有这么多贴反的。

这种文化底蕴匮乏的现象非止对联一宗。敝宅门前有个杂货铺，匾额甚大，上书"陈仕士多店"。看来店主姓陈，当属陈氏，但写作"陈仕"，就不知道其官居几品，也不知偌大官身何以下基层开铺子。"士多"一词最早见于香港，是英文 store 之音译，意即商店，常有"××士多"的招牌。尽管不够规范，但作为外来新词汇，不妨一用。但"士多店"实在是不通，店主虽贵为"仕"，却显然没有明白"士多"的意思。至于街面上随处可见的英文招牌、英文译名，更是错得离谱，画虎不成反类犬。看来，文化那些事儿，属潜移默化之功，绝非领导会议一开、专项拨款一到，就可以立竿见影的。

文化现象，林林总总，并非只体现在升斗小民身上。日前，深圳隆重为某位退休首长举办《印为心造——XXX 篆刻艺术展》，敝人有幸躬逢其盛，并代表图书馆接受了首长馈赠的著作。首长儒雅博学，多才多艺，和颜悦色，谦谦君子，以普通艺术爱好者自居，令人敬重。再看看那些在首长身边前呼后拥的大小官员，懂与不懂，都众口一词地啧啧夸赞首长的作品，更衬出首长人品格调的难得。

展览仪式中有一项内容，是演唱首长为郭沫若诗《鉴真东渡》谱写的曲子，显示出首长多方面的才情。郭沫若的原词是："鉴真盲目航东海，一片精诚照太清。舍己为人传道艺，唐风洋溢奈良城。"而首长将原诗的"盲目"改为"目盲"，并解释说，"盲目"有认识不清、没有目的、轻举妄动的意思，而改为"目盲"，就符合鉴真和尚双目失明的情景了。对此大小官员一致交口称赞。

首长无疑是好意，但却忽略了一个文化常识：旧体诗词是要讲求格律的。具体到《鉴真东渡》，盲目之"目"，此处必须为仄声。这点，凡是稍稍涉猎过诗词格律的都会清楚，无须多说。显然，郭沫若是按照规矩行文的，而修改此诗，就不能忽略原作者所遵循的这些诗词格律基本要求。其实，同样意思的修改，在符合格律的框架下可供选择的还是有的，如"瞽目"、"目瞽"、"失目"等。

也许有人认为没有必要这样因循守旧地苛求现代人的作品，我亦以为然。但我们面对的是前人业已完成的诗作，而且是严格遵循格律写成的，要做修改订正，至少也要先搞清这些格律应该是什么样的，再决定改不改、如何改。没有理由对这位理工科出身的首长求全责备，但对那些一致叫好的群氓却感到悲哀，也为只能听到一面谄谀之词的首长遗憾。

我自己揣测，这些簇拥在首长身边的人们，大致可有三类：一是确实不懂的，人云亦云，跟风喝彩；二是懂得一些旧体诗词格律的，毕竟现在官员的学历都不低，却奉"领导总是对的"为圭臬，不动声色，随声附和；三是像我这样的，也明白，也想说，却可怜兮兮地想着"贾府里的屈原"焦大的悲惨下场，怂怂、怯怯、弱弱，不敢当场败兴。

写下这篇小文后，异想天开，希望有朝一日，让居庙堂之高的首长和处江湖之远的"陈仕"们，都能沐浴文化的阳光。

（本文写于 2011 年 1 月。）

# 门外汉字谈

　　写了一些身边的文化事儿，有人说我较真儿，现在索性就再和身边的汉字较个真儿。

　　缘起是这样：临近年关，公共图书馆研究院决定给各位研究员发个贺卡，因为很多人是海外人士，就决定使用繁体字。几位青年馆员忙活了几天，制出贺卡，我一看，不得了：王余光成了"王餘光"，范并思成了"範并思"，无疑是电脑文字简繁转换造成的。忙不迭地纠正、批评，庆幸没有铸错，却不由得心生腹谤：这二位的大名也真是的，不是诱导年轻人犯错误吗？瞧人家李超平的名字多好，咋写咋转换都不会出错！

　　其实最成问题的就是我的名字，也不知多少人会一边敲键盘一边咬牙切齿，怪之怨之谤之。自小就听讲授古典文学的父亲讲解，"晞"的出典是《诗经·齐风》，"东方未晞，颠倒裳衣"，很雅、很学问的。但老人家不曾料汉字会进入电脑时代。起初的GB2312字库没有此字，害得我现造现用。我可以造字，别人却不肯做仓颉，搞得凡是收录我名字的数据库，也包括护照、存折、机票等，名字不是空白，就是错字。后来有了GBK字库，按说问题已经解决，可总是有人不会用、不肯用。一次出境，边检人员嫌麻烦嘟嘟囔囔的，惹得我一通发作：人家香港、澳门、台湾、新加坡，也是用汉字的地方，我从没有遇到过什么问题，你们怎么就这么差劲！事后也觉得怪没意思，事涉文化、技术双重问题，与这等小警察实在不相干。

　　搬出海外做例子，并非"拉大旗作虎皮"来唬弄人，而是有许多切切实实的体会。我们和港、澳、台以及新加坡和侨居国外的华人，汉字是繁简两个不同的体系，却也是一个永无休止的共同话题。图书馆诸多业务问题与此相关，讨论也就更多更热烈些。台湾同仁对简化字似最为反感，其中不乏一些"较真儿"的，如有人一口认定简体字是"文化大革命"的产物，与"破四旧"一样毁坏了中国传统文化。于是，我就和他们有了许多的探讨、争论，有面谈，有邮件，时间不一，对象大多是海外图书馆同行。本文内容就大多来自这些讨论。文字学旧称"小学"，内容博大精深，我这等人连"望门墙"的资格都没有，不过是作为汉字使用者和图书馆工作者的一些门外之见。故照搬迅翁《门外文谈》开篇的一句话："恐怕也终不过是一个门外闲人的空话罢了。"

　　汉字改革与"文化大革命"无关，首倡者也不是我党我军。早在清末民初，有识之士就曾发出"汉字至难"的感慨，把中国的落后归咎于老百姓识字困难，以致文盲众多。1906年在上海召开了"帝国邮电联席会议"，正式将"威妥玛拼音法"（Wade–Giles Romanization）公之于世，亦称"韦氏拼音"，算是汉语拼音的前身，现在仍在海外很多地域应用，各国的图书馆也用来注释汉字读音。到了20世纪二三十年代，汉字拼音化即成为一时潮流，倡导者中有不少文化巨匠，如蔡元培、鲁迅、郭沫若、茅盾等。

　　但是到了50年代初期，对传统文化包括汉字的看法开始走向偏激、极端。斯大林曾亲自过问中国的汉字改革，批评到访的宋庆龄、郭沫若说：你们舍不得丢掉汉字。1951年，"最高"有云："文字必须改革，要走世界文字共同的拼音方向。"那位当年的古文字学家后来的"文化班头"郭沫若断言，今后汉字就会像甲骨文、金文一样，成为少数专家才懂得的文字。还有人提出，外交上"一边倒"，文字上也要和苏联结盟，因此汉字拼音化要采用斯拉夫字母，就像蒙古国出台的新文字那样。不要嘲笑前人的局限，要知道这些意见都是当时的"主旋律"，如同现在有人提出要给图书馆做"尸检"一样，很时髦的。幸亏还有一些"非主流"的脑未残者，悄悄地让过激的汉字改革进程打了个折扣，折中的方案就是作为文字改革的第一步，出台了《汉语拼音方案》和《简化字总表》。值得庆幸的是，拼音采用的是拉丁文而不是斯拉夫文。

《汉语拼音方案》本是作为"汉字拼音化"这个荒谬目标的第一步而出台的，但却出人意料地取得了成功。现在，汉语拼音已经成了中国人识字、外国人学中文不可或缺的工具，是中西文沟通的桥梁，也是电脑汉字输入的主要渠道之一。成千上万的汉字，也连同我这篇小文，都是通过拼音变成数码的。"国际标准化组织"（ISO）1982 年确定汉语拼音为国际标准，现在联合国各机构和几乎所有的国际组织，其中也包括国际图联（IFLA）等国际图书馆组织，都采用汉语拼音作为汉字人名、地名和音译的标准。在这点上，海外鲜有争议。台湾同行也都承认，汉语拼音比"韦氏拼音"更合理，而台湾通行的"ㄅㄆㄇㄈ"的注音符号则没有连接西方语文的功能。在大陆和台湾一些历史悠久的图书馆中，都会见到一些遗存的"韦氏拼音"卡片，比较一下，优劣立见。

但简化字就不同了，从其问世时起就争议不断，国内如此，海外更甚。作为自小习用的"母文字"，我也曾积极为简化字辩护。经常对台湾同仁举的例子就是"臺灣"两字，因实在太繁，连他们自己也经常在非正式场合中写作简体。在手写的时代，若是要几亿人民都这样学写汉字，不知要增加多少文盲。

　　但必须要承认，简化字方案是有着严重缺陷的。像我这样自小受简化字教育的，直到老大不小，才发现不会读写繁体字是多么地不成话。于是就像小学生习字一样，照着《简化字总表》，将繁体字每字一行抄写了一遍，才算勉勉强强掌握。这样的汉字改革，到底是简化了，还是给我们添了更多的麻烦？

　　毕竟不大可能要全国人民都用我那样的方式学习繁体字，于是依靠电脑相关功能转化繁简字就成了多数人的选择，图书馆尤其如此。这样就使得许多简化字不合理的问题更为凸显。譬如，"后"和"後"本是完全不同的两个字，简化字合二为一，就到处出现"皇後"、"皇天後土"字样，谬之千里。上文中列举的人名差误也是这样的问题。

　　最为人诟病的还是简化字中诸多文化内涵的流失。网上流传海外人士这样嘲讽简化字：親不见，愛无心，產不生，厰空空，麵无麦，運无车，導无道，兒无首，飛单翼，有雲无雨，開関无门，鄉里无郎；魔还是魔，鬼还是鬼，偷还是偷，骗还是骗，贪还是贪，毒还是毒，黑还是黑，赌还是赌。虽属谐谑，亦有几分道理。

　　还是拿我自家的姓氏说事儿。据《史记·吴太伯世家》记载，古公亶父之子太伯和虞仲为避位出走，开发江南吴地，始有吴氏。但吴氏族人还有个说法，吴氏祖先原为猎人。"吴"是象形字，恰如一人，一只手高扬，一只手插腰，两腿稳站，张"口"呼喊："嗨，这里有兔子呀！"虽然此说"文献不足徵也"，但我相信这个富于浪漫色彩的说法是有来由的，因为遍查籀文、金文、小篆、隶书，"吴"字形状都没有大的变化。而现在的简化字"吴"，为口和天构成，口张得天一样大，岂不是成了吹牛大王！祖先的雄武英姿、后辈的浪漫传说，都荡然无存了。为此，凡是私人信函，以及手书，我都坚持繁体署名，似乎这样才能保存祖先当年英勇狩猎的基因。

多年来和海外同行谈了很多汉字问题，却很难在这篇短文中将如此复杂的话题用生动有趣的方式说清楚，毕竟人在门外，技止此耳！小子不知天高地厚，妄言大事，谢罪之余，只有一个愿望：有朝一日，海内外携手，去芜留菁，师古存今，编撰出一套合理、简明、实用，符合中华文明传统，又适合现代信息应用的汉字方案，庶几可以对得起列祖列宗和后世儿孙，也可为繁衍数千年的汉字文明开辟出一片新的天地。

（本文写于 2011 年 1 月。）

# "砖家"与"官僚"

## ——谈学术研究与实际工作

小子不才，只是因各种机遇眷顾，学术研究和实际工作都练过几年，说得牛×一点，就是有两栖或双肩挑的一些资历。虽说乏善可陈，但对这两种行当均有些许了解。

就图书馆来说，学术研究和实际工作在本质上是相通的，属同一学科、同一专业。如果说有什么不同，最主要有以下两处：

第一，学术研究追求尽善尽美，至少也要自圆其说，如有缺失和漏洞，就是硬伤，大忌也；而实际工作最重要的是可行性，一个决策方案的出台，所选择的往往不是最好、最完美的，而是有缺陷的，是权衡各方利弊的结果。行政主管总是抱怨学者"脱离实际"，学者则批评行政主管"水平太低"，其源盖出于此。

第二，学术研究追求创新、突破，一项成果无论大小，都不能完全重复他人，总要有一些自己的新货色，就是实际没有也要装腔作势故作惊人之语；而实际工作最好要有先例可循，尽量避免全新的探索，就算真的是史无前例，也要生搬硬扯一些国内外经验做挡箭牌。学者被讥为"好高骛远"，行政主管被视为"因循守旧"，其源不外于此。

从我入行起，这种分歧和争论就没有平息过，有时还会因一些具体原因而激化。其实，诸多领域都有类似的纷争，乃至行政官员被骂为"官僚"，学者被称为"砖家"、"叫兽"。依我看，如果排除谋取不正当利益等非常因素，不外乎就是以上两处没有互相说明白。

豆与箕，同根生；学与政，连理枝。懂得这个道理，就一通百通了。

（本文写于 2011 年 2 月。）

# 学而优当如何

《论语》有云：仕而优则学，学而优则仕。后人往往断章取义，只注重后一句。通过读书博取功名，几千年来是被士人学子们视为"正途"的。

学而优则仕，没什么不好。古谚云：学得文武艺，货与帝王家。只要将"帝王家"换成国家、人民、社会、革命事业、党和政府、英特纳雄耐尔等一切你愿意接受的现代概念即可。

学而优却不仕，继续优下去，也挺好。子路颜回，同出孔门，仕与不仕，都是大贤。何况"安贫乐道，恬于进趣"还被视为更为高尚的境界。

回到教授和馆长这个热议的话题。既然村长也是领导，土地爷也是神仙，那么图书馆馆长大小也算是个官儿。但大家心知肚明，即使是国家级的大图书馆，其一馆之长也大多和高官厚禄的权贵阶层无缘。而今天的教授们，也不会过"一箪食，一瓢饮，在陋巷"的苦日子，虽未先富，至少脱贫。故而，仕与不仕，或曰业界与学界，实在没有神马了不得的差别。

也许有人又要说我和稀泥了。其实，在图书馆行业中，大家都是"处江湖之远"，没有谁能"居庙堂之高"，还是一起"忧其君"、"忧其民"，连带着忧天忧地忧自身的好。

（本文写于 2011 年 3 月。）

# 我不是"孙子辈儿"

　　王子舟教授大作《建国六十年来中国的图书馆学研究》确实是好文，发人深省。但我不敢苟同的是把天下业界的学者统统归入"第 X 代"，也不认同自己就是作者所称的"第三代"。

　　一直疑惑，为什么美国总统是一届一届的，而中国领导人则是一代一代的。大概是出于当年秦始皇的说法：朕为始皇，下传二世三世，直至万世。学术界有"考镜源流"的传统，倘是"儒家者流"，必要"祖述尧舜，宪章文武，宗师仲尼"（《汉书·艺文志》）。而慧能明明是禅宗的创始人，却要自称"六祖"，祖师上溯菩提达摩。

　　图书馆学要排辈儿，按说应该从学科创始人杜威、阮冈纳赞算起，吾侪该是第几代？要是上溯到汉代的刘向刘歆，就更复杂，弄不好"差了辈儿"，后果很严重。

　　我对各位授业恩师由衷敬重，包括直接和间接受教的，都要终生执弟子礼。但是，我已经"出师"了，恩师们也不曾传授给我什么木棉袈裟之类的"衣钵"。我的所作所为，并非都是出自"师门"，优也好，劣也罢，我都要独立为之负责的。吾爱吾学，源远流长；吾爱吾师，传道恩深；但是，不当孙子辈儿。

（本文写于 2011 年 1 月。）

# 马克思的脚印

　　程焕文教授在"竹帛斋主博客"转发了一篇文章《马克思在大英图书馆脚印的真相》，引发了我对这个问题的一些回忆。

　　20 世纪 90 年代初期我初次造访大英图书馆——当时还是"大英博物馆和图书馆"——就曾问过这个傻傻的问题。后来大约是在 2003 年，我再次造访，这里已经是专门的大英博物馆了（大英图书馆另迁新馆），但还是保留了当年的图书馆大阅览室供参观。这次我遇到了一位上了年纪的女馆员，女馆员和颜悦色，英语又说得清楚明白，我就详细讨教了此事，其内容与斋主转载的文章基本一样。另外我还从这位老馆员处得知，这个神话其实来源于苏联，曾经是苏联学校课本的内容。

　　真同情大英博物馆的这些馆员们，多年来不知一遍遍回答了多少同样的傻问题，来自中国，也来自苏联及其东方阵营。拜托各位，如到大英博物馆，千万别再给人家找麻烦、添笑料了。

　　类似的神话还有很多，如上海外滩公园"华人与狗不得入内"的牌子、刘文彩的水牢，等等。国人往往心知肚明，也就罢了，但要是不断开国际玩笑，就太跌份儿了。

（本文写于 2011 年 2 月。）

# 附录：马克思在大英图书馆脚印的真相

马克思在大英图书馆有一个固定的座位，由于他几十年如一日地在这个座位上钻研学习，结果在座位下的水泥地上都磨出了脚印。直到 2006 年 9 月 23 日，中央电视台的《人物》栏目还在继续讲述着这个故事："人类的脚负担着身体的重量，于是在站立和行走中会留下脚印。脚印的深浅取决于承接面的硬度，松软的雪地显然比水泥地更容易留下脚印。不过，马克思几十年如一日在大英图书馆学习，终于在水泥地上也留下了脚印，看来，毅力和恒心也能磨出脚印。"

我进了图书馆以后，自然好奇当年马克思坐在什么地方。就和图书管理员问起，马克思当年坐的那张固定的位置在哪里，她笑着告诉我，很多中国人都问过她这个问题，但是，每天来这里的人这么多，我们是绝对不会为某一个特定的读者安排特定的座位的。更何况，他也不可能每天坐在同一个座位上。

我当时很惊讶，继续追问，得到她非常肯定的回答，她只告诉我，这是你们中国人的神话故事（fable），马克思是绝对没有固定座位的。更不要说什么天天看书，脚把地上磨出一个坑这么可笑（funny but impossible）的事情了。

我当时觉得很惊讶，我来这里的目的不是为了看木乃伊，就是为了看马克思当年的座位。所以我继续问了里面的更高的主管，他非常耐心地同我解释，这是绝对没有的事情，他们对每一个读者都一视同仁，至于地板，他风趣地对我说，我们的地毯是经常换的，他估计连地毯都磨不出洞来，别说水泥地了。

清华大学的刘兵在他所写的《大英博物馆点滴》一文中也记述了相同的经历。他说："恐怕许多中国人都会熟知马克思的故事，其中很有名的一段，就是说马克思当年在大英图书馆里写作《资本论》，固定坐在一个座位上，数年下来，桌子下面竟然留下了磨出的脚印。当我走进这个阅览大厅时，头脑中自然也有这一故事的背景。按照博物馆的介绍，在这座阅览室里，150 年来，无数的学者、革命家、作家、诗人、音乐家、学生和抄写员曾来到这座世界上最大的图书馆。在一圈的说明牌中，果然有一块牌子是介绍马克思的。这块以'阅览室与革命'为题的牌子上写道：这间阅览室以及在它之前的建筑为众多的政治流亡者和学生提供了避难所和精神的源泉。最深地植根于这间阅览室的政治体系是共产主义。卡尔·马克思在将近 30 年的时间中每天来到这里。1850 年 6 月，马克思最先被旧的阅览室接待。从 1857 年起，他在这里从事包括《资本论》在内的数项计划的研究。很可能，他使用的是离他所需要的参考书不远处的 L、M、N、O、P 几排的座位。当我与那里的工作人员交谈，问起这块说明牌的介绍，并讲了在国内流传的说法后，一位工作人员非常认真地回答说，我们经常听到的那种说法应该是一种'神话式'的传说，马克思并不是固定地坐在某个订好的座位上。不过，那位工作人员又说：我告诉你一个故事，某年苏联的戈尔巴乔夫来这里参观时，也问过同样的问题，出于可以理解的原因，他们只好告诉戈尔巴乔夫说，马克思当年就坐在某某排某某号，因为那里是离参考书比较近的一个座位。结果戈尔巴乔夫听了之后非常高兴。不过，这位工作人员又补充说，在那么多年里，至少马克思应该在那个位置上坐过一次吧，所以他们回答戈尔巴乔夫的话也不能算完全骗人。"

　　北京大学陈平原教授在一篇文章中也说道："我这个年纪的中国人，都会记得我们当年读小学的时候，有课文说马克思在大英博物馆里面读书，然后留下了很深的脚印。所以我当时想，我将来如果到了伦敦看大英博物馆，我肯定会去认一认哪两个是马克思的脚印。但后来走的地方多了，我怀疑这个说法，因为博物馆、图书馆你可以去占一个位子，但不止你一个人坐，所以怎么辨认哪些是马克思的脚印，是很困难的事情。这不比少林寺里面的练拳，可以不断地跺，最后看得出来哪些是少林僧人的脚印，这种情况在大英博物馆基本上不太可能。后来到了那里以后，突然就发现这纯粹是一个好玩的想象。这些大概只能说是我们出于对马克思的崇敬编出来的，但是这个说法非常流行。后来我问到英国人，'你们知道马克思的脚印吗？'他们全都不知道。"

　　（本文原载"竹帛斋主博客"：http://blog.sina.com.cn/s/blog_ 4978019f01017ha0. html。）

# 关于"华人与狗"

日前撰文言及上海外滩公园"华人与狗不得入内"的牌子，兹做一补充说明。

所谓"牌子"实际上是外滩公园外的一块英文的 Regulation，按照现在的惯例似应译为"入园守则"或"入园须知"。我曾在上海外滩历史纪念馆见到影印件，并抄录了与之有关的两条：

1. Gardens are reserved for the Foreign Community.

4. Dogs and bicycles are not admitted.

文字清楚明白，粗通英文的都不会误读。

第 1 条表明，当时公园确实是专门为外国人开设的。说是华人不得入内，或者是种族歧视，都是对的。

第 4 条规定，犬只和自行车不许入园。类似的规定今天也是许多公园的通例。

但无论如何，"华人与狗"之说是不存在的。将狗喻为辱骂对象，是中国特有的民俗，西人鲜有此说。把两则本不相干的园规归纳为"华人与狗不得入内"，无论出于何种崇高动机，也是自轻自贱，自取其辱。

事实真相是：外国人确实曾歧视中国人，而辱骂中国人的则是中国人自己。

（本文写于 2011 年 2 月。）

# 漫议图书馆学、情报学论文的文风问题

　　说治学，论文风，本是鸿儒耆宿们才能做的文章。小子不才，只因经常拜读国内图书情报专业杂志上的文章，也不时从事专业论文的写作，感触颇多，不吐不快，才不怕贻笑大方，斗胆言之。

　　说起文风，有内容和形式两方面的含义。内容自然是首要的，论证严谨，材料翔实，言之有物，见解不俗，才算是好文章。在这方面大家的认识比较一致。这里要谈的主要是论文形式上的文风问题。

　　专业论文也应该讲究形式，讲究文采，讲究风格，这个问题似乎并没有得到论文作者和专业杂志编辑们的应有重视。实际上，一篇好论文，不仅道理要正确，还要有可读性，要吸引人，让人爱读，至少能够叫人读下去，才能让读者明白其中的道理，进而接受其论点。子曰："质胜文则野，文胜质则史。文质彬彬，然后君子。"有文无质，有质无文，都算不上好文章。恕我直言，在当前图书馆学、情报学的专业论文中，文质俱佳者并不占多数。

　　干巴枯燥，有骨无肉，是当今图书情报专业论文的通病。应当承认，干练也是一种风格，而且还是一种相当好的论文形式。但如果杂志上的文章都以干练著称，都是没有色彩、没有味道的白开水，就会令人无法卒读。再者，图书情报专业的内容和题材本是丰富多彩的，并非所有的选题都适合干练的形式。一篇选题和论点都有价值的文章，却要让人借香烟浓茶，强打精神才能读下去，岂不令人惋惜。加些色彩，添些血肉，为阅读此文的读者着想一二，又有何妨？

在这个问题上，专业杂志的编辑们也有很大的责任。编辑文稿的人，总是希望多些干货，少些水分，在尽可能少的篇幅里包容尽可能多的信息量，其本意是无可厚非的。但这样一来，往往成了"千文一面"，所有的文章都像出自一人之手，所有的题材都在应用一种风格。我自己就曾尝试撰写过一些不同形式的论文，但一经编辑们的删改，发表时都毫无例外地成了干货集中陈列。我在由衷地钦佩诸位编辑兄善于攫取信息之本领的同时，总要为文章中失去的独特之处感到一丝遗憾。

图书情报学专业论文的另一通病是开中药铺，而且开出了现代水平。在某些文章里，甲乙丙丁、ABCD、一二三四等符号早已不够用了。我曾见到过一篇论文，其中用"3.6.4.1.2"来表示"第三部分第六小部分第四小小部分第一小小小部分中的第二个问题"。这种方式大概是受电子计算机程序编制的影响吧，然而，我不知道除了电子计算机和具有电子计算机般大脑的超天才之外，哪位头脑思维正常的人能够接受这种文字！

图书馆学、情报学方面的论文固然不等于文学，但却要讲究艺术。上述文章的作者，如果具备一定的驾驭语言文字和应用逻辑推理的能力，大概就不会开这种现代中药铺了。一篇好的专业论文，在重视内容的前提下，也要重视为文之道，讲词句，讲修辞，注重文章的起承转合，篇章结构，开头结尾。"语不惊人死不休"，杜老夫子的这句名言，不仅是文学家们孜孜以求的目标，也应成为一切执笔为文者刻意追求的境界；不仅是文章内容上的高标准，也应是文章形式上的严要求。

这里还涉及一个扩大图书馆学、情报学在社会上和整个学术界的地位与影响的问题。窃以为，图书情报学之所以未能成为具有较大优势和影响的"显学"，既受本行业学术研究水平的局限，也与本专业的文章在文风形式上未能吸引行外之人有关。一篇文章，只有达到令人愿读、爱读的境界，尤其是让非本专业人士能够接受，才称得上是大手笔，才会真正具有影响力。记得我少时爱读郭沫若的史学论著，初读《青铜时代》和《十批判书》，尽管似懂非懂，却深深地为文中磅礴的气势和焕发的才华所吸引和折服。后来似乎能读懂了，也明白了其中的论点并不是都那么正确，但读起来却仍然爱不释手。我等并非史学行业中人，郭老文章的魅力何在，很值得我们思索玩味。郭老和他的论著之所以能够超越专业局限，成为泰山北斗，恐怕与这种文风形式上的特殊魅力不无关系。其实，我们行业亦不乏大师，前至刘国钧、杜定友等先辈，后至当前各专业、各课题的学术带头人，都有内容和形式堪称精美的文章问世。只不过专业论文在形式上的文风问题还没有引起普遍重视、没有蔚成风气罢了。

文章千古事，得失寸心知。文风本是个见仁见智的问题，不会也不应有大家都认可的统一模式。但是，尽心尽力地写好每一篇文章，追求内容与形式上的精深与完美，却应当成为每一位专业论文作者和专业刊物编辑们的使命和责任。

作者附记：

拙文写成后，迟迟不敢付诸发表，只怕师友们讪笑：尔有何等水平文字，敢对整个行业的论著说长道短?! 一日，忽在报刊上见某君撰写文章提倡学习雷锋，于是大悟：某君其实和我们一样都没有达到雷锋的境界，但某君和我们都有权利宣扬雷锋精神。我坦白地承认，在下的所有文字，包括本文在内，都没有达到上文中所鼓吹的文质俱佳的境地。无非是追求尽善尽美，与同行们共勉而已。

（本文原载《大学图书馆学报》1992 年第 3 期。）

# 《社科新书目》1000 期寄语

《社科新书目》1000 期，可喜可贺。

书目者，眼目也，门径也，窗口也，引领也。没有书目，无以读书，无以治学，无以窥见天下之文献。善治书目，则善用文献，学则可以成，读则可以精，进可为人之师，退可独善其学。故书目自古为显学，学者莫不重视之，即类求书，因书究学，辨章学术，考镜源流，成果蔚为大观。

社会在发展前进，《书目答问》之时代不复返矣。看今日世界：信息爆炸，文献激增；网络通达，资源充盈；云中计算，移动阅读。然而书目之本质却没有改变，反而因文献之日益丰富、复杂、多元而愈加凸显其重要作用。无论形势怎样发展变化，优秀书目永远是读书人须臾不可或缺之良师益友，永远是图书馆业务工作之基本工具。

《社科新书目》走过了 40 年历程，与全国图书馆风雨同舟，与全国读书人共度时艰，与时俱进，历久弥新。衷心祝愿这位老朋友青春永在，创新进取，再立新功，不负天下读书人之所望。

（本文是为《社科新书目》所写的贺词，发表于 2011 年该刊第 1000 期。）

# 我的"著述系年"
## （代后记）

　　"著述系年"本属大家耆宿专有，且多是身后经由晚辈弟子编撰而成，非我等凡夫俗子所敢望其项背者。然身为专业工作者，且自诩为"学人"，总会对笔下（现为"键下"）之物情有独钟，是谓敝帚自珍，自家孩子不觉丑。故斗胆敢冒"业界之大不韪"，将几十年职业生涯中发表之文字，粗加梳理，择其略可入目者，依照年代，目次成篇。此举虽属狂悖，亦难免错漏，然总比后人捉刀要好，因为我对盖棺之后诸事缺乏兴趣，何况未必有人愿意整理这些不入流之货色。

## 上篇：1982 年之前

　　我出生于 1955 年，"文化大革命"开始时 11 岁，基本上就失学了。由于家庭出身"不好"，如阿 Q 般"不准革命"，但上山下乡这场"革命"却不允许我幸免，于是在 1972 年 17 岁时到河北省邢台地区广宗县插队。这一去就是 6 年，直至"文化大革命"结束后恢复高考，才入读北京大学图书馆学系。1982 年毕业后留校工作，主要是在北大图书馆供职，算是进入图书馆界。

　　关于早年读书的经历和入学北大的情况，在我后来撰写的《小小桔灯照书香》、《读书表格二则》、《错开一扇门》等文章中有所表述。还有一些访谈亦曾述及，这些散见于各报章的访谈文字，有的摘要收录在《斯文在兹》一书的附录中。

　　我最早见于铅字印刷发表的文字，是在天津九十中学上学时（1970 年前后，我 15 岁左右）写的一篇作文《新来的班主任》，刊载在《中学生作文选》一书中，天津电台还播出了。这种幼稚文字自然谈不上有什么价值，但当时能够发表的文字很少，还是给我带来了不少虚荣。记不得这本书是天津市教育局还是天津市和平区教育局编撰的，我收藏的一本早已在辗转迁徙中遗失，后来也曾在各大图书馆查询，均未找到。

　　在邢台地区广宗县下乡期间，由于不甘寂寞，曾写过一些"文艺作品"发表在《邢台文艺》、《邢台日报》等当地报刊上，油印本《广宗文艺》也发过我的作品，现在看当属"文青"者流。这些文字都是当时的"文革腔"，乏善可陈，思之汗颜，我也从未保存过它们，散佚最好。

　　入学北京大学图书馆学系后，开始关注业界的一些问题，在毕业之前就发表过一些论文。大三时投稿《文献》，文章被选入"关于古籍整理的笔谈"，同入笔谈的不乏大家，难免几分自得。1981 年在黑龙江省图书馆实习，实习报告《从黑龙江省馆看藏书剔旧的几个问题》发表在该馆刊物《黑龙江图书馆》（后改名《图书馆建设》）上。在业师吴慰慈老师指导下，我在这篇文章基础上完成了毕业论文《论藏书剔旧》（收入《天下之公器》一书）。受此影响，尔后很多年我都关注藏书建设（后称文献资源建设、信息资源建设），写下了一些专著和论文，致使业界人士乃至我自己都将这一领域视为我的"业务专长"，后来还以此"专长"出任文化部图书馆司文献资源处处长。

　　本时期主要著述：

　　①《从黑龙江省馆看藏书剔旧的几个问题》，《图书馆建设》（原《黑龙江图书馆》）1982 年第 1 期。

　　②《论藏书剔旧》，北京大学图书馆学系毕业论文，1982；

后收入《天下之公器》，国家图书馆出版社，2010。

　　③《关于古籍整理的笔谈》，《文献》1982 年第 2 期。

## 中篇：1982～1996 年

　　1982 年起供职北大图书馆，历任流通部主任、教学参考部主任、办公室主任、基建办公室常务副主任、《大学图书馆学报》专职副主编，兼任《北京高校图书馆》副主编。其间亦曾授课，参与科研课题。尽管工作繁多，但尚勤于笔耕。直至 1996 年调职文化部图书馆司。

　　这一时期我依然关注文献资源建设。80 年代中期我参加了肖自力、李修宇两位老师领衔的国家社科基金项目"全国文献资源调查"课题组，参与了课题研发的全过程和课题报告的整体撰写，对这一领域有了较为全面深入的了解。后来编写《文献资源建设和图书馆藏书工作手册》一书，吸收了其中的不少成果。也有失败的尝试，由于我曾主管北大图书馆的流通工作，就异想天开地要创立"藏书组织学"，写了一本专著和多篇论文，后来理所当然地自生自灭了。

　　一直对图书馆史和文献史感兴趣。后来因生病休假，受命为北大图书馆建馆九十周年编写馆史，系统接触到有关图书馆史，尤其是近现代图书馆史的材料，由此写出了《北京大学图书馆九十年纪略》、《北京大学子民图书室记实》、《从藏书楼到图书馆》等专著和多篇论文。《从藏书楼到图书馆》一书还被收入"20 世纪中国图书馆学文库"丛书，2013 年再版。

　　其间还翻译了《西方图书馆史》与《神和魔》二书。《神和魔》是受人之托翻译的，台湾锦绣出版社出版，由于当时两岸沟通不畅，至今未曾见到原书。

　　本时期主要著述如下。

**专著类：**

①《藏书组织学概要》，北京大学出版社，1987。

②《北京大学图书馆九十年纪略》，北京大学出版社，1992。

③《北京大学孑民图书室记实》（与李庆聪合著），北京大学出版社，1992。

④《文献资源建设和图书馆藏书工作手册》，书目文献出版社，1993。

⑤《当代中国的图书馆事业》（杜克主编，我负责文献资源部分撰写），当代中国出版社，1995。

⑥《从藏书楼到图书馆》，书目文献出版社，1996（本书被收入"20世纪中国图书馆学文库"，国家图书馆出版社2013年再版）。

**译著类：**

①《西方图书馆史》（与靳萍合译），书目文献出版社，1989。

②《神和魔》，（台湾）锦绣出版社，1995。

**论文类：**

①《简论两宋刻书业发达的社会原因》，《图书馆工作与研究》1983年第1期。

②《论宋版书兴衰的社会基础》，《图书馆工作与研究》1983年第5期。

③《开架借阅得失辨》，《图书馆研究与工作》1985年第2期。

④《"区别服务"刍议》，《大学图书馆学报》1985年第3期。

⑤《浅议藏书组织学》，《图书馆工作与研究》1985年第4期。

⑥《论高校图书馆藏书布局模式的改革》，《津图学刊》1986年第1期。

⑦《藏书排架新议》，《大学图书馆学报》1986年第1期。

⑧《藏书布局简论》，《图书馆研究与工作》1986 年第 1 期。

⑨《两宋为什么大肆禁书》，《文史知识》1986 年第 3 期。

⑩《藏书整体布局的宏观思维》，《图书馆学研究》1986 年第 5 期。

⑪《藏书组织小史》，《大学图书馆学报》1986 年第 5 期。

⑫《文献释义》，《津图学刊》1987 年第 2 期。

⑬《藏书剔除概说（上）》，《图书馆工作与研究》1987 年第 2 期。

⑭《藏书剔除概说（下）》，《图书馆工作与研究》1987 年第 3 期。

⑮《书史与文献信息史》，《图书馆工作与研究》1988 年第 3 期。

⑯《中国图书的起源》，《大学图书馆学报》1988 年第 3 期。

⑰《中国图书的起源（续）》，《大学图书馆学报》1988 年第 4 期。

⑱《文献资源建设及社科文献资源分布的调查和研究》（与肖自力、李修宇合作），《中国图书馆学报》（图书馆学通讯）1988 年第 4 期。

⑲《文献资源调查评估方法初探》（与肖自力、李修宇、张学华合作），《大学图书馆学报》1988 年第 5 期。

⑳《文献资源建设理论研究综述》（与茆意宏合著），《中国图书馆学报》（图书馆学通讯）1990 年第 4 期。

㉑《谈谈藏书组织学》，《北京高校图书馆》1990 年第 2 期。

㉒《毛泽东与北京大学图书馆》，《图书馆杂志》1991 年第 2 期。

㉓《李大钊在北京大学图书馆》，《图书馆理论与实践》1991 年第 2 期。

㉔《亢慕义斋》，《图书馆工作与研究》1991 年第 4 期。

㉕《我国古代的官学藏书》，《中国图书馆学报》1991 年第 4 期。

㉖《试论我国图书馆史上的分期问题》，《图书情报工作》1991 年第 4 期。

㉗《秘书监和我国古代图书事业》，《大学图书馆学报》1991 年第 5 期。

㉘《论中国图书馆的产生》，《图书馆工作与研究》1992 年第 2 期。

㉙《策府弦歌唱春城——西南联大图书馆始末》，《津图学刊》1992 年第 3 期。

㉚《漫议图书馆学、情报学论文的文风问题》，《大学图书馆学报》1992 年第 3 期。

㉛《努力探索现代化大学图书馆之路》（与朱强合著），《大学图书馆学报》1992 年第 4 期。

㉜《西方传教士与中国图书馆》，《图书情报工作》1992 年增刊。

㉝《燕京大学图书馆纪略》（与汤燕合著），《北京高校图书馆》1993 年第 2 期。

㉞《藏书·藏书楼·图书馆》，《图书馆工作与研究》1993 年第 3 期。

㉟《从藏书楼到图书馆》，《图书馆工作与研究》1994 年第 1 期。

## 下篇：1996～2014 年

我 1996 年初调职文化部图书馆司，任文献资源处处长；1998 年调任深圳图书馆任馆长；此外还在学会、院校、研究机构和学术刊物兼有多职。

这一时期，由于日常工作十分繁忙，鲜有专门用于研究著述的时间，发表的文字也大多与工作相关。2010 年起我不再主持图书馆日常行政工作，2012 年正式卸任馆长，用于研究和写作的时间才略为充裕。

我首先关注的是公共图书馆问题。当时有关公共图书馆的研究基本上是空白，工作上也乱象丛生。早在我任职深圳图书馆之初（1999 年），就发表了《图书馆与人文关怀》一文，提出了人文关怀、公民权利、平等公益等业界当时尚未关注的问题。21世纪初年，业界掀起了公共图书馆理论研究的热潮，我也在其中扮演了呐喊助威的角色，发表了多篇有关公共图书馆的文字，并在深圳图书馆大力践行。后来这些研究成果演变成国家政策，在全国图书馆及文化场馆全面推行，自诩还是做出了些许贡献的。

任职深圳图书馆期间，还要面对新技术的研究和应用，领衔完成了许多重大科研课题。在深圳图书馆研制"图书馆自动化集成系统"（ILAS – II 和 dILAS）、联合采编协作网（CRLNet）、"无线射频识别"（RFID）、"城市街区 24 小时自助图书馆"等项目中，我都写下了相应的研究论文，并力图贯彻"技术领先"与"人文关怀"相结合的理念。有关公共图书馆和新技术应用方面的文字大多收录在我的论文集《天下之公器》中。

自 2006 年起，我出任中图学会阅读推广委员会副主任，2009 年又当选为主任，我当时戏称为"赶鸭子上架"。但几年来的工作还是将我带入了这一相对陌生的领域，收获颇丰，写下了不少研究、论述和宣传的文字。这些文章择其要者收入了论文集《天下万世共读之》一书。

我历来以为，图书馆属于大众，属于天下读书人，应该让图书馆学跳出专业的框框，为普罗民众所掌握、所利用。2012 年之后，由于卸任馆长职务，略有时间可支配，于是尝试践行这一夙愿，撰写了《斯文在兹》和《图书馆史话》这两本面向普通读者的书，还写下诸多宣传介绍图书馆、倡导读书的通俗文章。

此外我还主持编写了《图书馆阅读推广基础理论》一书，是在我领衔的国家社科基金课题"公共图书馆开展全民阅读活动与建设学习型社会研究"课题报告的基础上完成的。

本时期主要著述如下。

**专著类：**

①《天下之公器》，国家图书馆出版社，2010。

②《中国公共图书馆发展蓝皮书（2010）》（与李国新等合作），海天出版社，2010。

③《公共图书馆服务案例》（与肖容梅合著），北京师范大学出版社，2013（文化部全国基层文化队伍培训教材）。

④《斯文在兹》，海天出版社，2014。

⑤《天下万世共读之》，上海科学技术文献出版社，2014（中国当代图书馆馆长文库）。

⑥《图书馆史话》，社会科学文献出版社，2015（中国史话丛书）。

⑦《图书馆阅读推广基础理论》，朝华出版社，2015。

**论文类：**

①《文献资源、信息资源和信息资源建设》，《图书馆》1996 年第 6 期。

②《图书馆与人文关怀》，《图书馆》1999 年第 1 期。

③《21 世纪图书馆学情报学的研究方向（笔谈）》，《图书情报工作》2001 年第 1 期。

④《信息资源建设撷拾》，《图书馆论坛》2001 年第 5 期。

⑤《谱时代劲曲，写策府新篇》，《图书馆理论与实践》2001 年第 1 期。

⑥《文明沃土，知识津梁》，《图书馆工作与研究》2002 年第 3 期。

⑦《深圳市图书馆事业建设与发展综述》，粤港澳图书馆2005 年学术年会论文，2005。

⑧《"数字深图"概述》，2003 年第四次图书馆学基础理论学术研讨会论文，载《天下之公器》，国家图书馆出版社，2010。

⑨《RFID 系统及其在图书馆中的应用》（与马瑞、李星光合著），《图书馆论坛》2005 年第 1 期。

⑩《天下之公器——论公共图书馆精神》，《深图通讯》2006 年第 2 期。

⑪《开放·平等·免费——论现代公共图书馆的基本精神》，2006 年长春国际图书馆学术会议论文，载《天下之公器》，国家图书馆出版社，2010。

⑫《迈向智能化图书馆》（与甘琳合著），《中国图书馆学报》2006 年第 6 期。

⑬《从 RFID 到智能化图书馆》（与甘琳合著），《深图通讯》2006 年第 3 期。

⑭《建馆廿周年致辞》，2006 年 12 月，载《天下之公器》，国家图书馆出版社，2010。

⑮《人文关怀·现代科技·自助图书馆》（与王林合著），《中国图书馆学报》2008 年第 4 期。

⑯《大道之行，有器之用》，《图书馆论坛》2008 年第 6 期。

⑰《服务立馆·技术立馆——谈深圳图书馆的办馆方针》，《深图通讯》2008 年第 4 期。

⑱《又有花香，又有树高：竹帛斋图书馆学论剑序》，载程

焕文、王蕾：《竹帛斋图书馆学论剑——用户永远都是正确的》，广东人民出版社，2008。

⑲《"十批"是否好文章——读〈十批判书〉》，《深图通讯》2008 年第 3 期。

⑳《图书馆·图书馆学·公共图书馆——公共图书馆劄记之一》，《公共图书馆》2009 年第 1 期。

㉑《文献保障·研究参考·公共图书馆——公共图书馆劄记之二》，《公共图书馆》2009 年第 2 期。

㉒《ILAS 是什么》，《公共图书馆》2009 年第 2 期。

㉓《归去来兮，图书馆学》，《图书情报工作》2009 年第 13 期。

㉔《公共图书馆的理念和深图服务立馆的方针》，《数字图书馆论坛》2009 年第 3 期。

㉕《阅读·图书馆·图书馆学——中国图书馆学会阅读推广委员会成立致辞》，《今日阅读》2009 年第 3 期。

㉖《城市需要图书馆的 N 个理由——在纪念温州市图书馆建馆九十周年"图书馆与城市文化高层论坛"上的发言》，《图书馆论坛》2009 年第 6 期。

㉗《从文化传承说开去》，《中国图书馆学报》2010 年第 1 期。

㉘《公共图书馆管理体制研究》（与汤旭岩等合作），《中国图书馆学报》2010 年第 3 期。

㉙《读书的目的就是读书本身——在民间阅读文化沙龙上的致辞》，2010 年 11 月，载《天下万世共读之》，上海科学技术文献出版社，2014。

㉚《〈金刚经〉侧记》，《深图周报》2010 年 11 月。

㉛《中国公共图书馆发展蓝皮书（2010）序言》，载公共图书馆研究院《中国公共图书馆发展蓝皮书（2010）》，海天出版社，2010。

㉜《阅读，请到图书馆——全民阅读推广手册序言》，载徐雁《全民阅读推广手册》，海天出版社，2011。

㉝《学使之风，山高水长——〈李华伟传纪〉序言》，载杨阳《李华伟传纪》，广西师范大学出版社，2011。

㉞《从旧闻翻新看公共图书馆的价值观》，《中国文化报》2011年2月10日。

㉟《高山安可仰，徒手揖清芬——〈谭祥金赵燕群文集〉读后》，《公共图书馆》2011年第1期。

㊱《深浅阅读谈》，《图书馆报》2011年4月22日。

㊲《免费开放：理论追寻、历史回顾与现实思考》（与余胜合著），《中国图书馆学报》2011年第3期。

㊳《叶德辉：其学，其人，其死》，《图书馆研究与工作》2011年第3期。

㊴《文明传承与图书馆藏书——在"第五届全民阅读论坛"上的报告（摘要）》，《图书馆》2011年第5期。

㊵《自助图书馆的事儿》，《图书馆论坛》2011年第6期。

㊶《〈社科新书目〉1000期寄语》，《社科新书目》2011年第1000期。

㊷《花婆婆的心愿和使命——在全国少儿阅读峰会上的致辞》，2011年9月，载《天下万世共读之》，上海科学技术文献出版社，2014。

㊸《图书馆要慎收捐书》，《图书馆报》2011年10月14日。

㊹《阅读，指导还是不指导？》，《图书馆报》2011年11月11日。

㊺《何来天尺测春风——小议图书馆资金的"绩效评价"》，《图书馆报》2011年12月2日。

㊻《自助图书馆·匏瓜·拉菲酒》，《图书馆报》2011年12

月 23 日。

㊼《旧邦新命》，《公共图书馆》2012 年第 1 期。

㊽《数字阅读·纸本阅读·图书馆阅读——在"中外新阅读论坛"上的演讲》，载褚树青主编《城市图书馆研究》，国家图书馆出版社，2012。

㊾《理论的魅力、使命与担当——在中国图书馆学会第六次全国图书馆学基础理论研讨会上的演讲》，《图书馆》2012 年第 2 期。

㊿《置办自助图书馆不是购买洗衣机》，《图书馆报》2012 年 3 月 2 日。

(51)《勇于创新，敢于超越：深圳自助图书馆技术牵引创新及其人文理念》，《图书情报工作》2012 年第 15 期。

(52)《阅读，要到图书馆》，《阅读温岭》2012 年第 8 期。

(53)《小小桔灯照书香——〈"小桔灯"阅读推广计划〉序言》，2012 年 10 月。

(54)《现代文明、公民阅读与公共图书馆——在广东省立中山图书馆百年馆庆和第二届粤港澳地区图书馆高峰论坛上的主旨报告》，2012 年 12 月 18 日。

(55)《〈公共图书馆读者服务案例〉前言》，载吴晞、肖容梅《公共图书馆服务案例》，北京师范大学出版社，2013。

(56)《我们加入图书馆学会的 N 个理由》，《公共图书馆》2013 年第 1 期。

(57)《天条、天职及对它的误读》，《图书馆报》2013 年 5 月 10 日。

(58)《且唱新翻杨柳枝——数字阅读随笔》，《图书馆》2013 年第 3 期。

(59)《阅读是天职，推广是使命——在"首届全国阅读推广高峰论坛"上的主旨发言》，《今日阅读》2013 年第 4 期。

㉖《阅读推广：图书馆的天职与使命》，《图书馆报》2013
年 8 月 9 日。

㉖《三个故事，一条宗旨——阅读自由随笔》，《图书馆建
设》2013 年第 9 期。

㉖《图书馆在全民阅读中作用不可替代》，《图书馆报》
2013 年 11 月 1 日。

㉖《图书馆为什么要进行阅读推广》，《公共图书馆》2013
年第 4 期。

㉖《图书馆学的魅力：图书馆学的理性和感性序言》，载王
梅《图书馆学的理性和感性》，九州出版社，2013。

㉖《"读书表格"二则》，《高校图书馆工作》2013 年第 6 期。

㉖《阅读：最好的时代，最坏的时代——在"2013 中国图
书馆学会数字阅读论坛"上的发言》，《图书馆论坛》2014 年第
8 期。

㉖《藏书文化与图书馆学术研究——"首届中国藏书文化
学术研讨会"致辞》，《图书馆研究与工作》2014 年第 1 期。

㉖《我有一个职业梦》，《公共图书馆》2014 年第 1 期。

㉖《大阅读时代和图书馆阅读推广——在湖南省普通高校
图书馆 2013 年馆长年会上的报告（摘要）》，《高校图书馆工作》
2014 年第 2 期。

㉗《变革的名与实："图书馆法人治理结构"实历撷拾》，
《图书馆》2014 年第 2 期。

㉗《错开一扇门》，《图书馆论坛》2014 年第 4 期。

㉗《阅读立法本质是监督政府尽责》，《南方都市报》2014
年 4 月 29 日。

㉗《苏州图书馆百年感怀》，载苏州图书馆编《我与苏州图

书馆》，古吴轩出版社，2014。

㉔《推介几本文史新作》，《行走南书房》，2015。

㉕《青山遮不住，毕竟东流去——回眸"开放、平等、免费"》，《图书馆建设》2015 年第 1 期。

㉖《关于全民阅读和图书馆阅读推广的几点解析——在"2014 年全民阅读推广峰会"上的发言（摘要）》，《图书馆建设》2015 年第 2 期。

㉗《全民阅读时代和公共图书馆阅读推广（国家社科基金项目"公共图书馆开展全民阅读活动与建设学习型社会研究"课题报告导论)》，《图书馆阅读推广基础理论》，朝华出版社，2015。

**访谈录：**

①《图书馆，公共了吗?》，《南方周末》访谈，《南方周末》2006 年 8 月 24 日。

②《官拜镇书将，风流十万年》，《出版人》杂志访谈，《出版人》2007 年第 7 期。

③《访谈深圳图书馆原馆长吴晞先生》，《数字图书馆论坛》访谈，《数字图书馆论坛》2013 年第 12 期。

④《最好最坏的大阅读时代》，《出版人》访谈，《出版人》2014 年第 11 期。

（本文刊发于《公共图书馆》2014 年第 4 期。）

**图书在版编目（CIP）数据**

清话书林：图书馆的故事/吴晞著. —北京：社会
科学文献出版社，2015.10（2020.6 重印）

ISBN 978 - 7 - 5097 - 7653 - 7

Ⅰ.①清⋯　　Ⅱ.①吴⋯　　Ⅲ.①图书馆 - 通俗读物
Ⅳ.①G258 - 49

中国版本图书馆 CIP 数据核字（2015）第 130722 号

## 清话书林
### ——图书馆的故事

著　　者／吴　晞

出 版 人／谢寿光
项目统筹／许春山
责任编辑／王珊珊

出　　版／社会科学文献出版社·教育分社（010）59367278
　　　　　地址：北京市北三环中路甲 29 号院华龙大厦　邮编：100029
　　　　　网址：www. ssap. com. cn
发　　行／市场营销中心（010）59367081　59367083
印　　装／三河市龙林印务有限公司

规　　格／开本：889mm × 1194mm　1/32
　　　　　印　张：9.625　字　数：225 千字
版　　次／2015 年 10 月第 1 版　2020 年 6 月第 2 次印刷
书　　号／ISBN 978 - 7 - 5097 - 7653 - 7
定　　价／32.00 元